装腔指南

[英] 托马斯·W.霍奇金森 休伯特·范登伯格 著
陈以侃 译

上海译文出版社

唱

知

萨

谁？不起眼

狡猾的

序

我们有个朋友最近去了一场宴会。办宴会的是个艺术家，桌边坐的全是像文化圈里的人。一连几个小时，其他客人都在讨论像乔姆斯基、维特根斯坦这样厉害的人物，突然对话转向了兰博，她大感释然，好不容易等到了插话的机会。她开始谈起那位端着枪的铮铮铁汉，也就是史泰龙在八十年代那一系列动作片里扮演的角色，还提到她自己颇为得意的一个论点：当时美国政府对这部电影相当重视，觉得它受欢迎是民众在变相批评白宫的外交政策。

所有人都瞪着她。

“其实呢，”一个头发蓬乱的学者最后拉长语调说道，“我们在讨论的是兰波，十九世纪的那个颓废派诗人。”

只不过她跟我们讲了这个故事之后，我们倒有了些其他的想法。兰波不是孤例——远远不是。对于我们大多数人而言，不夸张地说，有成百上千个这样的文化名人，不知道似乎是说不过去的，但其实除了听说过名字，他们到底干了什么我们几乎一无所知。斯蒂芬·茨威格、伯特兰·罗素、弗里德里希·恩格斯。（你能就他们其中任何一个聊一分钟吗?）再如，贝托尔特·布莱希特、德尼·狄德罗和米歇尔·福柯。报纸上经常会引用这些名字，那是撰稿人在证明自己的文化资质。而知识分子聊天也会时不时把这些名字丢一个出来，就像把某个高级俱乐部的会员卡扔到桌上。我们决定要多加留意这些名字，把它们收集起来，然后把这些谜团最核心的部分掏出来看个究竟。

在此过程中我们明白了几件有些让人意外的事情。如果你仔细探究，会发现这些不可一世的大人物赖以成名的一般就只有一件事。比如，弗吉尼亚·伍尔夫在写作上的成就，你其实只要知道她使用了“意识流”就够了。（这个技巧基本上就是不加修剪地记录下你的想法，虽然有些事可能别人并不想知道。）发起反消费主义的运动——靠冲进森林一个人待着——就是亨利·大卫·梭罗的事情了。安·兰德用毕生精力主张政府完全没有资格干涉公民的生活；甚至连收税也不可以。都是些很有意思的想法。而且也不像很多知识分子想让你以为的那样，厉害到让人难以接近。

我们发现的另外一件事，就是这些人很多都互相认识，或至少生命中产生过某些交集。有几个甚至上过同一张床。还有几个只是匆匆打了一架。

一路碰到了很多不可思议或者出乎意料的联系，我们就用这些联系把整本书分成了若干个小章节。比方说，有一章叫“瘆人的死状”，里面包含了我们两百多个文化人中的两个：伊莎多拉·邓肯和费德里科·加西亚·洛尔迦；他们的死法都让人见了不太舒服。下一章“臭人”里出场的格瓦拉死状也非常可怕，但他活着的时候气味也令人不快。事实上，他对于个人卫生状况是如此不上心，以至于朋友们给他起了一个绰号叫“猪”。另外一位“臭人”是爱出汗的小说家欧内斯特·海明威。而海明威又引出了下一章——“坠机”。（实际上欧内斯特运气差到坠机他经历了两回，而遗留下的伤痛最终逼得他自杀。）然后我们就接着往下介绍。

读《装腔指南》的方法之一：就是一页页往后翻，让这些分组和它们之间的联系推着你向前。或者你也可以翻到索引，找几个一直让你头疼的名字，让它们领着你开始。不管用哪一种办法，如果我们没把事情搞砸，那你应该会觉得这本书读起来轻松畅快，而且还斩杀了一大群知识上的恶龙——等你把书读完，这些恶龙就瘫死在那里，头顶是一团文化的黑烟。

派对主人

有一种才华，是能认出别人有才华——可能就是因为这一点，让后世会记得接下来提到的几个人，也让他们的其他方面都显得不那么重要。他们办过一些难忘的派对，邀请过不少当时最有才华的作家和艺术家。

佩吉·古根海姆

Peggy Guggenheim，1898—1979

艺术收藏家

用法：提到任何处境艰难的艺术家，你都可以评论："他现在要等的就是一个像佩吉·古根海姆那样的人。"

有一次，别人问佩吉·古根海姆，她拥有过几个丈夫。她回答："别人的丈夫要算进去吗？"性爱似乎是这位美国女富二代主要关心的事，艺术只落后一点点，排在第二位。有时候，这两件事成了同一件事。她和超现实主义画家马克斯·恩斯特*[①]上过床（谁又没上过呢?)，甚至两人还成了夫妻，虽然这段姻缘没有延续多久。

只不过，男人一般来说对佩吉并不好。她的第一任丈夫会打她，而表现主义画家杰克逊·波洛克*说佩吉丑到和她做爱得先拿一块毛巾把她脑袋裹住。（唉，佩吉长了个大圆鼻子，后来做了整容手术依然不见改观。）波洛克其实从来没有把他的这个理论付诸实践，但你依然觉得他应该更心存感激一些，因为古根海姆不断把他请到自己那些有名的派对上，让他可以结识那个时代最了不起的人物。虽然家财万贯，但佩吉·古根海姆生性抠门，所以这些晚间聚会中她只提供难以入口的苏格兰威士忌和拌好盐的薯片。不过，她的确是波洛克最慷慨的资助人之一。

作为一个最典型的可怜富家女，古根海姆找到了生命的意义，就是满欧洲跑，并把自己的财富花在当时那些艺术天才的美妙作品上。这些人里包括了毕加索*、康定斯基*、克利*、达利、马格利特和蒙德里安，这还只是其中的一小部分。这些收藏最终永久地留在了威尼斯的一座豪宅中，后来命名为“古根海姆博物馆”（不要和纽约的“古根海姆博物

① 后面带星号（*）说明书中对此人有独立的介绍。——原书注

馆”混淆起来，后者是她舅舅所罗门·R. 古根海姆建的)。至于佩吉是真的有水准能发现艺术精品，从而建起了她质量傲人的艺术收藏，还是主要归功于她那些经验丰富的顾问，向来是有一些争议的。

葛特鲁德·斯泰因

Gertrude Stein, 1874—1946

作家

用法：要是你觉得某人的花园不怎么样，但又不想驳人家的面子，就可以引用斯泰因最有名的诗句：“一朵玫瑰就是一朵玫瑰就是一朵玫瑰就是一朵玫瑰。”

伍迪·艾伦的电影《午夜巴黎》就是被这样一个想法启发的：要是能去葛特鲁德·斯泰因的派对那该多好！斯泰因是一个有钱的同性恋犹太作家，二十九岁的时候跟哥哥莱奥一起搬到了巴黎。他们很快建立起了一个让人赞叹的艺术收藏，以至于从早到晚都有人来做客，只是为了看画（如果他们是艺术家的话，也想把自己的作品卖给他们)。最后斯泰因兄妹定下规矩，只在周六晚上接待访客——于是他们闻名遐迩的“沙龙”就这样开始了，渐渐成了巴黎的一件大事。

跟哥哥闹翻之后，葛特鲁德和自己的恋人爱丽斯·托克拉斯一起延续着这个传统。客人到了之后——包括毕加索*、马蒂斯、海明威*、菲茨杰拉德等——就和斯泰因谈文论艺，而爱丽斯会在另一个房间招待他们的妻子和女友。斯泰因自己也是个值得重视的作家，虽然她的作品几乎没有人能看懂。她把“意识流”运用到了极致，似乎是认定了任何念头只要出现，她就一定得把它记下来。而且她喜欢依靠“重复”让别人听懂她的意思。她最有名的诗句是“一朵玫瑰就是一朵玫瑰就是一朵玫瑰就是一朵玫瑰”。（后来她得意地评述道：“一百年来，英文诗歌只在这句话里第一次让玫瑰红了。”）再给你看一个例子：“从善意中，生出红色，从无礼中，迅速生出相同的问题。”像疯话吧？可惜斯泰因始终没有明白，要是一句话没人看得懂，它是有趣不了多久的。

她卖得最好的书是一部相对更直白的散文作品《爱丽斯·托克拉斯自传》。利用了典型的现代主义写作花招，这本书讲的其实是葛特鲁德的人生，而不是爱丽斯的。斯泰因被指在二战时向纳粹卑躬屈膝，让她的名声受损。甚至她作为艺术收藏家的眼力后来也受到质疑。有一个评论者称她有“收集天才”的禀赋。但也有一些人反驳，那些真正有才华的艺术家其实是莱奥甄别出来的，自从兄妹俩分道扬镳，葛特鲁德的艺术收藏就开始走下坡路了。

斯特芳·马拉美

Stéphane Mallarmé，1842—1898

诗人

用法：如果你看了一部电影，其中画面、意象震撼人心，但逻辑上说不太通，你可以说它延续了一个伟大的传统，源头就是斯特芳·马拉美。

法国文人斯特芳·马拉美一辈子大多数时候都入不敷出。但在巴黎罗马街的家里，他还是东拼西凑，每周都能找到几枚苏①办一场酒会。这些沙龙的常客后来被称作“Mardistes”——取自法语中的“星期二”，因为他们都是每周二见面的——其中包括好些当时最有才华的作者，随便举几个例子：W. B. 叶芝、安德烈·纪德*和保尔·瓦雷里*……埃德加·德加和奥古斯特·罗丹曾经也混迹其中。

如果你是个诗人，确保诗作流传后世的一个绝佳的办法就是说服伟大的作曲家为你的文字谱上音乐。人缘好到让我们瞠目结舌的马拉美就做成了这件事。他的诗《牧神的午后》由克劳德·德彪西为其作曲，后来也让瓦斯拉夫·尼金斯基*编成了一个举世哗然的芭蕾舞。拉威尔和布列兹也都给马拉

① 法国旧钱币。

美的诗配过乐。音乐性是马拉美毕生工作的宗旨，相较于词句的意义，马拉美对它们的读音更感兴趣。实际上，他会把同音异义的字放到诗歌里，让诗歌被念出来的时候，听众吃不准到底在说什么，只能用耳朵听，并享受文字的音乐性。

马拉美重视风格大过实质，也就让他跻身于十九世纪末法国的“象征派”文学浪潮。如果说现实主义者追求尽量准确地描绘现实生活，那“象征派”在意的事情基本上正好相反。不管怎么看，马拉美的影响都是深远的，而且不仅仅是在文学领域。他启发了立体派和未来派的艺术家，还有达达主义和超现实主义。可能略显可疑的是，英国摇滚乐队“酷玩乐队”声称写《生命万岁》那首歌的时候，心里面想着的是马拉美，让人觉得分外有文化涵养。不过他们还没有到流行歌手 Lady Gaga 的地步，后者在设计唱片封套的时候，启用了美国最有名的一位当代艺术家……

唱片艺术家

当代艺术界让人感觉有点太阳春白雪，没有几个艺术家在年青一代中有什么号召力（说起来，对其他年龄层也没有）。如果想避免这个尴尬处境，一个办法就是让你的作品能用在流行歌手和摇滚乐队的专辑上。

杰夫·昆斯

Jeff Koons, 1955—

艺术家

用法：一个评论界分歧很大的人物，提起昆斯一般来说要么嗤之以鼻，要么大肆吹捧。你要特立独行，就说你觉得他“还行”。

2013 年，杰夫·昆斯替流行歌手 Lady Gaga 的专辑 *ArtPop*

设计了封面。有些人可能会说，此事果然“gaga[①]”。因为昆斯的作品包含了一些似乎专门就是迎合还没开口说话的婴孩的元素：闪闪发光的、嘎吱作响的、媚俗的和卡通的。他曾经用铬合金做了一只巨大的气球狗，把一只篮球悬浮于一鱼缸的水中，还制作了迈克尔·杰克逊和无敌浩克的塑像。

昆斯当过经纪人，在新的事业里带去了一些华尔街的精明世故，把自己的艺术产出变成了一项工业。他在纽约的工作室就像个工厂，雇用了大概一百个助手。他最高明的一招就是把自己一些幼稚的态度和对伟大艺术传统的指涉结合起来。于是，严肃的艺术馆也可以展出他的作品，确信这些展览的吸引力不亚于情色艺术展——而且两者之间的相像之处，还不仅仅是在吸引力上。他的“天作之合”系列（1991）是由一组露骨的性爱照片构成的，性爱的两位主角是昆斯和他的妻子——匈牙利艳星琪秋黎娜（这个词的本意是“对胖男生有吸引力的女子”）。活色生香自不待言，而且昆斯设计的画面还特意模仿了十八世纪法国艺术家布歇和弗拉戈纳尔的绘画作品。

把自己放入作品中还体现了昆斯艺术的另一个重要特质。他不仅仅对明星感兴趣，他自己本身就是个明星。如果这是

① 英文中，gaga 主要有狂热、老年昏聩两义，但此处似指“嘎嘎”的发音像还不会说话的孩子。

一个骗局，那真是骗得太成功了。2013 年，他的《气球狗（橙色）》成了在世艺术家拍卖掉的最贵的作品，它给昆斯带来了五千八百四十万美金。不管大家对昆斯还有多少别的议论，但他那种厚脸皮的商业主义精神有时候的确很好玩。

格哈德·里希特

Gerhard Richter，1932—

艺术家

用法：如果有人问你最喜欢的艺术家是谁，你或许可以回答："我有点想说是里希特，只不过他的创作风格太多样了……"

自从卢西恩·弗洛伊德去世之后，德国艺术家格哈德·里希特经常被视作在世最伟大的画家。他是凭什么赢得了这样的赞誉？最重要的是在这个油画被很多人认为有些过时的年代，他依然对这种媒介很感兴趣。一个明显的例子就是他八九十年代的"Abstrakte Bilder"系列（这两个单词就是"抽象画"的意思）。其中一些典型的作品包括了他在一张巨大的画布上印刷照片，然后涂上厚厚的颜料，再用橡皮刷帚（就像你用来把挡风玻璃上的积雪刮掉的那种）去刮抹。这种技巧听来简单，却一举三得：既显得有创意，又很有活力，最后作品也好看。

格哈德·里希特的现实主义绘画也很有名，似乎只是为了证明这对他来说也不在话下。这些作品中很多都会出现头骨和点燃的蜡烛，风格很像乔治·德·拉·图尔。可以参见他给美国摇滚乐队“音速青春”1988年的专辑《白日梦国度》所制作的唱片封面。他之所以被认为是像毕加索一样的天才，或多或少也是因为他的风格太多样化了。他的过往作品包括一些受到二十世纪六十年代视幻艺术[①]影响而产生的创作，还有科隆大教堂美轮美奂的彩色玻璃窗，里面包含无数个小方块，它们的颜色是由电脑随机选取的。

格哈德·里希特出生于德累斯顿。他的父亲是个纳粹；母亲的妹妹是个精神分裂症患者，死在纳粹对病患实行安乐死的运动中。如果见到这位艺术家，你会发现他既表现出自己过往带给他的伤痛和沉重，也有种冷冷的幽默感和一种得体的手足无措，就好像他对自己依然健在讶异至极。他说过，绘画是一件严肃的事情，是人类最基本的一项能力，就如同跳舞和唱歌一样。同时，他也对自己作品天文数字般的价格感到不屑，认为这很“蠢”。

① Op art，也译作“光效应艺术”，一种利用几何图形和色彩对比产生各种形与光色的运动以造成视错觉的艺术。

安迪·沃霍尔

Andy Warhol, 1928—1987

艺术家

用法：在今天，提到安迪·沃霍尔这个名字，最常见的是因为提到了他那个“出名十五分钟”的概念。

对有些人来说，当代艺术显得很肤浅。安迪·沃霍尔会同意你：是肤浅，但很美，不是吗？（“美”是他最喜欢用的词之一。）他对名气比对才华更有兴趣，在他那些艳丽的丝网印刷图中，主角往往是像玛丽莲·梦露和猫王这样的演员和流行歌手。“在未来，”沃霍尔那句宣告一直流传至今，“每个人都会全球闻名十五分钟。”在某种意义上，这当然只是存心引发争议，但在另一种意义上，这句话可以说成为了现实。互联网让所有人都能朝世界吆喝出自己的声音。谁知道呢？说不定你的微博就什么时候被“疯转”了。

跟很多了不起的艺术家一样，他的成就在某种程度上也要归功于他的营销手段，但的确只是在某种程度上。这件事的难度部分就在于要开拓新的疆域：对于一个视觉艺术家来说，这就意味着你要创造一种和你如此难舍难分的作品，以至于今后任何人做出类似的东西，大家都会说是他在抄袭你。沃霍尔的丝网印刷画当然做到了这一点。它们把痴迷的视线投向名人的脸孔，也投向了常见的日用商品，比如汤罐头，或者（在他给摇滚乐队“地下丝绒”的处女专辑设计的封面中的）一根香蕉。可能他制作的一些先锋电影给人留下的印象就没有这样深。这些电影都有极度直白的名字，像《睡觉》（1963）就是拍了一段他的某个朋友在睡觉。

沃霍尔相信，如果你想成为一个名人，你只需要看上去像个名人就可以了。遵循这条准则，他会佩戴银色的假发，而且时常更换，所以看上去头发一直在长。在他纽约的工作室（被他命名为“工厂”）中，有很多无足轻重的社会边缘人物被吸引在他左右，像是一些异装癖者，或者一些艺术家做派的瘾君子，这些人都被沃霍尔称为他的“超级明星”。其中一个扈从瓦莱丽·索拉纳斯后来厌倦了他，在 1968 年朝沃霍尔开了一枪。不过沃霍尔居然大难不死；可能他觉得被枪杀这种死法对于像他这样一个有创意的人未免太传统了。

知识最性感

他们都说物以类聚，所以有名望的文化人物会和有名望的文化人物上床，就顺理成章得跟布拉德·皮特会和安吉丽娜·朱莉在一起一样。

弗里达·卡罗

Frida Kahlo，1907—1954

艺术家

用法：当需要表达一个艺术家从极端的肉体伤痛中获取灵感时，可以提起卡罗作为例证。

弗里达·卡罗的艺术一直和伤痛难解难分。她刚满十八岁的时候，就在墨西哥城遭遇了一起严重的事故：她所乘坐的巴士与一辆有轨电车相撞。她的脊柱、锁骨、肋骨、骨盆和腿脚全部受创，车辆残骸中一根断裂的铁扶手穿透了她的子宫，让她从此丧失生育能力。在休养过程中，她决心成为一个艺术家，后来创作出的个人化作品充满生命力，最终使她成为墨西哥最成功的女画家。

在她活着的时候，比这些画作更出名的是她的婚姻。她嫁给了另一个墨西哥艺术家迭戈·里维拉。说得客气点，他们的感情至少是不太稳定的。两人都出轨了。卡罗婚外情的对象中不仅有男人，还有女人。显然里维拉对妻子的女情人们并不太介意。而卡罗却认为丈夫和她的妹妹克里斯蒂娜上床突破了底线。为了报复，她和流亡在墨西哥的列夫·托洛茨基共赴云雨。在男女关系上遭到背叛之后，这样的报复手段别人的确很难企及。

卡罗的艺术中有种天真的、如梦似幻的特质，里面还加入了不少墨西哥神话中的符号，于是超现实主义画派一直把她看做是自己人。卡罗也一直被推崇为女权主义的标杆，不仅因为她在私人生活中表现出强烈的独立性，在艺术中更是如此。她的作品常与肉体和本能相关（在一幅画作中，她描绘自己从母亲的子宫中钻出）。在她众多的自画像中，除了目光锐利，她还始终不愿美化自己。虽然是个漂亮的女人，但她每回都要把自己画成一字眉并且在上嘴唇画出如胡须般的汗毛。

汉娜·阿伦特

Hannah Arendt, 1906—1975

哲学家

用法：如果你读了一个关于杀人犯的深度报道，发现他们除了爱杀人之外显得和常人无异，你可以宣称："阿伦特所谓的平庸的恶的又一例证。"

当德国哲学家汉娜·阿伦特开始和自己的大学教授马丁·海德格尔*谈恋爱的时候，大家都觉得这两人能走到一起是非常奇怪的。阿伦特是个犹太人、反法西斯主义者，而海德格尔至少在某一段时期之中是个纳粹的支持者。（比如在他就职的大学，就是海德格尔让行希特勒的纳粹礼成为了一种惯例）。很久以后，两人早已结束了恋情，阿伦特还为自己的前情人辩护，声称他最不济也只是幼稚罢了。她的话还是有分量的，除了一度身陷集中营之外，她那时也已经是个文坛明星了，最有影响力的就是她对独裁政权的分析。

在研究纳粹的过程中，阿伦特造出了一个词叫做"平庸的恶"，想要表达的是：那些骇人听闻的恶行，实施者往往是一些看上去并非恶魔附体之人，他们也并不是出于纯粹罪恶的目的。她用这个词形容阿道夫·艾希曼，大屠杀的设计师之一。阿伦特相信艾希曼把无数犹太人推向死亡，并不因为他对犹太人深恶痛绝，也不是因为他是个施虐狂，而是出于一个平庸到悲剧的原因：艾希曼是个想要飞黄腾达的人，他知道屠杀犹太人能帮他在纳粹的政党中步步高升，于是就简简单单对其中的惨剧选择视而不见。

马丁·海德格尔

Martin Heidegger，1889—1976

哲学家

用法：下回散步的时候，宣称你散步不只是为了身体好，而且是希望借此逃脱那种海德格尔式的“被抛性”。

有一次别人问德国哲学家马丁·海德格尔：人要怎么做才能让生活更美好；他回答：我们都应该“在墓地里多待一会儿”。我们听到过各种各样的建议，这一条算是其中有点病态的了，可虽然海德格尔的首要哲学精神把接受人类终有一死作为它不可分割的一部分，但细看之后却积极和实用得叫人意外。

在他那本《存在与时间》（1927）中，海德格尔提出，只有直面了我们将死这个事实，我们才开始活着。或者我们可以用他的术语来说：只有拥抱了“Das Nichts（不存在）”，我们才能对付得了“Das Sein（存在）”。我们大多数人在大多数的时候过着一种“不真实”的人生：我们焦虑的是他人对我们的看法，但其实这些人并不关心我们，也不能将我们从必死的命运中拯救出来——所以我们到底是为什么要一直讨好他们？第二点，他写道，我们都是“被抛进”这个世界的。他用这个词表达我们并没有选择降生到这个世界上来，也无法选择我们出生在哪里，父母是谁，所受的教育是怎么样的。自然而然的，我们早期的体验和信念都是被“抛”在我们身上的。这种“被抛性”，就跟我们的“不真实”一样，需要被超越。如何超越呢？海德格尔推荐在乡野中长时间地散步，琢磨我们的存在是多么神奇。

如果方才的这些介绍让你觉得海德格尔听上去还挺好理解的，请不要被误导。作为二十世纪最重要也是最复杂的哲学家之一，他延续了德国哲学不可理解这一伟大传统，前辈之中包括了像伊曼努尔·康德*这样的人。（当然也正因为这一点，谈话中提到海德格尔才更令人刮目相看。）这也就意味着，没有人能完全确定任何一句话到底符不符合海德格尔的思想。

曼·雷

Man Ray, 1890—1976

艺术家、摄影师

用法：只要一张照片里包含了超现实的元素——比如一个看起来完全不应该出现在那里的东西，就可以说它或许受了一点点曼·雷的影响。

就跟很多有才华的人一样，美国艺术家曼·雷喜欢跟其他有才华的人上床。其中之一就是比利时诗人阿冬·拉克鲁瓦，她后来在1914年成了他的第一任妻子。当他们1919年分开的时候，拉克鲁瓦愤恨地告诉他："离开了我你什么事都成不了!"他的回答很低调："我们到时看吧。"但随着时间流逝，这句反驳一定越发显得高明。之后没过多久，雷就搬到了巴黎，开始了自己一段创作最为旺盛的阶段，而且凭借那时候的作品，他被很多人认为是二十世纪最重要的艺术家之一。

"艺术并无发展，"雷曾经这样评论道，"就像做爱没有发展一样。只不过就是各人方法不同而已。"虽然这句话说得漂亮，但他的艺术生涯确凿无疑地能看出发展来。曼·雷原名伊曼纽尔·拉德尼茨基，父亲是个裁缝。他刚开始作画时风格相当传统，但后来受到马塞尔·杜尚*的启发，成为了超现实主义运动中的核心成员。他标志性的一件作品叫《伊齐多尔·迪卡斯之谜》，里面是一台用布裹起来的缝纫机（这也是在向他父亲的职业致意）。

只要是个人物，雷全都认识，而且他充满活力地从一种风格变向另一种风格，显得很是轻松。到了今天，他最让你记住的或许是在摄影中的实验。《安格尔的小提琴》很典型地体现了他在视觉艺术上的机智，那是一张他情人的黑白照片（情人的名字不同凡响，叫“蒙帕纳斯的吉吉”），我们从身后看到她裸露的背部，曲线让人想到小提琴。他还很有心计地给当时不少有才华的人拍照片，其中包括詹姆斯·乔伊斯*、葛特鲁德·斯泰因*，以及一位除了天赋还有无比美貌的学徒……

李·米勒

Lee Miller, 1907—1977

摄影师、缪斯

用法： 如果想让一个早熟的年轻女子对你有好感，可以试着表达你对李·米勒作品的崇拜之情。

不用费多少心思，应该就可以想到这样一个男人，他外貌出众、生活潇洒、纵横情场，偶尔创造出些了不起的艺术或文学，但相对而言，这样的女人就不多了。美国摄影师李·米勒就是其中之一。她有惊世骇俗的美貌，以*Vogue*杂志的时装模特出道；然后跑去巴黎，成了超现实主义摄影师曼·雷和其他人的情人和缪斯；之后又脱胎换骨，变成了一个战争摄影师，她是最早拍摄到纳粹屠杀营恐怖场面的摄影师之一。

通常来说，她拍的照片都有超现实主义派的出其不意，又结合了时髦杂志的圆融体贴。不过她更让后世记住的，恐怕还是拍她的照片（当你美得惊世骇俗时，总要承担这样的风险）。或许最不同寻常的一张影像，就是她赤身裸体坐在希特勒位于慕尼黑的浴缸里，而几天之后，元首就在柏林的地堡中自杀了。在浴缸的前方，我们可以看到米勒的靴子上留着集中营里踩来的泥巴。

再后来，她被当时目睹的可怕场景困扰，成了个酗酒者。有些评论家提到她时颇为不屑，说她只是个游戏人生的轻浮女子，或者是个自大狂，或者两者兼而有之：女人一旦依着自己的性子行事，总会让男人觉得不自在。嫁给了艺术家罗兰·彭罗斯之后（丈夫后来被授予爵位，意味着她也成了彭罗斯夫人），米勒在英国乡村的一座农场定居下来。她把全部精力又投入到超现实主义的烹饪上，比如用蓝色的意大利细面条和花椰菜做出乳房的样子。她几乎再也不提起自己的过往，但任何有疑问的人都可以查阅她曾经的照片，或者在让·谷克多*1929年的电影《诗人之血》中寻找她的靓影。她在银幕上的优美和动人，再次印证了某位加拿大文化理论家的判断，他说电影是种“热的媒介”[①]。而这位理论家自己也喜欢时不时地在电影中出镜。

① 这种说法后文有所解释，但此处作者大概也用了 hot 所包含的“性感撩人”的双关义。

大银幕

如果听到自己的名字在电影里被念出来，那么你就知道自己已经成功了；而要是能真的再露个脸，那就更好了。

马歇尔·麦克卢汉

Marshall McLuhan，1911—1980

哲学家、媒体理论家

用法：要是有人指责你胡说八道，你可以用一种很优雅的驳斥方式——转过去面对他们，低声说："就像马歇尔·麦克卢汉曾经说的：'你对我的思想一无所知。'"

那场戏真是太精彩了。1977年的电影《安妮·霍尔》中，排队等着电影进场时，伍迪·艾伦被身后一个自命不凡的家伙惹恼了，那个人不停地唠叨着马歇尔·麦克卢汉的理论。

为了证明他在瞎说，艾伦直接找来了麦克卢汉本人，由他亲口宣布："你对我的思想一无所知。"然后，艾伦转过来面对着镜头说："好家伙，要是人生真像这样就好了！"但在某种意义上，这一幕戏的确有它真实的成分："你对我的思想一无所知"就是麦克卢汉最喜欢说的话之一。这个情节是后现代的（就在于它向观众挑明了电影的虚构性），而麦克卢汉就是一个后现代的理论家。

"媒介即讯息"——要概括麦克卢汉的中心思想，他的这句话很关键。马歇尔·麦克卢汉是一位加拿大学者，基本上可以认为媒体学就是他发明的。麦克卢汉认为抛开书和电影的内容，纯粹作为媒介研究它们会更有意思。我们看书、看电影，到底对我们产生了什么影响？大部分人类都不阅读这个情况得以改变，相对而言，离我们并不遥远。而照现在的情形看，可能很快也就没有人要看书了。二十世纪五十年代之前，大部分人都没有电视。而现在我们都在笔记本电脑上看电影。按照麦克卢汉的说法，这些在媒介上的变化（不管这些书籍和影视的内容道德与否）都对我们思考问题的方式产生重大影响，决定我们是怎么样的人。他在《谷登堡星汉璀璨：印刷文明的诞生》（1951）和《理解媒介，论人的延伸》（1964）这两本书中推出的这些观点，让他成为二十世纪六十年代知识界的大明星。而且麦克卢汉似乎还在互联网出现的三十年前就预测了它的到来。

媒介是“冷”的还是“热”的，是麦克卢汉所作的一个重要区分。他自己在运用这两种说法的时候并不好懂，不过他可能会把现在的超级大片看做是“热”的媒介，因为它是朝你轰炸的，而你只需往后一靠，任由它冲击你即可。与之相对的，一本复杂的书——比如麦克卢汉自己的作品——是“冷”的。读者要花大力气才能理解它。

皮娜·鲍什

Pina Bausch，1940—2009

编舞家

用法：如果你在舞池中显得笨手笨脚，可以向你的舞伴提议：“我们蒙上双眼吧，假装是皮娜·鲍什那个‘穆勒咖啡馆’中的闭眼舞者。”

皮娜·鲍什在德国小镇索林根长大，她的父母在那里经营着一家旅店。还是小女孩的时候——皮娜是菲丽皮娜的简称——她会看着男男女女在餐厅中相恋或分手，这也让她痴迷于人与人之间的微妙关系。狂热与温存可以是同一枚硬币的两面。她一向抗拒把自己归类，创作集中于所谓的“Tanztheater”，也就是“舞蹈剧场”；就像这个名称所暗示的那样，这种形式介于舞蹈和戏剧之间。

她的整个艺术生涯都致力于模糊边界。她自己就是个舞蹈家，是纽约著名的茱莉亚学院的科班出身，可在她编排的舞蹈中往往会混合传统与即兴表演。她本人的形象很中性化，面容线条清晰、粗犷，几乎有男子气概，而在她的几个作品中，她又会让男性舞者穿上女性的服装。她的艺术理念有些阴郁——对于某些人来说，简直阴郁得让人吃不消——往往强调冲突和寻找那注定无法找到的意义。她最著名的作品就是《穆勒咖啡馆》（直白地向她在索林根的童年致敬），它里面有很多的舞者闭着眼睛表演，撞翻不少桌椅。

她的影响力就如同她编排的舞蹈一样，穿越了不少边界。她被很多人尊敬和模仿，比如像摇滚明星大卫·鲍伊和电影导演佩德罗·阿莫多瓦，后者将她的一些技法融入到了他2001年的电影《对她说》之中。而皮娜的野心从来没有人怀疑过——比如1975年改编斯特拉文斯基的《春之祭》就很好地体现了她的艺术企图。她在舞台上铺满了泥土，舞者在谢幕时精疲力竭，满身沾满了汗水和泥土。

让·鲍德里亚

Jean Baudrillard，1929—2007

哲学家

用法：每次你看到有人买奢侈品，都可以丢出鲍德里亚这个名字：“你是真的想要这件东西吗？还是，用鲍德里亚的话来说，你是想要它所代表的社会地位?”

在那部科幻悬疑片《黑客帝国》中，观众可以看到某个角色正在看一本名叫《拟像与仿真》的书，作者正是法国哲学家让·鲍德里亚。电影中出现这本书是合适的，因为《黑客帝国》拷问现实的本质，而鲍德里亚的重要观点就是现实的图像已经比现实本身更“真实”了。比如说，我们在想到性爱的时候，脑海中充斥的是色情影视和图片，而非经历过的性爱本身。（读者可能想说：鲍德里亚，那是你自己吧，别扯上我!）或者，当我们思考爱，我们其实想到的也不是爱本身，而是像电影《泰坦尼克号》或《相见恨晚》呈现给我们的样子，甚至只是须后水、洗衣粉广告中描绘的爱。想到汽车，想到狗，想到盒装饼干，都是这样——实际上，这适用于一切事物。为了让自己的理论听上去更厉害一些，作者将这样被接受的、很有影响力的图像称为“拟像”。

鲍德里亚把自己的观点又往前推了一步，指出所有的东西都不仅仅是东西，它们都携带着一些想法和价值观。比如一部宝马车不仅仅是一辆汽车，它是你生活优渥的证据。可他又说海湾战争不存在，存在的只是电视上关于海湾战争的影像，就是在给自己找麻烦了。这样的评述的确不太得体。

他的批评者说，如果你深究鲍德里亚的理论，会发现他只是在陈述一些显而易见的事情。甚至这些陈述还会夸大其词。就拿平常的一天来说，或许我们发的电子邮件的确比真正的对话要多，但这也不意味着互联网就比我们身处的世界要更真实。它只不过说明我们在使用科技而已。

有些人还暗示，鲍德里亚可能太把自己当回事了。他从来就不很情愿别人把他和《黑客帝国》联系在一起，号称导演这部电影的兄弟俩其实误解了他的 oeuvre①。

F. R. 利维斯

F. R. Leavis, 1895—1978

文学评论家

用法：如果被人发现你正在读一本很严肃的小说，可以跟他解释，在文学趣味上，你正努力朝一个“利维斯门徒”靠拢。

在 2001 年的浪漫喜剧《BJ 单身日记》中，女主角布丽吉特在一家出版社上班，她假装自己正和文学评论家 F. R. 利维斯打电话，结果被上司拆穿，告诉她利维斯在二十世纪七

① 法语：全部作品。

十年代就死了。为什么布丽吉特选了利维斯呢？大概这是她能想到的唯一一个评论家。一般来说，评论书的人都不出名，而这位剑桥大学的文学教授是个例外。

他扬名立万的办法之一就是在臧否文学时眼光极为严苛，以至于让读者慌张到以为他知道一些普通人无法知道的事情。在利维斯眼中，T. S. 艾略特*、W. B. 叶芝和D. H. 劳伦斯*都是天才。而与之相对的，他在自己那本《伟大的传统》（1948）里故意忽略了查尔斯·狄更斯*、托马斯·哈代和劳伦斯·斯特恩*，不过他后来又在对狄更斯的判断上改了口。

利维斯偶尔也会弄错的。他对一个叫罗纳德·波特拉尔的作家疯狂推崇——显然后世读者并不支持他的这个评判。而他最成功的一点就是说服了懒惰的英国人对文学这件事更认真了一些。一般来说，现在我们认为他对诗歌的评论比对小说更出色；他坚持认为，一本书必须深入探究它所处时代的复杂道德问题，否则就不能算"好"书，而在评论小说的时候，他的这种倾向往往会过头。看他欣赏的那个作家名单，你会忍不住以为他更青睐那些名字里有两个首字母的人。顺便提一句，他自己名字的那两个首字母是弗兰克·雷蒙德（Frank Raymond）的缩写。

托马斯·品钦

Thomas Pynchon，1937—

小说家

用法：任何一本长得无边无际的小说，而且把高雅和低俗文化混在一起提到，就可以说是“品钦式”的小说。

托马斯·品钦的小说《性本恶》不久前改编成了电影，有传言说小说家本人在里面演了个龙套。这很难确认，因为他当隐士当得太彻底了，谁也不清楚他到底长什么样。在网上搜索他的图片，只有寥寥几张，里面是一个目光慵懒、其貌不扬的年轻人，龅牙明显。有传言说这位作者正是为自己的龅牙感到难为情，所以才避开公众视线的。不过他有一次的确给自己的卡通人物配了音，那是他出现在动画片《辛普森一家》里，头上还套了个纸袋子。

我们知道他曾在纽约的康奈尔大学读书，还听过弗拉基米尔·纳博科夫*的课，虽然纳博科夫说他不记得品钦这个学生，而品钦也透露纳博科夫的课他一个字也听不懂，因为这个老师的俄语口音太重了。也有一些人认为品钦的书也一样难懂。它们很多都是厚重的大部头，绝对的后现代写法，到处是玩笑，随时会离题，而且混合高雅和低俗文化是他标志性的手法。有一个评论家把这种风格说成是把耶罗尼米斯·博斯[①]和华特·迪士尼搭配在了一起。其中1973年出版的《万有引力之虹》被一些人视为战后美国最伟大的小说。这部小说大致写了什么呢？如果我们模仿品钦的口吻，或许可以回答：大致写了七百五十页。

还有其他的几个特质也可以让一部小说被认为是“品钦式”的，比如迷狂的氛围，对服用致幻药物的描写和诡异的性爱场面。小说家萨尔曼·拉什迪是少数几个众所周知见过品钦的人，被问到品钦本人是什么样的，拉什迪说，他是个非常“品钦式”的人物。“隐士”这个标签让大家非常兴奋，关于他真实身份的疯狂说法层出不穷。其中之一是说他其实是一个叫旺达的女子。在躲避聚光灯这件事上，很少有人像品钦这样甘之如饴的，虽然有几个人也在努力。比如某位南非小说家，甚至在接受一些重大文学奖项时，也不愿亲自出席……

---

① 耶罗尼米斯·博斯（Hieronymus Bosch，1450—1516）是一位十五至十六世纪的多产荷兰画家，被认为是二十世纪超现实主义的启发者之一。

隐士

要写出一本好书不一定非得住到山洞里，可要是不爱交际可能是有助于创作的。

J. M. 库切

J. M. Coetzee，1940—

小说家

用法：库切的名字到底怎么发音似乎众说纷纭。自信一点，发得越怪越好，或许你可以把“Coetzee”发成“卡赛爷”！

南非小说家库切太爱隐居，以至于两次被授予布克奖都不愿现身。不过2003年获得诺贝尔奖的时候，他屈尊出席了典礼；颁奖词里称赞他的小说考察了“局外者是如何出人意料地参与故事”，展现了“精湛的结构、深邃的对话和才情洋溢的分析力”。库切本人很温和，留着一点点胡须，说话轻柔，据说他参加宴会经常会整场一句话都不说。一个和他相识多年的同事声称只听库切笑过一次。可惜的是，能让库切忍俊不禁的究竟是怎样一个笑话没有记录留存下来。

和纳丁·戈迪默一样，库切也是一个敢于剖析祖国南非混乱政局的作家，但是他的批评既聪明，又有分寸，所以基本没有受到当局的打压。库切的作品很少随便或笨拙地指责某个群体。《耻》或许是他在国际上最知名的小说了，讲的是一个南非白人文学教授与他的一位学生发生性关系（应该说只差一步就可称之为强奸了）。被学校解职之后，他住到了女儿的农庄里。一些黑人暴徒冲进农庄，不仅强奸了他的女儿，还导致她怀孕。库切并没有在道义上将这两件事等量而观，他只是将它们并置，希望能激发读者某些更深刻的思考。

巴鲁赫·斯宾诺莎

Baruch Spinoza，1632—1677

哲学家

用法：当别人质疑你为心理分析支付的巨额费用时，告诉他：我正试图“激活我的情绪，如同斯宾诺莎所说的那样”。

葡萄牙裔犹太哲学家巴鲁赫·斯宾诺莎某天在他家附近

的犹太教会堂的台阶上被攻击，对方认为他是个异教徒。在那之后，他一直保留着那件被小刀划破的斗篷，有时甚至会穿起来，提醒自己要活得更小心。斯宾诺莎生活在阿姆斯特丹，虽然他是个举止温和的人，但他的一些理念让别人非常生气。因为他提出人类的灵魂不是永恒的，向上帝祈祷没有意义，因为上帝并不干涉人类的事务。照斯宾诺莎的说法，上帝本质是宇宙间所有事物的总和；上帝就是自然。

在他死后出版的代表作《伦理学》中，斯宾诺莎相信世间没有所谓的自由意志。如果我们了解得足够多，那么我们所有的行为都是可以预测的。如果我们要获得某种接近自由意志的东西，那么其实要追求的是领悟力。我们那些发号施令的情绪如同独裁者一般，领悟它，就可以激活它，让它变得“积极”，否则它就是“消极”的。“领悟，”斯宾诺莎宣称，“就是自由。”

斯宾诺莎追求自由和领悟时的专注力是让人惊叹的。他生活极为简朴，吃得很少，禁欲，而且可以一连工作几天不出门。他唯一的缺陷据说是有时会喜欢看蜘蛛追捕苍蝇。别人给他的学术上的荣誉都被他拒绝了，反而靠制作显微镜和望远镜的镜片赚取一些微薄的收入。这些劳作中的粉尘让他的肺病恶化，四十四岁就死了；但是斯宾诺莎作为启蒙运动最伟大的先驱之一，他的那种无畏的理性精神却有难以估量的深远影响。

阿图尔·叔本华

Arthur Schopenhauer，1788—1860

哲学家

用法：在聊到退休计划的时候，你可以谈到自己有意“避世而居，如叔本华一般培养一种远离尘世争斗的心境”。

要理解哲学家的一大难处，是他们几乎都是在回应另外的哲学家，也就是说你要读懂甲哲学家，就必须对乙丙丁哲学家有些许心得。阿图尔·叔本华就是这样，他的名著《作为意志和表象的世界》就是在评述他的德国同胞伊曼努尔·康德*的理论。

康德宣称我们无法穿透感官的帷幔，不能了解真实或“本体”世界。不是这样的，叔本华驳斥道。在所有的心理活动中，我们都能感受到我们的意志，他称作“生存意志”，可以理解成是一种永恒的对于求生和繁衍的追求。作为最典型的抑郁派存在主义哲学家，他的悲观可以说到了非比寻常的程度（也可以说是一种放任自流式的悲观）。对于叔本华来说，生命是“一场始终被阻止的死亡”，就像走路是“一次始终被阻止的摔倒”一样。

那个驱动我们的意志是痛苦之源。但也有好消息，就是我们可以逃离这种不幸。在对美的欣赏中我们可以获得短暂的歇息：就在我们凝神看着一幅绘画作品时，我们忘记了自我，获得了短暂的愉悦（至少是短暂的不痛苦）。更一劳永逸的办法是从日常的挣扎中抽离，像隐士一样生活；这种理念和佛教接近，而叔本华也是最早关注东方宗教的西方哲学家之一。他外表古怪，有巨大的圆脑门和狂野的如小丑般的毛发；而且他本人也非常惹人讨厌，他仇恨女性和犹太人。到了晚年，叔本华越发忠实地实践着自己的学说，不再与人来往，完全沉浸于研究之中，很少出门。他能够忍受的伴侣几乎只剩下他钟爱的几只贵宾犬；他给它们每一只都取了同样的名字——阿特玛，古印度梵文中用来指“宇宙之魂”的词。

纳撒尼尔·霍桑

Nathaniel Hawthorne, 1804—1864

小说家

用法：要是你做出了什么公众可能会谴责的事情，你可以顺着挖苦自己说考虑在胸口绣上一个字母“A”，就像霍桑在《红字》中写的那样。

纳撒尼尔·霍桑的害羞接近病态；虽然被认为是最伟大

的美国小说家之一，但他想到自己会成为文坛名人就觉得可怕。他不只是害怕大家的关注，还担心公众如果细加考察，会发现他的一位先辈就是臭名昭著的塞勒姆女巫审判的法官之一，让众多无辜女子死于他的判决。为了掩盖这一联系，作家在自己本名“Nathaniel Hathorne”的姓氏中加了一个“w”——他用一个字母去掩盖罪行，就像他最有名的作品中用一个字母宣告了罪行一样。

《红字》（1850）讲述的是一个女子的故事，她叫赫斯特·普林，和有妇之夫生了一个孩子。她所在的社群大为震惊，逼她在胸前的衣服上绣一个字母“A”（代表“Adultery”——通奸）。相比身边那些不靠谱的男性角色，女主人公要坚强、平静得多，而那些男人中就包括那个深觉悔愧的孩子的父亲；而她始终拒绝透露这个人是谁。也正是出于这个原因——他的其他作品中也有很多强大的女性角色，比如《七个尖角阁的老宅》（1851）——霍桑被推崇为最早的女权主义者。他也和爱伦坡等人被归入黑暗浪漫主义的阵营，因为他写澎湃的激情最后常会引发一些阴暗或血腥的事情，落得苍凉的结局。

霍桑对女性的欣赏部分原因是他跟母亲很亲，而且他和妻子结婚多年，美满幸福，而妻子几乎和他一样羞涩。不过对于这样一个遁世的人来说，霍桑倒是有不少卓越的朋友。他的抬棺人中包括诗人亨利·沃兹沃思·朗费罗和超验主义哲学家拉尔夫·瓦尔多·爱默生*。

米歇尔·德·蒙田

Michel de Montaigne, 1533—1592

散文家

用法：要是你喜欢的一个报刊撰稿人写得既私人化，又放之四海皆准，既灵动，又睿智，那么你就可以说他的写作充满了蒙田的气息。

蒙田三十八岁的时候，他最好的朋友艾蒂安[①]去世了。蒙田伤心过度，把自己关在家族领地的一座圆塔中，用书籍把自己包围起来。他在那里待了十年，一个人都不见，把精力都投入于写出一部厚重的《蒙田随笔集》。这部作品领先它的时代太多了。之前从来没有人想到可以把知性的论述和个人轶事像蒙田那样结合起来，而现在这种风格正被全世界无数文人模仿。但真要说的话，从雄辩和智慧上考量，他们之中还真没有几个能赶上蒙田。

一个很接近蒙田水准的人是英国作者威廉·黑兹利特，他概括这位法国散文家为何受到古往今来所有读者的一致推崇，说蒙田之前没有人“敢于把写作者作为一个人的真实感

---

① 艾蒂安·德·拉·波哀西（Étienne De La Boétie，1530—1568）法国作家，法国政治哲学的奠基人、反暴君论的重要代表人物。

受说出来”。蒙田没有屈从于当时的宗教主流思想或传统观念。他只是用一种简洁的文字写他个人的所思所感，而且题材范围之广，让人赞叹，而不管是考虑宗教带来的问题（比如战争）或阐释自己的教育理念，他都写得那样好，以至于五百年之后读起来依然酣畅淋漓。他说教导孩子的最佳方法就是留给他空间，让他可以自己教导自己；他说大家能记得任何事情，用的都是这个办法。

他自己所受的教育就挺古怪。蒙田的父亲坚持所有人跟蒙田说话必须用拉丁文，所以蒙田的母语应该算是拉丁文；然后他父亲又找了一位连法语都不会说的德国家庭教师。这样不按常理出牌的教育方式到头来似乎是奏效的，因为它培养出了有史以来最明理、最有趣的作家之一。我们说的不算。尼采*说过，蒙田“提升了活在世上的喜悦”，而法国文学评论人夏尔·奥古斯丁·圣勃夫则建议我们至少要每晚都读一页蒙田。

若泽·萨拉马戈

José Saramago，1922—2010

小说家

用法：如果你什么时候因为对虔诚之人不敬而受到指摘，借用一句萨拉马戈的话，低声说：“他们应该多把心思放在祈祷上。”

任何一个不得志的作家在艰难的时候都可以从萨拉马戈身上得到慰藉，后者要到六十多岁才成名。他是地道的葡萄牙农民家庭出身（他的姓氏“Saramago”就是“萝卜”的意思），最终因为小说《修道院纪事》扬名立万。他典型的风格就是写非常长的句子，有时候一连几页没有句点。写对话的时候也很少添上引号。很多他的书都是寓言，一般都会发生异想天开的事情。比如《石筏》（1986）就写了伊比利亚半岛从欧洲脱离，在大西洋上四处漂荡的故事。在《失明症漫记》（1995）中，某国莫名其妙就遭受了瘟疫，每个人都因此失明：作者说这个故事象征着大家对右翼独裁统治的崛起视而不见，而葡萄牙就被这样的政权控制多年。

作为一个坚定的共产主义者，萨拉马戈始终有办法惹人生气。对象可能是宗教的保守人士——他说过：“我尊重有信仰的人，但对他们那个组织毫无敬意。”也可能是以色列人——萨拉马戈 2002 年的那句话“今天在巴勒斯坦发生的事，是一种可以放在和奥斯威辛同一个层面上的犯罪”让他们愤怒不已。

他争议最大的一本书或许是《基督耶稣的福音》（1991），描述的是一个和抹大拉的马利亚同居的耶稣，正想办法让自己不用被钉上十字架。（也难怪他 1998 年获得诺贝尔文学奖时梵蒂冈会抗议。听闻教堂的不满，萨拉马戈只评论了一句：“他们应该多把心思放在祈祷上。”）这部小说引起的轩然大波让萨拉马戈开始觉得自己在祖国也成了个不受欢迎的人。于是他转身抛弃了葡萄牙社会，搬到了大西洋上的兰萨罗特岛。所以萨拉马戈直到生命最后，是主动选择做了一个岛民——相较某位文学评论家，则一直把身为岛民视作他无法逃脱的命运……

岛民

从《鲁滨孙漂流记》到亚历克斯·加兰的《海滩》，无数文学作品把中心舞台给了海水环绕的土石（有时还会补上椰树和欢迎你的草裙姑娘）。岛屿也给了很多作家平静的避风港，让他们安心创作。

弗兰克·克默德

Frank Kermode, 1919—2010

文学评论家

用法：要是听到有人在宣扬“现在没有过去好”，你可以让他去读一读弗兰克·克默德的《终结的感觉》。这本书里说的就是人类总是愿意相信：过去更好，而且未来也马上会有改观，唯独只有当下却是糟糕得无以复加。

弗兰克·克默德生长在英格兰西海岸的马恩岛，他说自己身为岛民，在有大都市气息的文学评论圈，时常觉得像个局外人。他的写作也像个局外人——即使成了剑桥的英语文学教授，也还是远离大多数文学评论者的高深文风。他希望大街上的普通人也能喜欢自己的书。克默德把自传命名为 *Not Entitled*①，当然，这并不是指自传连个书名也没有——而克默德本人，也获得了贵族头衔（他因为对文学所作的贡献被封为爵士）。他那个书名的本意其实是和读者心照不宣地开个玩笑，说自己依然是个很普通的人。

要成为一个了不起的文学评论家，有两个要点。首先你要写出好的评论，也就是说，你必须是个敏锐而细腻的读者，同时有足够的才华让读者明白为什么好东西是好的，坏东西是坏的。最好你的文笔本身也非常优雅精妙，可以当成文学作品来研读。但这还不够。除了写出关于好文学的好文学，你还需要一个“大想法”：一个高屋建瓴的文学理论，供后世读者在琢磨具体文学问题时借用。

克默德就是在他 1967 年出版的《终结的感觉》中提出了自己的“大想法”。这个想法是：和永恒一比，我们都会觉得自我的生命太渺小了，而难以摆脱这种苦闷。为了好受一些，我们就说服自己，曾经有一个黄金时代，一切都很美好，而

① 克默德的本意应指“缺乏权利，缺乏资格”，而结合下文，本书作者还让它带上了“未命名”、“未赋予贵族头衔”的双关义。

虽然现在一塌糊涂，很快也会好起来的。我们都相信新的黄金时代很快就要到来——克默德认为，要是我们不能说服自己这一点，那早上就一定起不来。可惜这也只是一厢情愿。新的黄金时代根本不会来——至少我们的第一反应是……这还挺让人郁闷的。但克默德说不用灰心，幸亏我们对未来始终是如此乐观，伟大的作家才有激情去发明创造。拥抱这个谎言，而且就像温斯顿·丘吉尔说的那样，只管继续干呗。

萨福

Sappho，公元前 7 世纪—公元前 6 世纪

诗人

用法：要是你实在想夸某个创作歌手特别出色，可以把他形容为“萨福之后最伟大的抒情诗人”。

“在这片黑色的大地上，有人说最美的景象是驰骋的骑兵，另一些人说是步兵行军，或船队的长桨，要我说，你爱的人，就是最美的景象。”公元前七世纪到公元前六世纪，萨福写下了以上的诗句。她还补充道，对她来说，“最美的景象”是某个叫安娜珂托李雅的人——也就是说，是另一个女子。萨福写的之所以叫“抒情诗”，就是因为那些诗词都可以用七弦竖琴伴奏，而她也表达过对男性的渴慕，所以有可能

是双性恋，但因为她对其他女子的好感很明显，所以一般都把她看作是一位女同性恋诗人。

实际上，“女同性恋”（lesbian）这个词就是由她而来，因为她住的爱琴海小岛就叫莱斯博斯岛（Lesbos）。由她名字而来的形容词“萨福风格的”，也是女同性恋一种比较古旧的说法。但其实这两个词也算不上多么古旧，都是十九世纪后期维多利亚时代的人发明的，为的是给和女人上床的女人一些比较文明和优雅的指代方法。在那之前，女同性恋这个概念几乎就不存在。那么关于萨福，我们还需要知道些什么呢？也没什么了，因为关于她的讯息本就少之又少。她生平的细节大多都是从她的诗句推断的，都很朦胧，因为毕竟诗歌未必都是自传。

甚至她留下的诗歌也并不多。但我们能见到的似乎都很清澈、优美，比如这句：“天神动人，而我却依然痛苦，力不从心。”这种感觉大概我们也都有过吧，我猜。因为在她身上聚合了文学才华，和男女通吃的如火激情，萨福对于思想解放的聪明女子——特别是那些发现自己也喜欢同性的女子——一直是种鼓舞。而下一章节的几位人物就非同凡响地代表了这一类型的女性。

萨福式的爱

聪明的女子常会觉得大多数男人恶心、无用，也难怪她们其中的一些会想和同性谈恋爱了。

苏珊·桑塔格

Susan Sontag，1933—2004

批评家

用法：一个人要是在脸书上晒了太多照片，可以警告他当心桑塔格式的记忆侵蚀。

虽然她也跟男人约会，但对于美国文化批评家苏珊·桑塔格来说，她最持久的一段恋情是和一位女士——摄影师安妮·莱博维茨。她们的结合也不是没有争议的；莱博维茨用照相机记录了桑塔格因为癌症去世前最后几个月间的样子，很多人觉得看了难受。

而摄影和癌症是桑塔格最有名的两本书的主题。在《论摄影》（1977）中，她认为我们太依靠照片去记忆过往的事情（看到今天那些视觉主导的社交媒体，像脸书和 Instagram[1]，桑塔格的这一论述就更显得有远见了）。在《疾病的隐喻》（1978）中，她分析了我们谈论疾病的方式，特别是癌症，提出其中的语言必须直白，任何修饰都贬低了病人所遭受的痛苦。比如，我们形容一个人正在与癌症“做抗争”，是否值得商榷？

桑塔格有时确实喜欢夸大其词。比如她遭受很多非议的一种说法是把“白人”称为“人类史中的癌症”。（她对于用比喻形容疾病和用疾病作为比喻提出种种严格要求，那是后来的事情。）在“9·11”之后，她立刻加入论争，反对别人把那两架飞机认作“对文明和自由的懦弱攻击”，认为它们是对“美国某些具体盟约和行动”的回应。这种观点让大家义愤填膺。只不过通常来说，右翼评论者，通常是男性，虽然一面说她易被情绪冲昏头，但其实他们对她的厌恶有时候也是一样。有没有可能是他们觉得受到了威胁？是不是一个有魅力的女子居然敢持左翼观点的同时——这一点不可否认——还很聪明，他们就有点害怕了？

① Instagram，也写作 Ins，一款运行在移动端上的应用程序。

玛丽·沃斯通克拉夫特

Mary Wollstonecraft, 1759—1797

作家、女权活动家

用法：玛丽·沃斯通克拉夫特的写作和她的生活经历都为确立一些女权主义的基本信条做出了贡献。

如果简单把女权活动家玛丽·沃斯通克拉夫特说成是一个女同性恋者可能会造成误解，不过她的确为女性所吸引，特别是她的一个好朋友叫范妮·布拉德。而且她的确不循规蹈矩：爱上结了婚的画家亨利·福塞利之后，她提出跟他和他的妻子住到一起，组成三角家庭。福塞利不予认同，并结束了这段恋情。

在那之后，沃斯通克拉夫特很快写出了《玛丽：一部小说》，被很多人认为是由女性写作的第一部女同性恋小说。到了1790年，她为了支持法国大革命，写了一本《人权辩护》，大获成功之后沃斯通克拉夫特受到鼓舞，于1792年创作她最著名的作品《女权辩护》。它被视作女权主义的奠基之作，主要观点不是男女平等，而是两种性别要有同等的权利。最为重要的，它论述了女士即使表面上在智力上弱于男性——用她的词汇说，是“宠物小狗”或“玩具”——这也是因为男性几乎完全剥夺了她们受教育的权利，而且从婴孩时，就往女性头脑中灌输她们最重要的事情是吸引异性。

沃斯通克拉夫特活着的时候遭受了不少冷言冷语，她给一个叫吉尔伯特·伊姆利的男人生过一个孩子，而后感情变坏，她两次尝试自杀。最后她在哲学家威廉·戈德温那里找到真爱，只可惜诞下千金之后，没过几天就死了。他们的女儿就是后来写出小说《弗兰肯斯坦》的玛丽。在极度悲痛之中，戈德温写道："我确信这世上没有能与她相提并论的人。从我们相伴的时光中，我知道我们能让彼此幸福。而今往后，我完全不再期待生命中还会有快乐和幸福。"

玛格丽特·米德

Margaret Mead，1901—1978

人类学家

用法：如果你的两性关系是很传统的——比如你只是个不肯重婚的异性恋，那么为了替自己辩护，可以说："我并不是玛格丽特·米德那些性解放思想的拥护者。"

美国人类学家玛格丽特·米德着迷于各种各样的人类生活，而这种不厚此薄彼的态度也延续到了她的感情生活中。除了有过三个丈夫，她还和两个人类学女同事保持着长期的情侣关系。其中一位叫罗达的女士陪伴她走过了生命的最后二十年。作为英国圣公会的基督徒，如果米德对自己如此蔑视社会传统感到任何不安，至少她的研究成果给了她不少宽慰。米德观察了不少原始社会后总结道：他们对于性和爱几乎是没有禁忌的。

至少，很多读者在看了她最有名的两部作品之后，记得的就是上面那句结论。那两部作品是1928年的《萨摩亚人的成年》和1935年的《三个原始部落的性别与气质》，它们让米德成了二十世纪六十年代性解放运动中很多女权主义者的偶像，尽管在那个时候的学术圈，米德的研究已经受到了严重的质疑。其中格外引发争议的是她声称巴布亚新几内亚的德昌布利湖（现在是钱布里湖）边有个群落是由女性统治的。有些人认为这只是一种反常现象，是因为当时这个地区被澳大利亚控制，后者禁绝了部族间的战争，导致男性无法依靠他们通常依赖的办法——武力——来获得统治地位。不仅如此，后来的调查还找不到丝毫证据显示米德所描述的社会曾存在于这个地区。

曾经“米德”是一个时常被引用的名字，而现在更多的只是思想史上的一个注脚。这个注脚还可以再添一个注脚，也就是在儿童保育方面，大家还有时会提到米德的某些“创见”。她在自己研究中生发了许多想法，其中之一——是她和她的朋友本杰明·斯波克共同提出的——每次婴孩哭闹的时候，母亲都应该喂奶，而不只是在每天的固定时间。

西蒙娜·德·波伏瓦

Simone de Beauvoir，1908—1986

哲学家

用法：只要谈论起古往今来男人如何系统性地压迫女性，提一句波伏瓦的《第二性》都是合适的。

乍看之下，西蒙娜·德·波伏瓦的感情生活似乎和她知识分子以及女权运动领袖的职业是相称的，她不愿被传统束缚，高高兴兴地跟男人、女人谈恋爱。但这些“解放天性”的把戏也竟还有欺瞒、利用的一面。三十多岁的时候她做过教师，似乎勾引过她的一些女学生，然后再把她们送给自己的长期情人，也就是让-保罗·萨特*那个斜眼侏儒，后者热爱夺取处女的童贞。这对情人把这种关系称为“三重奏”。

这段我们暂且略过了。波伏瓦一直否认自己是个哲学家，但她1944年的长文《皮洛士与息涅阿斯》完全可以和阿尔贝·加缪*的《西西弗神话》对照阅读——都是借用经典故事探讨存在主义哲学（基本上就是在问：“活着到底有什么意思?”）。她也写小说，通常写的都是自己的经历，其中一本《名士风流》（1954）拿下了龚古尔奖。但是她最被后人记住的恐怕会是那本号召女权主义者起来战斗的《第二性》（1949）。书名很好地概括了她的中心论点：女人一直被男人习惯性地展示为次要的性别，一个可有可无的补充，几乎可把她们视作没有阴茎的男人（随便举个例子：《圣经》里就说上帝是先造了亚当……）

更宽泛一些，她还探讨了男人如何在“绅士风度”等幌子之下，将女性困在了一些角色中，最后方便了男人。比如，有些丈夫会赞颂妻子是“家中的女神”。波伏瓦说，不要被这个词蒙蔽，以为是句好话；不是的，这些丈夫是用这个标签把打扫房子的任务永远地套在了妻子的脖子上。把这样的思想用存在主义的语汇表达出来，波伏瓦写道：“一个人从来不会出生时就是女人，她们都是成为了女人。”这句话的意思就是你生下来的时候是一个“人”，而后天是男人的塑造才让你成了一个“女人”。

弗吉尼亚·伍尔夫

Virginia Woolf, 1882—1941

小说家

用法：要是谁在商务会议上絮絮叨叨的，你可以说：“能不能说话简洁一些，这又不是弗吉尼亚·伍尔夫的小说。”

弗吉尼亚·伍尔夫。女同性恋。女权主义者。最后自杀身亡。谁在怕她呢？爱德华·阿尔比[*]的这个问题早成了经典。应该所有人都怕的吧，不是吗？

当然，以上的概括很不公允，伍尔夫要更可爱、更有趣得多。她或许是有过一些同性的婚外恋情，比如和园艺设计师薇塔·萨克维尔-韦斯特，但不管是灵与肉，她都很爱自己的丈夫——作家伦纳德·伍尔夫。作为小说家，她为一种开拓性的技术——“意识流”（钻进一个角色的脑袋里，把他所有的想法都写下来）做出了很大贡献。如果运用得好，它会显得特别真实，引人入胜；要是搞砸了，那就会成了“你干嘛要告诉我这些”的局面。对于那些还没体会到妙处的人来说，《达洛卫夫人》就读起来有些乏味；里面写的是一个中年女子筹划派对的事情。《到灯塔去》也一样，写了一家子人坐船去标题中的那个灯塔。这样的读者大概会更喜欢《奥兰多》，这个故事更轻松些，跨越许多个世纪，里面有个不死之身从男人变为女人（这个故事的灵感来自于伍尔夫对于萨克维尔-韦斯特的爱慕之情）。

伍尔夫五十九岁的时候自杀了，之前好几十年她都饱受心理疾病的折磨，她的病症在今天就会被诊断为“躁郁症”。她在大衣口袋里塞了些石头，蹚进了欧塞河。“一切都离我而去，只剩下一个信念，那就是你对我的好是不会变的，”她在留给伦纳德的遗言中这样写道，“我不能再继续糟蹋你的人生了。”说到自杀遗言，伍尔夫的这一封信让人不胜唏嘘。而与之相去甚远的，是某位奥地利小说家，他的遗言被不少评论家认为至少是文笔恶劣至极……

自杀

才气大盛，往往内心郁愤，以下几位是最后决定自己来个了断的人。

斯蒂芬·茨威格

Stefan Zweig，1881—1942

小说家

用法：如果一部小说是在中欧发生的，极为怀旧，而且显而易见设置了催泪的情节，你就可以说它是“茨威格式的”故事。

斯蒂芬·茨威格的姓氏是“分枝”的意思，他的小说当年在英国非法售卖的时候，用的就是这个假名——“斯蒂芬·分枝”。那些小说（继续借用这个比喻）深深扎根于他在奥地利的成长过程，正统、怀旧、感人。有人说茨威格写得过于煽情。《一个陌生女人的来信》考察的正是缺乏感情会造成怎样的后果：一个洋洋自得的成功作家收到了一封死后寄出的信，写信的人还是个女孩的时候他就认识，后来还两次同床共枕，但两回都没有认出她来。《心灵的焦灼》探讨的是前一本书的反面。一个男人可怜一个瘫痪的少女，为了劝服她接受一个肯定会成功的疗法，告诉她如果治愈，自己就娶她。她后来发现他对他的朋友否认做过这样的保证，就自杀了。

茨威格一度曾是炙手可热的大作家，但总分外担忧文明会被终结。纳粹上台之后，他逃到了英格兰，又怕英格兰沦陷，继续跑到纽约，后来为了保险起见，一直躲到了巴西。但家乡传来的消息还是一直让他愤懑不堪。到了 1942 年，似乎希特勒快要获得最终胜利的时候，他和妻子洛特定下誓约，一同自杀。一位批评家严厉地批评了他的自杀遗言，称里面的话虚伪造作得跟他的小说一样。茨威格生前极受推崇——地位显赫到在西格蒙德·弗洛伊德* 的葬礼上致悼词，死后渐渐被人淡忘，不过现在又有卷土重来的架势。他的几部作品最近又由普希金出版社重新出版了。电影导演韦斯·安德森承认他广受赞誉的《布达佩斯大饭店》就是受到了《心灵的焦灼》和其他几本茨威格作品的启发。

海因里希·冯·克莱斯特

Heinrich von Kleist，1777—1811

剧作家、短篇小说家

用法：要是谁心情糟糕，你可以推荐他使用冯·克莱斯特的办法，就是为实现人生目标制订清晰的计划。

德国作家海因里希·冯·克莱斯特坚信，通往幸福最可靠的路径就是拥有一个计划。他相信只有计划才能带来内心的平和。他自己就有一个计划——基本上就是成为一个伟大的作家，在这一点上他无疑成功了。冯·克莱斯特通常被认为是德国最重要的浪漫派剧作家，而他用不动声色，甚至如法医报告般冷酷的笔调写出的短篇小说，也被很多人认为对这个文学体裁的发展做出了极大的贡献。尽管如此，虽然他在相对而言很年轻的时候就完成了所有梦想，或许也正是出于这个原因，他陷入深深的忧郁之中，最后结束了自己的生命。他选的自杀地点倒很怡人——就在小万湖的湖边。在他自杀之前，他还履行了自己对情人亨丽埃特的承诺，枪杀了这位身患绝症的女子。

你也看得出来，冯·克莱斯特怎么看都算不上一个开心果式的人物。可当他的朋友用激将法，说他写不了喜剧的时候，他奋发图强写出了自己最有名的戏：《破瓮记》。里面有一个叫亚当的法官，正努力调查是谁把一个罐子打破了。在他查案的过程中，观众和他都渐渐明白正是法官自己无意中干的。真相大白之时，法官跑了。除了戏剧和短篇故事之外，冯·克莱斯特还写诗，还写了一些分析人类心理的散文，很多人认为是他更早提出了弗洛伊德那些关于潜意识的理论。因为他的一些作品中展现出爱国热忱，后来纳粹引用他并称赞他，认为冯·克莱斯特是个优秀的日耳曼作家。

戴安·阿勃斯

Diane Arbus，1923—1971

摄影师

用法：看到朋友护照上的照片比本人丑得多，你可以评论一句："这张照片放到戴安·阿勃斯的肖像摄影展上去倒是很合适的。"

拍人物的摄影师绝大多数都对传统意义上长得好看的人更感兴趣，但戴安·阿勃斯是个例外。她出道时跟丈夫合作为杂志拍照，给*Vogue*和《时尚芭莎》等刊物供稿。之后，她在一个"美国仪式、习惯与传统"的摄影项目中拿到一笔资金，得以关注一些传统上摄影师会忽略的题材。于是戴安·阿勃斯开始拍摄社会的一些边缘人：侏儒、巨人、马戏团演员和异装癖。

戴安·阿勃斯家境优渥，父母是犹太人，在纽约拥有一家名为“罗瑟克”的百货公司，而她一直对成长中的特权感到歉疚。有些人称她为“畸人摄影师”，谴责她把拍摄对象展示出来让他们遭受嘲笑。但同样的，你也可以说她是在赞美这些人，把他们从大众闪避的社会阴影中请出来。“大多数人在生活中总怕会遭到伤害，”阿勃斯在一次讲座中谈道，“畸人生来就带着伤害，他们已经通过了生活的考验，他们是贵族。”很多时候，她要花好几年去了解自己的拍摄对象，最后才举起相机。她说真正的冒险就在这样的过程之中。

阿勃斯一直受到抑郁症的折磨，1971 年自杀了。1972 年，威尼斯双年展为她的作品举办了一个特别的展览，这是美国第一次有摄影师获得这样的荣誉。在今日的美国文化界，戴安·阿勃斯享有属于她的崇高位置。

亨特·S. 汤普森

Hunter S. Thompson，1937—2005

记者、作家

用法：既然没有几个人知道他名字中间的首字母指代什么，你可以在提及他的时候把他称为亨特·斯托克顿·汤普森，让你的朋友刮目相看。

“我很不愿意向任何人鼓吹毒品、酒精、暴力或精神错乱有什么好处，但它们对我自己是屡试不爽的。”记者亨特·S. 汤普森这样写道。这也方便了我们，因为这句话概括了他最喜欢的主题，即毒品、酒精、暴力、精神错乱……以及他自己。照道理，记者的工作应该是冷静客观的，要把自己从报道中抽离。但在二十世纪六十年代有一种叫做“新新闻主义”的报道风格兴起，记者们开始写又长又个人化的文章，用的技巧一般只在小说中才会出现，比如大段大段的对话和华丽的文笔。

这时候亨特·S. 汤普森带着自己风格的新闻报道出现了，他的文章一般发表在《花花公子》和《滚石》上面，他自己称这个风格为“刚左新闻主义”。它比一般的“新新闻”更疯狂，更超现实，让读者很难判断哪些是真的，哪些只是作者的胡思乱想，而且这些文章里汤普森自己每次都会作为人物之一出现。他对腐败的政客和资产阶级的各种虚伪造作深恶痛绝，努力让报道体现他信仰的价值观。对他来说，做新闻——就像他那本《惧恨拉斯维加斯》中所展示的那样——就是要吸毒饮酒过头，然后一个礼拜之后醒过来想断片的时候到底发生了什么。

他后来自己也精疲力竭，意识到已经好些年没有写出一本真正的好书了，便在科罗拉多阿斯彭的家中朝自己脑袋开了一枪，了断了自己的性命。他的儿子和儿媳就在隔壁，但听到枪声没有什么反应。他们还以为是父亲房间里有本大书从架子上掉了下来。

纵欲

很多人认为作家和艺术家都恣情纵欲，很多时候这样的看法并没有什么问题。

圣奥古斯丁

St Augustine, 354—430

神学家、哲学家

用法：如果要提到“关于原罪的理念”，为什么不说“圣奥古斯丁关于原罪的理念”呢？听上去要高级得多。

“上帝啊，让我变得心思纯洁、摈弃肉欲吧，但不是现在!”这是圣奥古斯丁在他放荡的青年时期一句著名的祈祷。他是在非洲北部的希波长大的，隶属于罗马帝国。在他自传性的《忏悔录》中，圣奥古斯丁讲述自己曾经如何为肉欲所俘虏，沉溺于各种恶行（这是“毫无保留回忆录”界的前辈了）。他有很多情妇和一个私生子，混迹于一群行迹不端的伙伴中。

到了三十多岁的时候，他正在意大利求学，耳朵里似乎总听到一个小孩子的声音反复对他说："改过自新吧！看点书！"圣奥古斯丁抓起正好在手边的一本《圣经》，打开之后就是保罗给罗马人写的信："不可荒宴醉酒，不可好色邪荡，不可争竞嫉妒。总要披戴主耶稣基督，不要为肉体安排去放纵私欲。"他就照着这些指示做了，掀开人生新的篇章，从此避开男女之事，最终成了希波主教。

圣奥古斯丁留下的作品拓展了基督教关于灵肉之间的永恒挣扎和原罪的思考——我们大致上都是邪恶的，除非竭尽全力向善，否则一定坠入地狱、烈焰加身。一方面，这种对于人类的认知似乎没劲极了，另一方面，它可以激励你过一种更高尚、更文明的人生……就在于你怎么看了。至于圣奥古斯丁（有时候大家也把他称为希波的奥古斯丁，为了把他和其他几个分量更轻一些的也叫奥古斯丁的人区分开来）的影响力，那是毋庸置疑的。他通常被认为是基督教的缔造者之一，而他自己的人生也很好地象征了基督教训诫之中的核心内容，那就是征服自我是场艰苦卓绝的战斗。

莎拉·伯恩哈特

Sarah Bernhardt, 1884—1923

演员

用法：为了表达某位女子算不上传统意义上的大美女，但"明星气质"显露无遗，可以把她比作莎拉·伯恩哈特。

莎拉·伯恩哈特是法国著名女演员，但可以说大家记忆最深的还是她饱受非议的个人生活。她的无数情人中包括威尔士亲王；富可敌国的交流电发明者尼古拉·特斯拉（特斯拉后来抛弃了她，因为被她分心得没法好好研究他的电路了）；一个比利时的贵族（他们生了一个孩子，最后成了她的经理人）；还有一个女画家。这还没有算上她一次次临时在达官贵人间出卖身体所结交的性伴侣。这个行当她是从母亲那里继承来的，每次急着用钱的时候就重操旧业。

作为一个演员，伯恩哈特的天赋并不傲人。她说话都是气声，没有力度，而且长相与其说美丽，其实算是"一见难忘"。但她无疑具有明星气质（读者也可认为那就是一种性感）。她最值得一提的角色是哈姆雷特；说到对戏剧表演功力的考验，要挑战哈姆雷特这件事可不是随便说说的，但伯恩哈特的表演让人印象格外深刻，是因为虽然在莎士比亚的时代男演员会在台上扮演女性，但很少见到女演员演男性。而伯恩哈特居然演了戏剧世界里恐怕最有名的一个男性角色，这在那个时代无疑是女权主义的一次奇袭，因为在很多国家里女人甚至没有资格投票。

伯恩哈特另一个让公众震骇反感的地方是扮演《圣经》中的人物。奥斯卡·王尔德*在创作戏剧《莎乐美》的时候，就把她想作女演员的最佳人选。她还主演过一部悲剧叫《犹大》；戏中的加略人犹大（由伯恩哈特扮演）背叛基督不是为了钱，而是为了报复——因为基督偷了犹大的女朋友——抹大拉的马利亚。伯恩哈特一直自称是无神论者，众所周知，但在临死前她一下害怕起来，要求天主教堂为她做死前的祷告和仪式。

米歇尔·福柯

Michel Foucault，1926—1984

哲学家

用法：“正如福柯所言”是个你需要熟练运用的短语，当你想表达“世上没有‘正常’这一说”，或者政府有办法制造科学理论来控制民众时，都可以用它来加强你的论述。

米歇尔·福柯是个极其怪异的法国人，而他的观点是这世上本就没有“正常”这回事。说他怪倒也不仅仅是因为他是个光头，而且酷爱高领毛衣，虽然这个形象也足够醒目的。福柯年轻时还有暴力倾向，除了自伤自残之外，他在大学里还挥着刀追逐过某位同学。岁数大了之后，他的性伴极为丰富，喜欢出入同性恋酒吧，享受和陌生人玩SM。不过他自己大概会表示：这些都没有什么不寻常之处——其实这几乎就是他一生学术研究的中心论点。因为关于寻常还是不寻常这些概念都是人造的，从古至今都是如此，它们由少数有权力的人发明，用来控制那些无权无势的大多数人。

他用像《疯癫与文明》（1960）和《规训与惩罚》（1975）这样的大部头来支撑自己的理论，还有一本未完成的《性经验史》，在书稿中他关注了许多引人入胜的例子来支持他的文化相对主义：在这些例子中，新科学和新药物的宣布问世都专门设计来压迫某一阶层的人民。反对极权的福柯主义在二十世纪六十年代一度风行；直到现在，对于很多被社会排斥或被社会限定在某个标签之下的人来说，这个理论依然有吸引力。显然，福柯说的不是没有道理，但也有个限度。比如，有人引用福柯，想要证明精神疾病完全是人发明出来压迫某个社会群体的，总是难以让人信服。有时候这种近似阴谋论的道理很吸引人，但会撞在现实的砖墙上。比如，福柯最初听说艾滋的时候，就认定这是一套政府发明的谎言，为的是迫害同性恋这个群体。可是最终，他染上了这个病，最后也因它而死。

巴勃罗·毕加索

Pablo Picasso，1881—1973

艺术家

用法：要是有人夸奖你身上某件蓝色的衣服或饰品，你可以回答："我正在经历我的'蓝色时期'。"

巴勃罗·毕加索身材矮小，但情人倒是不少；而且岁数越来越大，女朋友却始终年轻。在他人生的最后几十年，他一连串恋情的对象最起码都比他年轻四十岁。根据各种流传的说法，他对这些女子都不太好。（1966 年有部电影叫《忘情毕加索》，就是关注了这个主题。）似乎他的想法就是：我是艺术天才，想怎样就怎样。

质疑他是个艺术天才的人的确不多。他不但在漫长的艺术生涯中始终有大量作品问世，而且仅仅是擅长的风格就多样到非俗手可以企及，此外，他的创作还显然非常轻松。毕加索的父亲曾是个专业画家，但当毕加索还是个孩子的时候，就因为画技太过高超，让父亲绝望得封笔了。年轻的毕加索离开祖国西班牙到了巴黎之后（他余生都在这个城市度过），经历了几个关键的艺术阶段：蓝色时期（他的画作用了大量蓝色，看上去很压抑）和玫瑰时期（他用了大量的玫瑰色，看上去更开心一些）。他在 1907 年画出的《亚威农少女》是延续了保罗·塞尚的艺术探索，将一群摆出造型的妓女奇怪地碎片化了。之后他又小小地前进了一步，同乔治·布拉克一起发明了立体主义。这种风格是把日常用品或人物作为对象，但要把它们从多个角度呈现的样子同时描绘到画布上。犬儒派的人会说，这种画到最后重叠的意象实在太多，根本辨认不出原来要画的东西是什么。（顺便提一句，这种风格之所以叫立体主义，是因为一个批评者说最后的画作像是很多立方体堆在一起。）

毕加索始终没有成为一个纯粹的抽象画家。他的作品一直都在表现某个实在的东西。在他 1937 年的大型作品《格尔尼卡》中，你可以从一片狼藉中看到一只正在嘶叫的马头探了出来。这是艺术家对纳粹轰炸了西班牙小镇格尔尼卡的回应。占领巴黎之后，几个盖世太保的军官去了他的公寓，看到一张《格尔尼卡》的照片，其中一个问道："这是你的作品吗？""不是，"毕加索冷冷地回道，"这是你们的作品。"

这位全球闻名、赞誉满天的艺术家是在一场晚宴中间去世的，当时他正和妻子杰奎琳一起招待宾客。还有一位艺术家也遭遇了相同的命运，而大家也会习惯性地把那个人称为二十世纪最具影响力的艺术家之一。

长眠汤边

如果问大家最想跟谁一起吃饭，可能对于很多人来说，毕加索会出现在他们名单的前列——他们只要祈祷那一天不是大画家仙逝的日子。对于下面要介绍的两个人来说，也是同样的情形。

马塞尔·杜尚

Marcel Duchamp，1887—1968

艺术家

用法：面对一件无法理解的艺术品，煞有介事地评论一句："马塞尔·杜尚关于艺术本质的辩论又添了新的论据。"

这种辞世的方式太让人羡慕了。法国艺术家杜尚在巴黎的家中享用了一顿美妙的晚餐，同席还有几位好朋友，包括艺术界同仁曼·雷*。快到凌晨的时候，他和朋友们道了晚安，回到卧室。似乎他是在之后阅读喜剧作家阿尔方斯·阿莱的一篇幽默文章发笑时突然作古的。

幽默一直在杜尚的艺术生涯中扮演着它的角色。他最有名的作品是一张明信片，上面印着达·芬奇的《蒙娜丽莎》，杜尚在这位女士的脸上添了山羊胡和八字须。这算是艺术吗？这正是杜尚要我们提出的问题。他对那些只是好看的绘画作品感到厌倦，说它们只是“视网膜”艺术，而他要做的是让观众讶异到不得不动用他们的大脑。比如，他 1917 年的作品《泉》就由一个小便池组成。除了小便池什么都没有了。只是把这个有实际功用的物件当成艺术品来呈现，杜尚就把它变成艺术品了吗？如果没有的话，那为什么就没有呢？大多数人的看法似乎是他的确把小便池变成了艺术。因为它震撼，因为它暗示震撼本身就包含了艺术价值，也因为它大大拓宽了公众对于什么才算艺术的理解，杜尚的《泉》被票选为二十世纪最有影响力的艺术作品。

杜尚还没到四十岁的时候，实质上就停止了他的艺术创作，而把人生剩余的四十年都献给了国际象棋。他的这种痴迷让妻子忍无可忍，最后把他的棋子都用胶水黏在了棋盘上。“有些艺术家未必能下国际象棋，”杜尚宣称，“但所有国际象棋选手都是艺术家。”1968 年，他把一盘棋变成了一件艺术品。当时他和现代主义作曲家约翰·凯奇* 下了一盘表演棋，只要其中一位移动棋子，就会触发一个音符，于是随着棋局的展开，两个人谱写出了一部交响乐。

约翰·凯奇

John Cage，1912—1992

作曲家

用法：以后在饭局上一旦陷入沉默，大家只能尴尬地听着刀叉在餐盘上划动的声音，你就可以冷冷地嘟囔一句："这就像是约翰·凯奇的那些无声交响乐。"

约翰·凯奇当时和男友——编舞家摩斯·坎宁汉——吃完了饭，刚刚给自己倒了一杯放松心情的薄荷茶，致命的中风就发作了。于是他那个时代最激动人心的作曲家就离开了我们。至少在他的支持者心中，凯奇的地位就是这样；但对于他的批评者来说，这个人绝对是个没穿衣服的国王。一个作曲家最有名的曲子几乎是四分三十三秒的静默，谁会觉得他是在认真作曲？而且他还无耻到把那首曲子命名为4′33″……但凯奇也有他的道理，在他之前，从来没有人创作过无声交响乐，而无论做什么，第一个人总是光荣的；第二点，只要是现场录制的音乐，不可避免地会收进乐团在座椅中挪动的声音，某位观众咳嗽的声音，等等等等。凯奇创作了一部只包含这些杂音的作品，就是让你留意到现场录制的音乐，背景都不是无声的。

这个作曲家还有一些作品被后世记住，那是通过参阅一本中国古书随机创作的。书中的每一页都有指示，而根据当时的种种状况（比如当天是否出太阳），就可以查到另外一页。凯奇给每一页都定了一个音符，于是，当他在书中搜集了一圈之后，记录下的音符就是一首交响乐。当然你还是可以嗤之以鼻，但总得承认他是个创新者。

凯奇的一生本可能根本不是这样。据说他年轻的时候执着地想成为一个艺术家。但当背包客周游欧洲的时候，他突然意识到一件事情——他没有艺术天赋。一开始他坠入了绝望之中，但这样一来也不全是坏事，至少凯奇因此走上了一条崭新的艺术之路，最终名利双收。在这个过程中，他成为了又一个在欧洲找到自我的美国人，不管是通过放荡不羁的生活还是经历战争，这都是一个优良的传统，就像对于接下来这位句法有问题的诗人，也是如此……

创作创伤

有时候人生中最糟的事却成了最好的，悲伤变成体悟，伤痛激发出伟大的艺术。至少在以下三人身上就是如此。

e. e. 卡明斯

e. e. cummings，1894—1962

诗人

用法：如果你想举例说明一些东西实质相对粗浅却伪装成很高深的样子，可以提到卡明斯的诗。

当作家好处不多，但其中一项是如果发生了什么糟糕的事情，他们至少能靠写这件事来得到宽慰。美国诗人 e. e. 卡明斯就是这样一个例子。他作为战地救护队队员参加了第一次世界大战，但他本性是个和平主义者，在西线目睹了大量屠戮场景之后，更坚定了他的反战思想。他的这种情绪激烈到被法国军队怀疑他是个间谍，逮捕之后关押了好几个月。被释放之后，卡明斯借用这段经历写出了一部小说《巨大的房间》，广受赞誉。1926年，他受到了一次更大的创伤，他的父亲在一次可怕的车祸中去世了（母亲受了伤）。通常认为卡明斯的悲痛让他的创作进入了一个成熟的新阶段。

虽然他也写戏剧和小说，但最让人记住的还是他的诗歌——而且大家记住的是一个标点和句法极为怪异的诗人。卡明斯的诗你扫一眼就知道是他写的，因为他很少让首字母大写（甚至有时候会把他的名字设计成 e. e. cummings）。而且他对语言的运用也很古怪，故意避开正常的词序，还会把词性改变，把动词用作名词，等等。所以最后写出来的诗读来很像是“高度现代主义”的作品，但卡明斯高明的地方就在于他能让自己真正想表达的意思显露出来，不但不难领会，甚至会让你觉得感情太直白了。

他的诗歌经常写情欲的主题（大家读了都很兴奋），有时候，他还会表达活着是多么快乐。总之，卡明斯是个很讨人喜欢的诗人。

鲁米

Rumi，1207—1273

诗人

用法：要说英国比其他任何国家产生了更伟大的诗歌，并非无稽之谈。但你或许可以提出另一个角逐这一头衔的国家，那就是波斯。他们拥有的天才诗人之一叫做鲁米。

十三世纪的波斯人鲁米据说是在美国卖得最好的诗人，天知道这种排名是怎么统计出来的，但至少有统计在宣称这件事就很不可思议了。

鲁米出生的地方现在属于阿富汗，后来他和家人定居于土耳其的科尼亚。他长大后在伊斯兰教学校里当老师，但遇到了一位名叫大不里士的沙姆斯的神秘主义者，整个人生因此被改变。他们成了灵魂相通的挚友，但这段友情却因为沙姆斯的消失而突然终止了；他有可能是被一些嫉妒他的鲁米的学生杀死的。悲痛不已的鲁米在后院中绕着一根柱子不停地转圈，即兴背诵诗歌（他的绕柱而行也启发了“旋转的托钵”）。听见鲁米在念些什么的人震撼不已，开始把它们记录下来，因为这些朗诵出来的诗句在音步和押韵上都是完美的，而且很多人还觉得有种超凡脱俗的智慧，能深深地抚慰心灵。

这听上去或许有点像“新时代”那些胡说八道的东西，但鲁米的诗还是值得一读——至少在科尔曼·巴克斯相对随心所欲的译本中——融合了简洁浅白的语言和对生命妙处的感官享受。鲁米是一个为爱布道的穆斯林，相信要在与人交汇的狂喜中寻找真主，宗教是在经历而非经文之中。他说神学家为了教义争执不休，就像鱼在为大海的存在而论辩。是哀伤让鲁米成了诗人。“不要抛弃你特别的痛，”他建议道，“它能带你见到真主。”

保罗·奥斯特

Paul Auster, 1947—

小说家

用法：发生了什么毫无逻辑、毫无缘由的事情，你可以用奥斯特这个名字指代一种不安和迷茫。“我试着用自动电话系统付我的水电费账单，但怎么都付不了，感觉自己被困在一本没有尽头的奥斯特小说里。”

奥斯特的小说里事情经常是无故发生的：作家称之所以会有这种氛围，是因为他经历过的一个听起来就很惊悚的真实事件。他小时候在暴风雨中玩耍，亲眼见到一道闪电击中他身边的玩伴，让那个小男孩瞬间没了性命。“我记得抓住他的舌头，不让他吞下去，”奥斯特后来回忆道，“看着他的皮肤一点点变蓝，要是你十四岁的时候目睹了这样的事，就会开始明白这世界其实远远没有你想象的那么稳定。”这件事发生在他眼前自然是很可怕的，但却也给了奥斯特的作品一个深刻的主题——世界的随机性——也让他成为少数几位受到严肃文学圈推崇的惊悚小说家之一。

他得到赞誉最多的作品是他的《纽约三部曲》，里面借用了惊悚小说的气氛和技巧——比如你读下去的时候会越发地觉得不安，但故事关注的不是找到凶手，而是搜寻生命的意义（当然，那些角色们可想而知是不会找到的）。有些批评者说过，所谓的“存在主义惊悚小说”（不太关注“谁干的”，更关注“有什么意义吗”）是有些牵强的。奥斯特并不同意。“我认为世界充斥着奇怪的事件，”他评论道，“现实比我们所承认的要神秘得多。”他的书很多时候都把美国描绘成一个没有逻辑、让人费解的地方，这也是为什么他在法国如此受欢迎的原因之一。近年来，他抱怨自己的想法已经耗竭了，承认：“以前我总有一堆备用的故事，但从几年前开始我发现抽屉都空了。”

奥斯特是个很会自损的人，但他的谦逊恐怕还是及不上另外一位小说家——当被告知她获得了文学的最高荣誉时，她说可能是因为评审的人知道她命不久矣……

谁？不起眼的我吗？

谦虚到底是否出自真心，有时真不好说，但下面这几个人似乎的确不觉得自己有什么值得夸耀的成就。

多丽丝·莱辛

Doris Lessing，1919—2013

小说家

用法：举例的时候，可以把莱辛当做最好的一种女权主义者，因为她不会听命于姐妹同盟的规章制度，总是表达自己心中的真实想法。

八十九岁的莱辛某天回家，发现家门口的大街上有很多人举着摄像机兜兜转转，她完全没想到这些人是在等她，还以为在拍肥皂剧。这时候其中一个人告诉莱辛，她刚刚获得了诺贝尔文学奖。“哦，天呐！”她惊呼了一声，然后又说，这些人大概在等她说几句“激励人心的话”。她后来评论道，这些评委之所以把奖颁给她，大概是估计她马上就要“挂了”——果然，没过几年，她就去世了。

通常莱辛都被当成一位女权主义作家，不过实际情况可能要更复杂一些。当她最有名的一部作品《金色笔记》（1962）被赞颂为女权主义经典时，她坦率地说自己也没有想到；她的本意是想用这本小说讲一个很精微繁复的故事，描绘一个女子从得体到发疯的过程：这是莱辛自己的经历，她从小在罗得西亚长大，1949 年才到了伦敦。这本书显得女权可能是因为这一点：它描写性爱时直白得无所畏惧。莱辛认为：大多数英国男人都是不忠的，而那些不偷腥的一般都早泄；年轻的母亲之所以没有自杀，只有一个原因，那就是忠于她们的宝宝；阴道高潮比阴蒂高潮更高级。

对于莱辛来说，没有越界、过分之说，就喜欢出人意料。写作生涯后期，她写起了科幻小说（像 1982 年的《第八号行星代表的产生》），让她的粉丝不知如何是好。莱辛性格顽皮，始终未改，有次她把自己最新完成的小说署了个别的名字，寄给自己的出版社看他们是否会接受。他们退稿了。莱辛宣称这证明了一个无名的作者要出书是多么不容易，尽管这本书最终出版了之后，有些人提出或许当初退稿也是因为它写得的确不怎么样。

弗兰克·盖里

Frank Gehry, 1929—

建筑师

用法：要是你在花园里建的小棚屋歪得像是要倒下来，就说你追求的是一种弗兰克·盖里的风格。

如果你觉得建筑很无聊，那就应该往下读一读，因为弗兰克·盖里的作品很可能会打破你的固有想法。他的很多建筑都让人惊心动魄，看上去像超现实主义的雕塑，只不过成本比雕塑要高得多罢了。这样的房子安不安全？盖里把“解构主义”（不要管它是什么意思，只管念出来就行了）的原则推到了极致，“盖里的纽约——云杉街8号”（2011）名字繁琐，是一幢墙面起伏的摩天大楼，那些弯弯曲曲的线条就像是建筑快要倒塌时出现的裂缝一样（在“9·11”之后的纽约这样的隐喻是何其大胆）。它们也同样可以被看成是植物的触角，朝天空伸展。

盖里是犹太裔美国人，最早被关注是因为在二十世纪七十年代末期他改造了自己在加利福尼亚的家：他在房屋四周竖起一些金属板，但会留有空缺的地方露出一些内部建筑更传统的样子。今天的盖里自是不可同日而语了。他最成功的创作会在秩序和混乱、自然和人工、过去和未来之间保持某种和谐的紧张感。芝加哥的杰·普利兹克露天音乐厅（2004）像是恐龙的化石骨架。毕尔巴鄂古根海姆博物馆（1997）或许是他最有名的作品，看上去就如同一艘坚固的巨轮，快要被波涛吞没：还是一样，在同一个画面中融合了前进和毁灭的可能。

“即使前方是未知，也只能踉踉跄跄地向前，”盖里这样形容自己的方法，那种几乎是苏格拉底式的谦虚让人觉得亲切随和极了。如果他这样也能算踉踉跄跄，那这人运气还真不错。1989 年的时候他获得了普利兹克奖（相当于建筑界的诺贝尔）。他的毕尔巴鄂博物馆被广泛认可为几十年来完成的最重要的建筑之一。

恩里科·费米

Enrico Fermi，1901—1954

物理学家

用法：如果要表扬一个人理论和实践都很出色，可以把他比作恩里科·费米。

第二次世界大战的一个有讽刺意味的地方，就是为同盟国的最终胜利做出最大贡献的人，其中有不少曾是轴心国的公民，因为种族偏见而被迫出走。恩里科·费米就是很好的一个例子。他出生在意大利，但贝尼托·墨索里尼施行的反犹法令开始影响他的犹太妻子劳拉的生活，所以他们就在1938年移民去了美国。意大利因此而遭受的损失再清楚不过。就在1938年，费米因为证明经中子轰击会产生放射性元素被授予了诺贝尔物理学奖。

费米作为一个物理学家了不起的地方就在于，不管是做实验还是发展突破性的理论，他都是第一流的。尽管他几乎对物理学的所有领域都做出过贡献，但非专业人士会记住他，恐怕还是因为他指导了第一次人工控制的核反应。这个伟大的事件发生在芝加哥的一个壁球馆中，那个三十英尺宽六十英尺长的空间正好适合这个实验。1942年的12月2日，在费米的引导之下，一种新的能源被收集起来了。对于核能毁灭性力量之后的发展，费米也出了一份力，最终导致了原子弹的诞生。费米也和罗伯特·奥本海默及阿尔伯特·爱因斯坦*一起，被看做是原子弹之父。

尽管成就如此卓著，但费米是个说话轻柔且自谦的人。他的同事们那时候说，费米的实干精神——或许也是他的谦逊朴实——在他随身带着的一把短短三英寸的计算尺上体现得淋漓尽致。1942年那一天的壁球场边，他就是掏出这把尺子，作了最后的测量，然后平静而肯定地宣布："反应堆已经达到自持链式裂变反应。"这么重大的时刻也没有任何慷慨激昂的话作为纪念，他和他的团队只是用纸杯喝了几大口基安蒂酒，庆祝实验成功。

唐·德里罗

Don DeLillo，1936—

小说家

用法：一旦讨论起谁是当世最伟大的小说家，你有充分的理由把德里罗这个名字扔进候选人之中。

唐·德里罗经常和约翰·厄普代克*、菲利普·罗斯*等人并列，被视作最伟大的美国小说家之一。但如果要让德里罗自己说，他只说自己是运气好而已；这位作家自我贬低的搞笑功夫是很精湛的。当他的第八本小说《白噪音》（1985）拿下了一个卓有声望的奖项时，他在颁奖典礼上站起来跟大家说："很不好意思我今天不能到场，但我谢谢你们都能来。"然后他就坐下了。很多人还知道德里罗一直用的名片上只是简简单单地印了他的名字，下面写了一行字："这事儿我不想聊。"

但一般来说，德里罗还是很愿意"聊"的。他最受推崇的几本书——《白噪音》《天秤星座》（1988）和《地下世界》（1998）——都是大部头，探讨的也都是重大的主题：消费主义的代价、刺杀肯尼迪等。一本德里罗的作品总有几个特色：

嘲笑学术圈的荒唐，反对资本主义的诉求，弥漫着一种穿插了暴力事件的迷狂氛围。他也经常被形容为后现代主义小说家，因为他的作品会质疑传统小说的一些预设，比如，文字作为一种媒介足以表达思想。德里罗则否认自己是个后现代主义作家（这一点就很后现代）。

近年来，他经常拿出一些更短、更轻盈的小说，那些希望所有德里罗作品都是鸿篇巨著的人对此是有些失望的。德里罗的自谦也显得更诚恳了："七十年代我是个边缘人物，那时候才刚开始写小说。现在我又回到了那种状态；这也挺好，我一直觉得边缘才是我该待的地方。"

葛饰北斋

Katsushika Hokusai，约 1760—1849

艺术家

用法：任何一个画面，只要兼具力度和简洁，色彩明亮，轮廓清晰，都可以称之为"带有葛饰北斋风格"。

之前有很多个世纪，西方艺术的发展都基本和东方艺术无关。到了十九世纪，印象派画家发现了日本浮世绘的可贵之处：用木版印刷的这些画作，大众只要花两碗面的钱就可以买到一幅。最出色的浮世绘线条之优雅，结构之精严，可以和任何一个时代的杰作相比较而不逊色。而在那些浮世绘的画家之中，最出色的莫过于葛饰北斋。

北斋背离传统的地方就在于他画风景和日常生活（他的同辈人一般都在描绘艺术家和妓女）。有一次和画坛对手比赛，他在一张大纸上刷出一抹蜿蜒的蓝色，然后抓了只小鸡，把它的脚在红色的颜料里蘸了蘸，让它在画卷上四处走动。最后的画面他说是龙田河上漂浮着红色枫叶。评审者判定北斋胜出。

这位艺术家最成功的创作出现得很晚，因为他孙子在经济上太鲁莽，让退休的北斋不得不重新执起画笔。一直号称自己七十岁之前没画出过什么好东西的北斋，就是在这时创作了《神奈川冲浪里》，画面中两只小船任由巨浪摆布，悬在上方的浪头似乎马上就要砸向满满的两船桨手。这已经成了在全世界都极为著名的画面了。

他很显然能从灾难中获得灵感，不管是巨浪、金融挫折，还是库房着火——七十九岁的时候，工作室的大火几乎毁了他所有的版画原作。但据我们所知，这至少不是有人故意纵火——而说到美国最著名的建筑师之一，那场把他的家焚毁的大火就是另一回事了……

大火吞噬

石头、剪子、布？火比它们都厉害——下面介绍的两个人物也明白了这一点。

弗兰克·劳埃德·赖特

Frank Lloyd Wright，1867—1959

建筑师

用法：当你赞赏朋友家的开放型设计时，提到这是弗兰克·劳埃德·赖特发明的，为的是解决有仆人的家庭越来越少的问题。

1911年，建筑师弗兰克·劳埃德·赖特在威斯康星创造了“塔里埃森”——一个现代建筑的杰作，也是为了他自己和情妇梅玛（她和赖特都有自己的婚姻）建造的一个住所，以躲避公众的非议。几年之后，他不在家，一个精神出了问题的仆人放火烧了这幢房子，而且他只留了一扇门作为逃生通道，任何人只要出来，就会被他用斧子砍死。赖特的情人就是死者之一。十年之后，“塔里埃森”又遭遇一次火灾——这一回，是电路出了故障。满心疲惫的赖特再次将它重建：“塔里埃森三世”。

这个名字源于威尔士神话中的一位吟游诗人，他被赋予了神奇的力量。或许这位建筑师觉得自己就像塔里埃森，一位德鲁伊特①般的人物，从平凡的材料中变幻出美。说赖特创立了现代主义建筑是有一定道理的，他和前人的不同之处就在于用混凝土造房子。他还引入了很多大胆的（有些可以说是生硬的）几何形状，灵感来自于孩童时母亲给他的积木。他是室内设计采用开放式空间的先驱者，部分原因是让家庭主妇（她们能依靠仆人的越来越少）可以从厨房看到儿童房。他还试图将“有机”的元素引入他的建筑，意味着他的建筑要么和风景融为一体，比如“流水别墅”就是建在一个瀑布上，要么让人想起自然界的生物体，像纽约的古根海姆博物馆就像个海螺一样呈螺旋形上升。

尽管拥有这样的成就和声望（他被票选为有史以来最伟大的美国建筑师），赖特的不切实际是臭名昭著的。他的建筑有时会房顶漏水。他的工程师经常不得不改正他的设计。而

---

① Druid，古代凯尔特人中一批有学识的人，担任祭司、教士和法官，或当巫师、占卜者等。

且他在钱这件事上更是无可救药，屡屡要靠倒卖日本版画才勉强度过危机。

海因里希·海涅

Heinrich Heine，1797—1856

诗人、剧作家

用法：二十世纪三十年代对纳粹的绥靖政策让他们得以巩固对于中欧的控制，讨论起此类话题时，可以指出海因里希·海涅一百年前就预测了第三帝国的凶残面目。

在柏林倍倍尔广场的地上，你可以找到一块铜板，上面有这样一句话："这仅仅是开始。当他们开始烧书时，最后也会烧人。"这句话引自德国犹太裔作家海因里希·海涅的一部戏剧，写于十九世纪初。而这些话放到一个世纪之后又有何等的先见之明。在纳粹"净化"德国文化的运动中，海涅（与无数被认为"堕落"的作家）的书就在倍倍尔广场和其他地方被公开焚毁。

就跟他之前的拜伦一样，海涅开始时是个浪漫派诗人，也被乱伦的激情缠身——他迷恋自己的表妹；表妹拒绝了海涅之后，他又关心起表妹的妹妹，后者也没有给他好脸色。

他心情苦闷，越来越擅用反讽，情诗也越写越少，更多写讽刺诗。他写过一首确实好笑的诗批评当时德国登峰造极的审查力度，诗中大多数字母都被隐去了，只看得见“德国审查者”和“笨蛋”两个词。

他还写过另一首有名的讽刺诗，叫做《阿塔·特罗尔》，写一只熊，它相信上帝也是一只熊，而它的熊仔都抱持着荒唐的民族主义观念。海涅号称热爱自己的国家，但讨厌那些爱国爱过头的人。他预测德国的民族主义情绪最终将酿成大祸，“会让法国大革命相形之下都像田园诗般单纯”。所以纳粹就判他“反德”，更何况他成长过程中的身份一直是一个犹太人（虽然后来信奉了基督教）。另外还有一些用来指控他的证据，包括他成年之后大部分时间都住在巴黎，娶了巴黎人（一个不识字的售货员玛蒂尔德），甚至法语好到可以翻译自己的作品，赢得一大批法国读者。不过他还不够彻底，没有把法语当成他的创作语言，不像接下来这位阴郁的剧作家……

狡猾的语言高手

如果你是英国人或美国人，那随便去世界哪个地方都基本不用费事学语言了。所以对于那些格外有语言天赋、能用非母语写作的人，要竖一个大拇指。

尤金·尤内斯库

Eugene Ionesco，1909—1994

剧作家

用法：如果一个朋友突然政治上朝右大转弯，你可以评论一句："我有点担心他会一发不可收拾，最后变成一头犀牛。"

二十世纪的一个重大发现是一切都完全没有意义。我们都会死，而且死后是空无。而当我们还活着的时候，大多数活动都是荒唐的，比如穿可笑的衣服，或者试图通过说到底是随机形成的噪音系统互相沟通。参见阿尔贝·加缪*。参见萨缪尔·贝克特*。还有，参见尤金·尤内斯库。

这位用法语创作的罗马尼亚剧作家，他第一部被搬上舞台的剧作灵感来自于学习英语。那本练习册上描绘了一对叫史密斯的英国夫妇，用他们生活的场景给读者介绍新的词汇。尤内斯库觉得这整个做法都太荒唐了，决定给这两个无趣的角色写一出戏剧。他把这个剧命名为《秃头歌女》，其中的莫名其妙感是剧作家有意为之；在尤内斯库居住的巴黎，这部剧1950年首演，极为轰动。它既是戏仿所谓的英伦范，也是嘲笑资产阶级趣味，同时还展现了一切都是毫无意义的。今天你去巴黎的梦游人剧院，还是可以看到这部戏，而它在这个剧场已经“毫无意义”地演出了半个多世纪。

尤内斯库的其他作品也探讨相关的主题。在《犀牛》（1959）中，主角迷茫地看着所有人变成了犀牛（暗喻二十世纪三十年代罗马尼亚的法西斯）。有些地方的确让人觉得是不是太儿戏了？但这个矮个子的眼神忧郁的秃顶作家相信，看似玩笑之处却也能找到深刻。他曾经还和同道中人共同参加了一个俱乐部，他们作为褒奖颁发的勋章形状像一坨屎。他和妻子罗迪卡住在巴黎的一个公寓的顶楼，一面墙上挂着一幅犀牛的画，作者是尤内斯库的朋友马克斯·恩斯特*。

米兰·昆德拉

Milan Kundera，1929—

小说家

用法：当你觉得身体不舒服，一种很有文化的说法是：“我感觉正被一种不能承受的生命之轻困扰着。”

二十世纪八十年代中有一段时间，任何自尊自爱的青年知识分子手上能拿的最酷的一本书，就是米兰·昆德拉的《不能承受的生命之轻》。书里结合了别致的性爱场面（暗示了一些大拇指可以去的引人入胜的地方）和哲学分析，让人难以抗拒。前一秒你还在读着托马斯在床上对特丽莎做了什么，下一秒你已经在享用一篇讨论尼采*“永恒轮回”的小散文。其中的主要想法就是，在一个无限的宇宙中，每件事都发生过无数次，所以没有任何事情是要紧的。生命“轻”得可怕，无关紧要得可怕。

生命的无足轻重是一个在昆德拉的所有作品中回响的主题，一直延续到他的小说《庆祝无意义》(2015)。这个标题就暗示了书中的虚无主义，以及它对我们的鼓励：面对这种“无意义”应该要投降得兴高采烈、欣喜若狂。就像加缪*笔下的西西弗那样，不管怎样，我们都应该开心一点。这种固执的积极心态在苏联压迫下的捷克斯洛伐克似乎成了一种急需的英雄主义，而昆德拉就是在那里长大并开始写作的。

他 1975 年移民去了巴黎，很多他的同胞把这看作是背叛；等到他二十世纪八十年代末期开始不再用捷克语写作，而改用法语的时候，罪名显然就更重了。昆德拉批评那些奴颜婢膝的人，也让别人开始仔细审视和评判他的过去（有些时候也不是那么仔细审慎）。（这方面，你可以把他和君特·格拉斯* 作一番比照。）2008 年，有报纸挖出一段旧闻，说昆德拉 1950 年的时候告密，让一个同胞在劳改营里待了十一年。他的文学同僚，包括一些像卡洛斯·富恩特斯*、菲利普·罗斯* 和 J. M. 库切* 这样的大家，发表了一份公开信，为他辩护。他自己则坚决否认了这个报道，而这段往事也依旧未有定论。

弗拉基米尔·纳博科夫

Vladimir Nabokov，1899—1977

小说家

用法：很多英语国家的人念他的名字都把重音放在第一个音节上；如果你想显得稍微厉害一点，就把重音放在第二个音节上，这样更正确。

大体上来说，哲学家不好接近，但小说家感觉就友善、松软得多了。说到底，他们不就是讲故事给我们听吗？也不一定的。有些小说家太聪明了，聪明到让你晕头转向；读完他们一本书，你就觉得自己在心智上简直像个俾格米人①。弗拉基米尔·纳博科夫就是这样的小说家，他主要用英文写作，而英文只不过是他的第三语言（排在俄语和法语之后）。

他最有名的书叫《洛丽塔》，写的是一个男人成功地引诱了一个十二岁的小女孩。但也不要因此不敢在公共交通上把这本书拿出来。它是一部伟大的作品，作者用了那位恋童癖者的视角（更严格地说，他写的是恋青少年癖，因为主角亨伯特·亨伯特感兴趣的不是小孩，而是青春期的少女），写他的工于心计、不知悔罪，但就在这样像走钢丝般艰险的文学创作中，纳博科夫却压榨出了不可思议的幽默，甚至悲情。他的其他作品也一样（另外几本重要的书包括《微暗的火》和《说吧，记忆》）辞藻华丽，不但到处压着头韵，念起来有种音乐性，而且文字游戏泛滥。要是你想对这位文学巨人有所抱怨，可以嘟囔一句：“他太爱用双关了，不太合我的口味。”

需要指出的是，纳博科夫自己和妻子薇拉结婚多年，美满幸福；而她并不是一个十二岁的少女（虽然据推测有一年

① Pygmy，一种矮小人种，身高不满五英尺，分布在中非、东南亚、大洋洲及太平洋部分岛屿。

她也曾经是过……）。纳博科夫空下来的时候，是一位杰出的鳞翅昆虫学家，有好几种蝴蝶是以他命名的。他的视力很差，因为长时间盯着昆虫的生殖器（为了判断它们的种类），更加恶化。作为一个对世界的感受极为特别、敏锐的作家，纳博科夫被很多人认为是一个“联觉人”[①]——他的一个同胞应该就拥有这种症状，而且“联觉”还可能给了他灵感，让他发明了抽象艺术……

① Synaesthete，一种具有神经基础的感知状态，表示一种感官刺激或认知途径会自发且非主动地引起另一种感知或认识；与文学修辞手法中的“通感”类似。

联觉

如果你有联觉的症状，那么你的五种感官之中至少有两种被搅和在一起了。比如有些联觉人听到音乐的时候会看见颜色。对于一个艺术家来说，这可就有用了……

瓦西里·康定斯基

Wassily Kandinsky，1866—1944

艺术家

用法：如果有人非要你评论几句某件抽象艺术作品，你可以说如果能把它像康定斯基的《结构之四》一样旋转九十度，可能会更好。

1911年的某一天，俄罗斯艺术家瓦西里·康定斯基那个人人艳羡的女朋友加布里埃尔正在打扫他的工作室，无意间把他一幅实验性的画《结构之四》横了过来。艺术家看到之后跪倒在地，不住哭泣，说这是他见过的最美的一幅画。因为这幅画让他得以想见真正的抽象艺术可以是什么样的。

康定斯基是发明抽象艺术的人吗？可以这样说。要是你觉得克劳德·莫奈之后的艺术基本都是骗人的，那你不会喜欢康定斯基（他的很多作品看上去就像谁往交响乐团里扔了颗手榴弹）。不过，也正是莫奈的《干草堆》让康定斯基意识到脱离现实的颜色依然可以感动欣赏者。他把这种理论推广到了形状和线条上。今天他影响深远的艺术理论和他的作品一样得到尊重，其中很多观点都表述于两本书中：《论艺术里的精神》（1910）和《点、线、面》（1926）。有些观点今天我们已经不足为奇了，比如说颜色是有温度的（黄是暖色、蓝是冷色），有些关于形状的判断则更可疑一些（比如康定斯基认为圆圈代表着灵魂）。

但是他的核心见解显然不是毫无根据的，那就是：艺术作品可以完全没有描绘具体的事物，却依然能强烈地打动它的观赏者。像很多前人一样（比如柏拉图*），他写艺术就像是在写音乐。“色彩是琴键，”他曾宣称，“眼睛是音锤，而灵魂就是带有很多琴弦的钢琴。”事实上，有些人认为康定斯基这些说法在一个更深的意义上表达了他的感受，因为他本身就是一个联觉人。

阿蒂尔·兰波

Arthur Rimbaud, 1854—1891

诗人

用法：如果非要提到兰波不可，那就骂他几句。如果可能的话，说他跟那个银幕上的约翰·兰博其实还是有几个共同点的。

除了姓氏念起来微微有点相像之外，法国诗人阿蒂尔·兰波和史泰龙在1982年的电影《第一滴血》中扮演的越战老兵约翰·兰博一点关系都没有。但是他们的确有些共通之处。两人都被枪击中过，都脾气不好，而且都喜欢把气氛搞僵。

法国诗人阿蒂尔·兰波十五岁时抛弃了自己的布尔乔亚出身，逃到了巴黎，全情投入于一种堕落而放纵的生活。他喝酒、吸毒，和诗人保尔·魏尔伦做着为社会所不容的爱。后来魏尔伦一枪打在他的手腕上，因此坐牢，他们疾风骤雨般的关系也就此终止。兰波可能是咎由自取——这人似乎完全就是个混蛋——有一次某艺术家聊绘画聊得有些无聊，他表达不满的方式是在桌上拉了一泡屎；还有一次他恶作剧，居然把硫酸偷偷放在别人的酒里。如果要替他辩护，你可以说他的确岁数还很小，而且相信要把诗写好，就得“故意混淆各种感官”。顺便提一句，他的诗确实写得好。其中一首——《元音》——就是对“联觉”的诗意描述，而兰波本人也的确受这种病症的困扰。另外一首《谷中沉睡者》描绘一个年轻人，似乎睡得很平静，但在惊悚的最后一句诗中，我们才知道他已经被击毙了。他还有一篇散文 *Une Saison en enfer*（意思是“地狱一季”），用狂躁和诗化的词句表述作者的人生哲学。这篇散文被评论者大加贬斥之后，兰波完全放弃了写作。当时他才二十岁。

然后他成了一个在印度尼西亚的荷兰士兵，在塞浦路斯经营过一个采石场，还做过枪支、咖啡的生意，甚至还可能买卖过埃塞俄比亚的奴隶。再后来他生了骨癌，一条腿被截肢，三十七岁就死了。因为他的年轻、才华和为人放荡的性格，兰波一直被装出所谓艺术范儿的那些人当做偶像。要是你想气气他们，就说你还以为他们在聊兰博。然后，可以一不做二不休，问他们腿上那条牛仔裤是不是克洛德·列维-斯特劳斯*设计的。

兰博还是兰波

最讨厌的事情莫过于一直被误当成某个比你更有名、更有魅力的人。可悲的是，一旦此类情形发生，你基本上也只能随他们去了。

克洛德·列维-斯特劳斯

Claude Lévi-Strauss，1908—2009

人类学家

用法：要是你想表达世界各地的人其实比大家以为的都更相似，你就可以引用一些克洛德·列维-斯特劳斯的论据。

克洛德·列维-斯特劳斯是一位二十世纪的法国人类学家。他跟里维·斯特劳斯一点关系都没有，后者是十九世纪做牛仔裤的德裔美国人①。不过列维-斯特劳斯也是很重要的：他的书给了很多人安慰，因为它们阐释了一个道理，那就是所有的人类都有相同的思维结构，不管是华尔街的银行家还是亚马逊部落里的土著。

这位了不起的教授成名是因为1955年出了一本非学术书：*Tristes Tropiques*（意思是“忧郁的热带”）。这是一本回忆录，讲述他住在巴西亚马逊森林中，和土著共同生活的经历。这本书写得太美妙了，龚古尔奖的组织者对于不能把奖颁给他而感到非常遗憾，只因为它不是小说。但批评者们也指出，虽然这本书不是小说，但也有歪曲事实的地方。因为列维-斯特劳斯其实没有在巴西的任何一处待那么久，而且他也不可能直接用部落中的语言跟那些土著对话。

不管它了。在《忧郁的热带》和他其他的作品中——最有名的应该是1962年的《野性的思维》和四卷本的《神话学》——他要表述的观点主要在两个方面，一是所有文明的家庭构成中都找得到相同的结构，二是所有文明的故事和神话中，都找得到相同的结构性元素。（正因为关注这些方面，所以列维-斯特劳斯也被视为“结构主义”思潮中的领军人物之一，这个流派想要大家明白的是所有人类文明有一个共同的笼罩一切的结构。）举一个他的例子——乌鸦。不管是什么文明，这些鸟在神话中出现都代表着不祥：比如希腊人相信阿

① 原文中，作者解释了两人名字发音的区分，人类学家读作LEV-ee，牛仔裤创始人读作LEEV-eye。

波罗把乌鸦变成黑色是惩罚它们吃尸体，而莎剧提到乌鸦比其他鸟类都多，每次都是为了营造一种恐怖的气氛。

马丁·路德

Martin Luther，1483—1546

神学家、改革家

用法：如果梵蒂冈正遭受大量非议，你可以评论："自从马丁·路德之后，天主教的权威还从来没受到过这样的威胁。"

你无论如何都不能混淆这两个人：十六世纪的宗教改革者马丁·路德，和与他同名的二十世纪民权运动领袖马丁·路德·金。马丁·路德·金的父亲1934年去德国，被马丁·路德的故事深深打动，就给儿子起了这个名字。因为马丁·路德终其一生，都致力于为自己的信仰而奋斗，全然不计个人得失。

马丁·路德年轻的时候是个僧人，投身于各种苦行（某种神圣的自虐行为），包括雪天在露天睡觉。但一次罗马之行改变了他的一生。神职人员的腐败让他震惊，很快他就写出了《九十五条论纲》：这是一系列对教会的抗议。据说他把这些抗议钉在了维腾贝格（在今天的德国中部）一座教堂的门上，因为他在这里的一所大学教书。这份文字被印刷、流传，他后来写的一些煽动性的论著也是一样，教皇利奥十世大发雷霆，将马丁·路德开除教籍，实际上也是将他罚入永世不得超生的地狱。在一次名字很有误导性的审判中［那次审判通常被称作“虫子大餐”（Diet of Worms），其实 Diet 是集会的意思，Worms 是莱茵河边的一个小镇］，路德拒绝撤回自己的主张。“我的立场如此，”他宣称，“别无选择。上帝帮助我。阿门。”

他的主张——比如，好的基督徒应该听从《圣经》而不是神父——会引发“宗教改革”，天主教和众多新教的教派自此分裂，一直延续至今。路德把《圣经》从希伯来文和希腊文翻译成德语，就让很多没有享受到昂贵教育的人也可以阅读《圣经》。他还相信神职人员是可以结婚的，并付诸实践，在 1525 年娶了一个颇有魅力的女子叫卡塔琳娜·冯·博拉；她曾是一位修女，路德把她藏在装鲱鱼的木桶里，才让她得以从修道院里逃脱。

格奥尔格·卢卡奇

Georg Lukacs，1885—1971

哲学家

用法：只要讨论到历史小说，你可以试探性地提到格奥尔格·卢卡奇的理论，他说过所有这样的作品本质都是马克思主义的。

匈牙利哲学家格奥尔格·卢卡奇是幸运的，《星球大战》出现的前几年他就死了。如果他发现自己隔三差五就被当成是那部电影的导演乔治·卢卡斯，他一定会觉得可怕极了。卢卡斯是个美国人，马上就腰缠万贯，而且在那位简朴地笃信共产主义思想的哲学家看来，卢卡斯是好莱坞垃圾的传播者：资本主义国家就是靠这类手段使人民始终麻木，无法集中精力思考（参见西奥多·阿多诺*和居伊·德波*）。

卢卡奇阐释马克思主义理论的作品详尽、真挚，让他拥有了足够的声望得以在1930年收到苏维埃的邀请。一到了那里，他就不走了，在马克思-恩格斯研究所埋头苦干多年，想出许多对资本主义思想的巧妙攻击（比如，他提出"物化"的概念，即资本主义会把人降格为物和商品）。

他的文学理论引发的争议要小一些，但也小得不多。卢卡奇相信最好的小说都是现实主义的，而关注风格大过实质都是资产阶级堕落的体现。他欣赏沃尔特·司各特爵士和奥诺雷·德·巴尔扎克*这类作家写的历史小说，理由是他们把小说放在历史背景之中，就提醒了读者改变社会是可能的。这从本质上来说就是在宣传马克思主义（不管作者本人私下的政治观点如何），所以在卢卡奇看来，是值得推崇的。

考虑到他一生的社会主义思想都如此激烈，你要是知道他自己不但有钱而且是个贵族，恐怕会大吃一惊吧？那个“男爵”头衔是他从父亲那里继承来的，而卢卡奇的爸爸是投资银行家。但相比接下来的这个人，卢卡奇还要好一点——那一位写了世界上最有名的一本关于社会主义的书，但写作时却要靠舅舅接济，而他舅舅凑巧也是个银行家……

社会主义者

如果想写一些对社会不公的犀利批判，那最好还是要有点钱，这样就可以无后顾之忧地去写了。

卡尔·马克思

Karl Marx，1818—1883

哲学家

用法：用马克思主义思想去解读一样东西，就是相信“历史不可避免地通过不同阶段的阶级斗争朝前发展”，并用这个视角去审视它。

德国哲学家、经济学家、革命理论家卡尔·马克思家庭背景优渥得叫人意外。事实上，写作《共产党宣言》的时候，经济上是他的银行家舅舅在支持他。但年轻的马克思的确把自己继承来的财产大部分都用在了共产主义事业上。比如，他把其中的三分之一都给了比利时的革命者。之后，他搬到伦敦（欧洲只剩下这个地方才容得下他的政治观点），他带着妻子燕妮（一个女男爵）一边过着穷苦的生活，一边写作着他的社会主义大作。

他算不算一个沉迷于某个想法的天才？即使认可这样的说法，那他也是个影响力非比寻常的天才，他的理论在全世界引发了众多的无产阶级革命。

马克思认为，所有历史都是“阶级斗争的历史”，而工人阶级一定会取得最终的胜利。毫无意外的，这些理论在工人阶级中十分受欢迎。他更有说服力的是对于民主的分析：马克思指出，很多时候我们以为是民主制度，但事实上是有钱人操纵的系统让他们自己谋利。解决的办法就是废除阶级体系，让大家都共同生活在某种大公社之中［共产主义（communism）也就来自于公社（commnue）这个词］，这样就消除了贫富差距。

弗里德里希·恩格斯

Friedrich Engels，1820—1895

哲学家

用法：在讨论婚姻的时候，你可以提到恩格斯的一个想法，他说这种制度是男人发明出来控制女性的。

理论上，弗里德里希·恩格斯是个相信社会财产需要重新分配的社会改革家。

今天，大家记得恩格斯，是因为他和卡尔·马克思*一起写了《共产党宣言》(1848)。恩格斯初识马克思是在德国西部的科隆，马克思是报纸编辑，而恩格斯给那份报纸写革命文章。很快两人就结为志同道合的密友。恩格斯甚至留起了和马克思不相上下的大胡子。他父母开始担心起来，把他送去英格兰曼彻斯特的一个纺织厂上班（家族企业之一），恩格斯虽然厌恶自己的工作，但因为相信自己导师的事业无比重要，会把工资的一部分寄给马克思，让他可以继续写他的大作《资本论》。

恩格斯自己也对马克思主义贡献过一些想法。其中之一是最终带来革命的会是工人，因为他们从中的获益会是最多的。另一个想法是，男人发明了婚姻，用来控制女性。如果这些看上去都是一个不苟言笑的人才会有的想法，不要上当，恩格斯其实还是很有生活情趣的。他对香槟的喜欢到达这样的一个程度，女婿给他起了个绰号叫“香槟酒瓶的大刽子手”。不过，恩格斯还没有把自己视作饮酒的权威人士，不像接下来要介绍的这位作家，就写过一篇题目就让人赞叹的文章：《如何像绅士一样喝酒——三十年全面研究之后懂得的该做的事和不该做的事》……

喝香槟的人

一般人都能想象作家痛饮啤酒或是烈酒的样子，不过其中几个的口味要更高档一些。

H. L. 门肯

H. L. Mencken，1880—1956

报纸撰稿人

用法：今天大家觉得门肯了不起，更多的是记住了他的一句句简短的俏皮话，就像他说有厌女症的人是那些“像女人一样恨女人的人”。

嗜酒的美国报人 H. L. 门肯特别钟意香槟。他无数出版物中就包括上一条中提到的那篇题目繁复的长散文。他认为啤酒和红酒比烈酒更好，并指出，要是你还有活儿要干，最好保持清醒，干完了再喝。

就像所有好的报纸撰稿人一样，门肯什么题目都可以写，而且写得还很勤快。他文章的主调是机智而好斗，任何人、任何事都不是天生就该获得他尊重的。门肯最喜欢嘲讽的对象是宗教、政客和婚姻。然后，五十岁的门肯坠入爱河，并且娶了比他小十七岁的一位女士。“跟所有不信宗教的人一样，”他解释道，“我特别迷信，而且永远信任自己的直觉：这一回直觉告诉我是件大好事。”可惜这段婚姻结局不幸，因为妻子五年之后因为脑膜炎去世了，让门肯伤心欲绝。

门肯在世的时候，他的学术大作《美国语言》很受推崇，这本书分析了美国人是如何说英语的。现在这本书基本被遗忘了，而他的很多见解也似乎保守到让人震惊（他似乎很乐意对女人、犹太人和黑人表达不满）。他让后世记忆最深的还是他的警句，在这方面他的确有天赋。以下几句或可以让读者领略一下他的风采。“民主的道理，就是相信平头百姓知道自己要什么，而且应该足斤足两地把这些全给他们。”“我岁数越大，越怀疑那句俗话：人越老越有智慧。”“败坏的道德是那些过得更开心的人所拥有的道德。”

查尔斯·狄更斯

Charles Dickens，1812—1870

小说家

用法：“狄更斯式的”这个形容词可以用来描绘极度

的穷苦，或怪异到好笑的人物。

他是最好的作家，也是最坏的作家。怎么会最坏呢？对于当代人的口味来说，有些狄更斯的故事读起来实在太故意煽情了。就像奥斯卡·王尔德*颇为促狭地说：狄更斯对“小内尔”死状的冗长描述，谁读了都会忍不住要笑出来。他的情节也经常依靠一些荒唐的巧合。《荒凉山庄》中，有个角色没来由地就自燃了。

可为何又说他是最好的呢？狄更斯的写作充满了想象力和磅礴的文采，创造出了很多让人无法忘怀的人物，像《大卫·考坡菲》中那个油嘴滑舌的学徒乌利亚·希坡，像《圣诞颂歌》里那个讨厌圣诞节的商人埃伯尼泽·斯克掳奇。狄更斯的多产、独创性和他的悲天悯人，都是天才级别的。是他最早把孩童当做小说的主人公（比如《雾都孤儿》），也是他最早把小说放在报刊中连载（比如他的处女作《匹克威克外传》）。他也是最早直面当时社会问题的小说家之一，比如他写了很多穷人的困苦，而这也是他自己经历过的。

当他父亲因为无法偿还债务入狱，十二岁的狄更斯被迫离开学校，去了一个擦鞋厂工作。这段苦痛经历他始终无法忘怀，后来他会如此不知疲倦地奋斗，不仅为了帮助别人，也为了让自己的财政自由更稳固一些。尽管拥有了名望和财富，狄更斯依然不遗余力地干活，去全国巡演，给来见他的观众绘声绘色地读自己的作品。每次这样的演出之前，他会在下午茶的时候喝一品脱的香槟，作为热身。

布兰登·贝汉

Brendan Behan，1923—1964

剧作家

用法：贝汉的嗜酒和海量是传奇性的。如果你想表达一个人爱喝酒，不妨说“他可以把布兰登·贝汉喝倒”，倒也显得很别致。

爱尔兰剧作家布兰登·贝汉最喜欢喝香槟加雪利酒调成的鸡尾酒。不幸的是，这种喝法含糖量特别高，贝汉因此得了糖尿病，四十一岁就倒在都柏林的酒吧里死了。回头看，他的整个人生似乎就是围绕着酒精的。他曾经每天七点起床，就为了能在酒吧十二点开门之前好好干几个小时的活儿。只要酒吧一开门，他就搁下笔去喝酒了。贝汉对于喝酒这件事是如此的全力以赴，以至于他说过这样一句话：“我是一个有写作问题的饮酒者。”

十六岁的时候，贝汉加入了爱尔兰共和军，怀着炸毁利物浦码头的目标前往英格兰。码头没炸成，他却被逮捕了，在监狱里待了三年。释放之后，他立马想去杀两个警察，结果就又被丢进大牢里，直到爱尔兰共和军大赦才被放出来。在那之后他在巴黎住了一段时间，靠写色情读物为生。终于他想到，应该写自己知道的事情——而他知道的基本就是怎么坐牢。他第一部戏的名称《定罪之人》其实是俚语，用来指已经被判了绞刑的人。第二部戏，《人质》也是写监狱的主题，它讲了一个英国士兵如何被爱尔兰共和军所擒，结果爱上了一个年轻的爱尔兰姑娘。

贝汉作为一个剧作家虽然也受到了一些关注，但直到他1956年上了电视节目《广角镜》才一举成名。他当时已经酩酊大醉，据说这是英国电视史上第一次有人说脏话，但实际情况就是你很难听清楚贝汉到底说了什么，因为所有字都是含混的。这也是很多人打电话给电视台投诉的原因：贝汉的都柏林口音本来就很重，再加上喝得那么醉，观众根本听不懂。贝汉喝酒是出了名地喜欢热闹，喜欢呼朋唤友地挑战烈酒——不像某位美国作家，更愿意带着一瓶雪利酒把自己锁在酒店房间里。

嗜酒狂人

喝酒过度是作家这个工种的职业病。大家会想到欧内斯特·海明威*、多萝西·帕克*和亨特·S.汤普森*，但这个名单远远不止这些……

玛雅·安吉洛

Maya Angelou, 1928—2014

作家

用法：要是有人对你午饭之后要回房打个盹说三道四，你可以声称你在寻求灵感，就像安吉洛那样。

玛雅·安吉洛一旦写作，都要去旅店的房间里，躺到床上，身边放好一瓶雪利酒。上来她会先打一会儿纸牌接龙，让自己进入一种状态，然后会纵身跃入自己的过去，大肆劫掠（时不时地呷几口那瓶至关重要的雪利酒）。

她的过往是劫掠不完的。就像一个记者曾经说过，“了解她的人生，你会困惑自己这辈子怎么好像什么都没干，同时也庆幸不用体验哪怕只是她一半的经历。”她父母离婚之后，安吉洛被母亲的新男友强奸了，那时她才八岁。她把这件事告诉了几个舅舅之后，他们把那个强奸犯给杀了。安吉洛认定是“自己的声音杀死了那个男人”，之后的五年竟然没有开口说话。她让自己沉浸在了书本中。她说是爱伦坡和狄更斯的故事带给了她宽慰，最后赋予了她重新说话的力量。在那之后，她成了一个妓女，在空余时间尝试写作。

当时是一次宴会开启了她的作者生涯。同席的有一个兰登书屋的编辑，用激将法问她敢不敢把自己的人生写下来。结果安吉洛交出的就是那本《我知道笼中鸟为何歌唱》(1969)，这也是她七卷自传的第一卷，也是最广为人知的一卷。她写了自己的很多次恋情，但更为重要的，是写了作为黑人的经历，在刚刚脱离殖民统治的加纳当记者的经历，和好朋友马丁·路德·金一起游行的经历（金被枪杀的那天就是她的生日）。她是黑人作家中最早把自己作为一个黑人放在小说中心的先驱之一。

辛克莱·刘易斯

Sinclair Lewis, 1885—1951

小说家

用法：辛克莱·刘易斯和约翰·多斯·帕索斯*都是很好的例子，代表了那些曾经红极一时，但声誉今不如昔的美国小说家。

辛克莱·刘易斯是第一个拿到诺贝尔文学奖的美国作家。他生动地刻画了矛盾之中的人物，创造了体现他政治热忱的故事，或许最重要的，是深刻剖析了他同代人的心理，拿奖实至名归。但说到刘易斯自己，他的眼光就没有这么精准了。因为他是个酗酒者，1937 年就被医生警告，如果不戒酒他就会死；但刘易斯觉得他对自己的身体比医生更了解，没有听从劝告，1951 年死在了酒精上。

他的人生起步并不顺利，母亲在他很小的时候就死了，对于这个敏感的、笨手笨脚的小子，父亲很看不上。而且辛克莱年轻时还有青春痘和明显的金鱼眼。但后来辛克莱很受女性欢迎——就是因为他的作品实在精湛，而且大获成功。小说《大街》讲述一个聪明而年轻的新婚妻子，到了美国的一个小镇。她试着推行一些自由主义的改革，但很快被当地的社群拒绝了。公众习惯了文学作品歌颂美国小镇民风淳良，读到《大街》很是震惊。它1920年出版时就影响极大，后来成了二十世纪出版界最为轰动的书之一。

辛克莱的另一本广受赞誉的小说叫《埃尔默·甘特里》(1927)，写的是一个虚伪的福音传教士。这本书后来拍成电影，让伯特·兰卡斯特拿了奥斯卡的最佳男演员奖。因为他的自由主义政治倾向，以及对同时代美国的批判，辛克莱在当时的影响力非常大——虽然他的文笔或许不是最一流的。

雷蒙德·卡佛

Raymond Carver，1938—1988

短篇小说家

用法：给自己又倒了一杯红酒之后，你可以加一句："我正在考虑做一个全职的饮酒者，就像雷蒙德·卡佛那样。"

2014年奥斯卡最佳影片《鸟人》的主角是一个电影明星，但他希望大家能把他当成一个有真材实料的演员。所以他怎么办呢？他排演了一出舞台剧，剧本改编了雷蒙德·卡佛的一个短篇小说《当我们谈论爱情时我们在谈论什么》。很显然，至少在这个角色的眼里，卡佛这个名字是能让人刮目相看的。这个短篇的名称也大致体现了作者的风格和关注的东西。用词简单。剥离日常生活的表面，展现表面之下的真实。再加上卡佛经常关注的是一些让人嫌恶的角色，从事着一些低微、粗笨的工作，所以经常有人把他和一个叫做“肮脏现实主义”的文学流派联系起来。

卡佛另一件最为人所熟知的事情是他跟自己的父亲一样，是个出类拔萃、无所顾忌（或许可以说是“逢酒吧必光顾”[①]）的酗酒者。他的酒瘾大到会等在卖酒的店铺门口，等他们开张。他的另一个标志性行为就是在饭店里吃饭的时候喝醉，然后不买单就跑路。他似乎是因为结婚太早（共结连理时他十九岁，妻子玛丽安才十六岁），觉得受到束缚，喝醉的时候算是短暂的纾解。在华盛顿州和之后的加利福尼亚，他也干着低微的工作，并在业余时间开始写作——且大量饮酒。在某个阶段，他很有名地宣称自己放弃了写作，改成全职饮酒了。不过在清醒的时候，他还是例行公事般地写出了一些短篇小说，深受评论界推崇，把他称作二十世纪末期的海明威*。

① 此处“无所顾忌”原文是 no-holds-barred（摔跤衍生出的常见表达，holds 是摔跤姿势，bar 是禁止，即任何姿势都不犯规）；“逢酒吧必光顾”原文是 no-bars-withheld（作者玩的文字游戏，大致就是指抵抗不住任何酒或酒吧的吸引力）。

查尔斯·布考斯基

Charles Bukowski，1920—1994

作家

用法：要是在一场辩论中你担心自己要输，可以引用布考斯基的话："这世界的问题就出在聪明人满是自我怀疑，而傻瓜却自信满满。"

作家查尔斯·布考斯基选择的毒药是威士忌。他算是文学界的流浪汉，写的几乎都是洛杉矶的下等人——他完全不介意承认自己就是他们中的一员。他最有名的一本书叫《黑麦火腿》；这是一本自传成分很足的小说，背景放在洛杉矶，写的是一个长满青春痘、独来独往的人。所谓的"火腿"是因为大家把蹩脚的演员称为"火腿"，而布考斯基指的是严肃的书评人说他的文学有些廉价，而且经常太过头。而"黑麦"指的是他最喜欢的威士忌品种。

就像所有最好的作家一样，布考斯基有一个悲惨的童年。父亲隔三差五就暴打他，一直打到他十一岁；就像他受的苦还不够似的，少年布考斯基发的青春痘太严重了，直到老了还留下满脸的痘坑。他有过一系列工作，都干不下去，最后到了它们之中最无聊的一个——邮局。到四十九岁，他才绝望地宣布："我现在只有两个选择——要么留在邮局里，变成疯子……要么玩一把写作，饿死。我决定饿死。”就这样，他辞职踏上了精彩纷呈的写作之旅。

他写女人、威士忌、工作的苦和穷人的难。或许他最了不起的成就是在报纸上开的一个专栏，叫做“脏老头手记”；那些文章的煽动性太强了，以至于 FBI 给他建了一个档案。有一个评论者说布考斯基的迷人之处，在于他代表了“某种被社会所不容的男性幻想：不受约束的单身汉，懒懒散散、反社会，过着完全自由的生活”。大家都认为他是大热电视剧《加州靡情》的灵感来源。在电视剧里，大卫·杜楚尼演的就是这样一个单身汉，在当代洛杉矶懒散度日。这是电视剧，自然主角脸上是没有痘坑的，而且美丽动人的娜塔莎·麦克艾霍恩始终在附近带给他被拯救的希望。对于《加州靡情》的拥趸来说，这部剧是近几十年来电视上的最高成就之一，和例如《广告狂人》这样的电视剧属于同等水平，而《广告狂人》则弥漫了另一位作家特立独行的气质……

DVD套装

二十一世纪的第一个十年，电视不一样了。它变成了最具统治力的叙事方式，比电影更激动人心，比小说更晓畅有力。而且它越来越高级，用各种方式对过去的文化偶像致敬。

安·兰德

Ayn Rand，1905—1982

小说家、哲学家

用法：对于那些在商业世界中显然只在乎一己私利的人，你可以冷冷地评论一句："我们只能说，他和安·兰德应该会谈得来。"

系列电视剧《广告狂人》的背景是在二十世纪六十年代的纽约，描绘了一群腮帮子十分硬气、一看就野心勃勃的广告人。里面那个主角唐·德雷柏的上司建议他去看看一本叫做《阿特拉斯耸耸肩》的小说。这本小说资本家们都很喜欢。为什么呢？因为它的哲学内核就是在你的生命中，最重要的人就是你自己；如果任何人要提供给你别的说法，他们就是在扯淡。尽管这本书特别长，而且文笔拙劣（性感的资本家们腮帮子都太壮实了，他们不往前栽倒真是奇迹），但在二十世纪五十年代出版之后，已经卖出了几百万册。

说它的作者安·兰德把自私变成一种哲学，丝毫没有夸张。她把这种思想称为“客观主义”，而且似乎还很得意。有次她把自己称作“当世最有创造力的思想家”。还有一次，她说只有三个哲学家是值得一读的，“他们是三个 A：亚里士多德*、阿奎那*、安·兰德”。她选了前两人（有时候她还会淘汰阿奎那）的理由是他们都强调理性。理性是指引她的一盏明灯，因为她说正是理性让公正的思想家拥抱了一种彻底的、贯彻一生的自我中心主义。

虽然不少人受到兰德的鼓舞，但其他一些人觉得她的想法很难接受。她两本最重要的小说是 1943 年的《源泉》，关于一个客观主义的建筑师，和 1957 年的《阿特拉斯耸耸肩》，关于一个客观主义的生意人。后者最后六十页是主人公约翰·高尔特唱了一曲自私的赞歌。虽然兰德被大多数文学评论者嘲笑，但她已经成了无所顾忌派资本主义的守护神。她的葬礼上摆了一个六英尺高、用鲜花做成的美元图案。

威廉·莎士比亚

William Shakespeare，1564—1616

剧作家、诗人

用法：如果说一个舞台剧或电影中，人物都带一点传奇色彩，有缺陷，而且罪有应得以凶残的悲剧收场，那我们就可以用“莎士比亚式的”这个词来表达对这个剧或电影的赞许。

演员凯文·史派西说过电视剧《纸牌屋》——关于一个无视道德的腐败美国政客，名叫弗兰克·安德伍德——“取材于莎士比亚”。为何这样说呢？其中一个原因就是安德伍德会朝着摄像机镜头袒露心迹，就像莎士比亚的反派有时候会直接跟观众说话一样。但还有比这更重要的原因。安德伍德和他的妻子，两人为了实现共同的野心实在太不择手段了，很像莎士比亚《麦克白》中的两个主角：一对有权有势、神智混乱的夫妇，那种不达目的誓不罢休的劲头简直让人着迷。

安德伍德身上还能找到不少神经质的理查德三世的样子，或者《奥赛罗》里面那个微笑的恶人伊阿古。威廉·莎士比亚的父亲是一位手套商人，他在英格兰（艾冯河畔）斯特拉特福这样一个闭塞的小镇长大：他是如何创造出这样难忘的角色？有些人说那些剧肯定不是他写的，肯定是受过更好教育的人，比如牛津伯爵，或者弗朗西斯·培根*。但你就不要为这些胡说八道浪费时间了——同样的，也不要为不好的莎剧，或莎剧中没意思的部分耽误工夫。虽然这家伙是板上钉钉的天才，但并不意味着我们不能承认他也有写坏的时候。那些聪明过头的文字游戏？真是让人打哈欠。那些所谓的好笑戏码，不过就是穷苦的角色犯傻而已。的确不怎么样。

但你如果只看那些好的，就会发现一句句精彩的词句层出不穷。（我们是不是还没提他很会造词造句?）“我的命运高声叫喊!”“脆弱，你的名字是女人。”“给我一个不为感情所奴役的人，我愿意把他珍藏在灵魂的深处。”《哈姆雷特》之中，几乎随便挑一句就足够有说服力。不夸张地说，莎士比亚的影响力你再怎么吹捧都是无法夸张的。除了《纸牌屋》，取材莎士比亚的还有音乐剧（如果你好的是这一口）《西城故事》，这是改编了《罗密欧与朱丽叶》，或者科尔·波特的《吻我，凯特》，这个音乐剧的灵感源自于《驯悍记》。说到这，我们提一个和这个主题相关的问题：哪位小说家写了音乐剧《歌厅》背后的那本书？

音乐剧！

知识分子经常瞧不起音乐剧，觉得它们浅薄空洞、没有分量，但很多音乐剧其实有无可指摘的文学渊源。

克里斯托弗·伊舍伍德

Christopher Isherwood，1904—1986

作家

用法：给朋友拍了一张照片之后，先小声说一句："我是一部快门常开的相机。"要是被质问什么意思，你再解释这是伊舍伍德《别了，柏林》的第一句。

克里斯托弗·伊舍伍德去柏林看他的男朋友——诗人奥登——的时候，他原打算只待几个星期，但奥登倒很快走了，伊舍伍德却没有走，他觉得柏林百无禁忌的夜生活很合他的胃口。他给别人上英文课养活自己，也一直把自己的想法和经历写下来，关注那些在纳粹的威胁渐渐形成时最易受到伤害的人，这些故事成了短篇小说集《别了，柏林》(1939)，而这本书后来还改编成了轰动的音乐剧《歌厅》。

所有人都记得那个流光溢彩的夜总会歌手萨莉·鲍尔斯，特别是在1972年拍成的美妙电影中，丽莎·明尼里扮演的这个角色更是让人印象深刻。不过，这本书本身就值得一读，因为它纯粹而精湛的文字，也因为它低调的精准。这种精准概括在全书众所周知的开场白中："我是一部快门常开的相机。"这句话表明作者的意图是忠实记录他所见到的事情，不用自己的偏见去评论它们。

如果说伊舍伍德在柏林的时候是笼罩在阴影之下，那么他和奥登二十世纪三十年代末期搬到加利福尼亚之后，相较之下，像是到了个洒满阳光的天堂。他们之间的关系一直分分合合的，而在洛杉矶大学当上英语教授的伊舍伍德后来跟一个十八岁的少年多恩勾搭在一起，后者是他在海滩上遇到的。当时伊舍伍德四十八岁了，所以两人的年龄差距还是让人侧目的。不过这两人一直互相陪伴，直到三十年后伊舍伍德去世。两人的关系还触发了一部小说《单身男子》，关于一个博学的英国人在洛杉矶跟一个——不说你也知道——年轻得多，也俊朗到炫目的年轻人发生的一段恋情；有人说这是伊舍伍德最好的一部小说。在2009年的电影版中，伊舍伍德的角色是由科林·费斯扮演的。

让·谷克多

Jean Cocteau，1889—1963

诗人、小说家、剧作家、艺术家和电影导演

用法：要是有一个人永远在闹着玩，表现出来的情绪都是假的，你可以形容他为“一个可怕的孩子，就像谷克多写的那样”。

要是你到了法国里维埃拉的滨海自由城，不妨去看一看海边那个小巧的圣皮埃尔教堂，里面有让·谷克多画的壁画。这些画描绘了圣彼得的生平故事，却让人感受到作画者的气质：慵懒、轻盈、自在——可这些画算是才华横溢，还是故作纤巧的姿态呢？对于谷克多一生多样至极的艺术创作，这个问题始终跟随着他。

让·谷克多十九岁的时候，芭蕾舞团经理人谢尔盖·佳吉列夫给他下了一个指示：“让我震惊！”这个年轻人果然做到了，写出了独幕芭蕾舞《游行》，由埃里克·萨蒂作曲，巴勃罗·毕加索* 担当舞美。直到今天，它还被认为是当代舞蹈的关键作品。谷克多接下去又出版了很多诗歌、小说和回忆录，创作出无数的油画和铅笔画，他导演的电影被视作世界电影史的经典。他拍过一个迷人的哥特童话《美女与野兽》

(1946)，让他下颌有棱有角的情人让·马莱演“野兽”；这部电影在半个世纪之后会启发迪士尼的动画音乐剧《美女与野兽》。

作为一个作家，谷克多最让大家记得的作品是1929年的小说《可怕的孩子》，写两个任性的兄妹，玩一个让他们停不下来的游戏，结果双双为此而死。这个主题——让读者自己去猜书里的角色什么时候在经历真实情感，什么时候在玩闹——随随便便就比类似的后现代主义想法领先了好几十年。

T. S. 艾略特

T. S. Eliot，1888—1965

诗人、剧作家和文学评论家

用法：如果一首诗带有散文的风格，里面出现描写得很精准的意象，弥漫着存在主义的绝望，那么你就可以说这样的诗可能受到了T. S. 艾略特的影响。

有很多激烈的保守派认为当代诗算不上什么正经的诗，因为它不押韵也不讲究音步。如果要他们来评判，T. S. 艾略特要承担的罪责可不小；因为正是这个大半人生都在伦敦度过的美国人最早把散文的节奏带进了诗歌中。见识了《荒原》和《灰星期三》之后，那些押韵又音步正确的诗都显得不时髦了。

艾略特嘴唇很薄，衣着老派，比起诗人，他看上去更像是个校长或者会计。他有种被压抑的气质，而读他的那首《J. 阿尔弗雷德·普罗弗洛克的情歌》（1915），压抑似乎就也的确是他的内心感受。那首诗里写一个中年男子为自己死气沉沉的生活而感到痛心。这位诗人真正的突破之作是《荒原》（1922），诗中满是一战之后弥漫在欧洲的对于生命的绝望。艾略特研习过东方哲学，这也体现在这首凌乱的长诗中，很多人觉得像是天书。但不管这首诗是否能串联成一个让人满意的整体，里面确实有无数诗句带着一见难忘又略带寒意的美。

《荒原》无疑是一首会让读者抑郁的诗。它既是对索姆河伤亡军士的回应，作者也坦率承认：这首诗跟他当时可怕的个人生活有关（特别是他和一个精神紊乱的英国女子薇薇安的第一次婚姻，让艾略特十分痛苦）。但艾略特也不全是阴沉沉的样子。他私下里对格劳乔·马克斯的喜剧十分热衷，他出版了一本诗集全是关于猫的（而且押韵、音步一应俱全），后来被安德鲁·劳埃德·韦伯改编成了音乐剧《猫》。尽管外表传统，但是艾略特是第一个在公开出版物中使用“狗屎”这个词的人。当时这被认为是很粗鄙的言行——不过说到粗话脏话，相比于他同时代另一个口齿不干净的人，艾略特是小巫见大巫了……

粗鄙的语言

现在我们对电影里的角色每隔两三个单词就爆粗口也习以为常了，但曾经这样说话是会引起很大争议的。

D. H. 劳伦斯

D. H. Lawrence，1885—1930

小说家、诗人

用法：如果有人说你写的文字不是特别讲究，你就可以声称自己追求的是劳伦斯式的随性文风。

1960 年在伦敦，法院里有一场官司要决定企鹅出版社是否可以首度在大英帝国出版 D. H. 劳伦斯的最后一部小说——《查泰莱夫人的情人》。这部小说露骨地讲述了一段婚外恋情，发生在一位堪称男人楷模的猎场看守人和书名中那位贵族夫人之间。有些人说这是本色情读物，是因为里面大量用到了情色语言，但陪审团认为这本书只是有趣，并不危险。因此，在这本书写成三十年后，终于得以问世。

很多人都认同这不是劳伦斯最好的作品。他最好的书应该是《儿子与情人》（1913）或《恋爱中的女人》（1920）。书名中已经透露出作者对于“爱情”的执念，而“爱情”对劳伦斯来说，意味着男女之间的一种很随性、深沉，而且一般来说与肉欲关系不小的激情。劳伦斯认为西方社会太过注重头脑，忽视了人类本来就是动物这个现实。他的口号就是“随性”，你读他的小说和诗歌很容易就能感受到这一点，因为其中一部分文字确实马虎。但这和他疯狂的，有时甚至像着了魔一般的理念系统是一致的：他认为好的人生是一种充满狂热、激情，甚至仇恨的人生。

劳伦斯有些政治观点特别有问题，不但充满憎恶，而且也特别可恶。在给朋友的信中，他曾幻想过建造毒气室解决那些“弱者”。但不管怎么说，劳伦斯的文化影响力还是很大的，一方面他成为了在那个时代还很罕见的工人阶级大牌作家（他出生于诺丁汉郡一个挖煤的矿区），另一方面，他是作家中会对社会前景提出新鲜见解的典范，此外，作为一个思想家他挑战了英国传统中的文雅和客套。

肯尼斯·泰南

Kenneth Tynan，1927—1980

戏剧评论家

用法：为了能充分表达你对一部戏剧或电影的赞赏，你可以假装肯尼斯·泰南附体，宣称："我觉得我大概永远也不会喜欢一个不想看《__________》的人。"（把那部剧或电影的名字放进书名号中。）

有些人坚持认为，是爱尔兰剧作家布兰登·贝汉*第一个在英国电视上说出了"操"这个字，但更普遍的看法是，这项纪录应该归于戏剧评论家肯尼斯·泰南。在1965年的一次现场直播中，他被问到是否会排演一出演员在台上做爱的戏。泰南回答，在他看来即使真演了这样的戏，也不会比说一个"操"字更让大家震惊。卫道士玛丽·怀特豪斯宣称她觉得泰南"应该被打屁股"。她万万不会想到，这对泰南来说是求之不得，因为他很喜欢SM。

除了他不是同性恋之外，泰南和奥斯卡·王尔德*有很多相像之处。他是个诙谐中才情洋溢的作家，在使用炫目辞藻上天赋异禀。当然王尔德写的是剧本和诗歌，而泰南则把自己的笔力全注入在了一种更高层次的报刊文体中，他一直为《旗帜晚报》和《观察家》评论戏剧。他很推崇所谓的"愤怒的年轻人”，而痛斥他所谓的“楼亩郡戏剧”，也就是那种发生在英国乡村一幢大房子里的传统戏剧。他高呼萨缪尔·贝克特*的《等待戈多》是部杰作，也同样为约翰·奥斯本的《愤怒的回顾》而感到兴奋，为此他在1956年说过一句很有名的话，虽然有些做作：“我觉得我大概永远也不会喜欢一个不想看《愤怒的回顾》的人。”

泰南说自己写作的信条是：“写离经叛道的东西，写纯粹离经叛道的东西。”对于所有开始给报刊写作的年轻人来说是挺不错的建议。但这也指向他性格中的一个缺陷（又和王尔德有些像），就是他从来都忍不住要耍宝。这也是为什么大家记住的不是他妙不可言的文风，而只是他在电视上的那个“操”。这可能深植于他的不安全感，因为在二十一岁的时候，他才发现自己的父亲实际上叫皮特·皮考克爵士，不但没有和自己的母亲结婚，还和他真正的妻子拥有另一个不为人知的家庭。这个发现给他带来的伤害不输给接下来要提的一位作家，他直到成年之后，才发现那个他一直被告知是自己姐姐的女子其实是他的母亲……

私生子

父母并未成婚就生下自己的奇耻大辱对今天的孩子来说已经不是什么要紧事了，这种变化值得庆幸。但在过去，这是一副沉重的担子——不过对于某些私生子来说，这似乎激励他们做出了更加了不起的事业。

路易·阿拉贡

Louis Aragon, 1897—1982

作家

用法：聊起超现实主义的时候，可以提一下萨尔瓦多·达利、安德烈·布列东*和路易·阿拉贡。其中真正让人刮目相看的是你提到了相对而言更冷僻的阿拉贡。

法国作家路易·阿拉贡的童年和旁人不同。他是一个私生子，他的母亲当时恋上了一个比她大得多的已婚男人，后者一直没有承认这个儿子。为了掩盖这个丑闻，阿拉贡小的时候一直以为母亲是自己的姐姐，而祖母（她被自己的丈夫抛弃了）是他的养母。直到年轻的路易要奔赴一战的战场，秘密才被公布。因为殉于前线的可能性并不小，家人决定是时候把真相告诉他了。

这样稀里糊涂的童年教育让阿拉贡对女性有种本能的同情，而且深深地渴望成为某个团体的一员。他一开始是达达主义的成员，经过努力，成功地创作出了完全胡扯的艺术和诗歌。后来，他和安德烈·布列东一道发起了超现实主义的运动；这和达达主义有相似之处，就是没有像达达主义那么莫名其妙。不过，阿拉贡回看自己十五年的超现实主义艺术生涯——做了很多像写自书诗歌（也就是头脑里不管想到什么都写下来）之类的事——把它定性为“年轻时犯的错误”。跟很多超现实主义者一样，他发现自己越来越倾心于共产主义，果然没过多久就入了党：他又可以隶属于一个新的集体了，而且在约瑟夫·斯大林身上找到了一个强大的父亲形象，以弥补童年的缺失。

既是战争英雄，又是超现实主义的创立者之一，还写共产主义诗歌和小说，阿拉贡在法国自然很受欢迎。他的好几首诗都被像雷欧·费荷这样的低吟歌手谱上了曲子，让他的名气更响了。如果见到他本人，你会觉得文人的优雅被他体现得淋漓尽致。而且他还有个美丽动人的妻子——俄罗斯作家埃尔莎·特丽奥莱。

让·阿努伊

Jean Anouilh, 1910—1987

剧作家

用法：要是听到有人在大肆吹捧最近开演的一个时髦的剧，你可以提一句，说根据让·阿努伊，资产阶级去剧院主要是为了显示自己有文化。

法国剧作家让·阿努伊是母亲与一个演员同事的私生子。后来，历史又重演，阿努伊娶的一个女演员也在他背后一次又一次出轨。如果听起来有点像希腊悲剧中的情节，这倒是合适的，因为阿努伊最为人所知晓的就是他对古典戏剧的现代化改编。一开始他从事的是广告业，后来他说，炮制那些抓人的广告短诗或小歌谣让他写剧本的时候知道该如何简洁有力。后来他听从内心，在剧院当了某位导演的助手。这个工作没有酬劳，剧组为了帮他，每次一个剧演完，就把布景中的家具送给他。

他最初写的剧本都写同时代的事情，但大多也都是失败之作。后来，二战打响，阿努伊放眼过去，开始重新诠释古老的故事。比如他最轰动的《安提戈涅》，写的就是道德力量（由安提戈涅所代表，她执意要给自己的战士弟弟一个光荣的下葬仪式）和政治权宜（由国王克瑞翁代表，他是死者的敌人，想要任由尸身为秃鹫咬噬）之间的对抗。最后，不顾国王反对，安提戈涅还是成功地将自己的弟弟体面地送别。法国公众认为这个剧是在呼唤大家像安提戈涅一样鼓起勇气，反抗支持纳粹的法国维希政府。

之后，年轻气盛的尤金·尤内斯库*和萨缪尔·贝克特*登台亮相。他们疯狂的实验主义让观众惊叹，也让阿努伊的戏显得过时了，这位前辈发现大家开始对他爱理不理。不过阿努伊大概是不会太介意的，他向来颇为质疑喜欢看戏的公众，认为他们去剧院不是去看戏的，而是为了被人看见你去看戏了。

弗朗索瓦·特吕弗

François Truffaut, 1932—1984

电影导演

用法：有些人会指责批评者基本从来都干不了他们正在批评的事，你可以举弗朗索瓦·特吕弗作为反驳。

弗朗索瓦·特吕弗的母亲对自己未婚生子感到太过羞耻，

就把儿子送到了他祖母那里。所以，特吕弗一直觉得自己是被抛弃的人。十几岁的时候，他走过歪路，偷金属门把手去卖的时候被逮住，在少管所待了一段时间。是电影院拯救了特吕弗。他只要有机会就跑去看电影，特别钟意二战之后涌入巴黎的美国电影。之后他又结交了评论家安德烈·巴赞，后者雇了这位年轻人给他的杂志《电影笔记》写影评。

特吕弗的稿子是如此凶残，以至于被称为“法国电影的掘墓人”；他被讨厌到戛纳电影节的组织者在 1958 年拒绝让他参加。但后来事实证明，他是批评家中罕见的一种，能把自己宣扬的东西付诸实践。第二年，他的首部长片《四百击》赢得了戛纳电影节最佳导演奖。这部自传体电影讲述了一个胡作非为的少年的故事，但最让人印象深刻的是它新颖的手法（包括“跳切”和观众听了心慌的画外音）。这部电影开启了一位电影制作者辉煌的职业生涯，他其他的高峰还包括 1961 年的《祖与占》：讲了一个女子（让娜·莫罗饰）无法在两个男人中做出抉择，就跟他们都待在一起的动人故事。

和让·吕克·戈达尔*、克洛德·夏布洛尔等人一样，特吕弗在法国电影的新浪潮中是个重要的人物，意味着他的电影很酷、很先锋。不过，很有可能他所发展的“作者论”会至少和他的任何一部电影一样流传后世；这个理论的内核就是，虽然拍一部电影需要很多人共同努力，但基本上都是导演的功劳。这种观点把电影看做是由一个统摄全局的头脑所创作，也让这门艺术被更加严肃地对待了。

德西德里乌斯·伊拉斯谟

Desiderius Erasmus，1466—1536

学者、神学家

用法：一个博学到让人匪夷所思的人文主义思想家，就可能被夸作“当代伊拉斯谟”。

德西德里乌斯·伊拉斯谟是终极的文艺复兴式学人①。即使是神学家马丁·路德*也承认他学识渊博，头脑比自己高明。但两人后来闹翻，因为路德认为伊拉斯谟对于教会信条的诘问和考察还不够彻底。生气的路德骂他是“毒蛇”，是“骗子”，而且——让人震惊的——还是“撒旦的喉舌”。路德会对伊拉斯谟说这样狠毒的话很出人意料，因为今天大部分人认同是伊拉斯谟“下的蛋才孵出了宗教改革”。这句话的含义是说，正是伊拉斯谟的博学和对天主教信条公正的质疑才创造了一种思考氛围，让新教得以兴起。

伊拉斯谟是在鹿特丹出生的一个私生子，后来跟很多聪

① 指（文艺复兴时所推崇的）多才多艺、博学的人。

明、受过极好教育的人交了朋友。年轻的时候，他交朋友交得太投入，爱上了一个叫塞尔瓦蒂乌斯·洛格拉斯的年轻人。他给洛格拉斯写过很多激情澎湃的信，不过后来突然收起性子，痛斥同性恋是种邪恶的畸变。不过他爱写信的习惯倒是一直保持着，和各种各样的人有书信往来，包括画家阿尔布雷希特·丢勒和英国政治家托马斯·莫尔。

伊拉斯谟曾一度住在英国剑桥大学的王后学院，他渐渐对那里的天气深恶痛绝（这是可以理解的），也对英国艾尔啤酒恨之入骨（这就想不通了）。同时，他参与了当时的一些神学论争，有些在今天看起来非常陈腐：比如耶稣的母亲马利亚是否一生都是处女（伊拉斯谟相信她是的）。他还有条有理地花大力气解答过其他一些问题，至今仍很重要，比如我们是否拥有自由意志。伊拉斯谟在这点上和教会的教义一致，认为我们是有的。

托马斯·潘恩

Thomas Paine，1737—1809

作家

用法：把托马斯·潘恩作为自由思想的奠基人之一提起时，按照惯例，要把他喊成“汤姆·潘恩”，甚至“老汤姆·潘恩”，就好比他跟你是多年的好友。

托马斯·潘恩是个私生子，出生于诺福克一个工人家庭，一辈子致力于不让那些专横的统治阶层侵害普通人的权益。他扬帆驶往美洲，正好目睹了独立战争；他写的五十页小册子《常识》，激励了美国军队继续斗争，直到完全摆脱英国国王的统治。据说几乎每个美国士兵都读过或听别人读过这本书，而潘恩的书名本身就足够革命性，因为它隐含的意义是你不需要成为一个贵族才能分清对错，常识该是人人都有的，即使平常人也有。

法国大革命蠢蠢欲动的时候，潘恩回到了欧洲。他读到埃德蒙·伯克*的《法国革命论》，对其中的保守想法感到大为不齿，写了《人的权利》（1791）作为回应，提出一个政府如果不能保护人民的利益，人民就有权起来推翻它。这本书大获成功，却让他动荡的生活又添了许多曲折。他被判了刑，罪名是诽谤伯克，但逃脱了制裁。他在革命中的法国成了大英雄，但又和罗伯斯庇尔的支持者交恶，十分侥幸才没有死在绞刑架上。他见到过拿破仑，后者说他睡觉时枕头下面会放一本《人的权利》。但观察到拿破仑愈发投入于篡位夺权，潘恩把他称作“有史以来最彻底的冒牌货”。

潘恩的最后几年是在美国度过的。他因为宣称自己是个自然神论者，被社会所排斥；自然神论者认为神是存在的，但它不是基督教《圣经》中的上帝。这个人心里想什么总是要说出来的。实际上，他唯一的伪装大概就是他的名字了。他出生时叫“Pain”，但在最后加了一个“e”，让它看起来更有身份一些。然而他的做法是社交矫饰中相对柔和的策略，不像一位画家……

为了更高的社会地位

有创造力的人经常把自己看做是天生的贵族。少数几位更进一步，真的替自己发明了贵族出身。

巴尔蒂斯

Balthus，1908—2001

艺术家

用法：巴尔蒂斯至少有些靠不住是肯定的。用一种高雅的说法暗示某人极为可疑，可以说："他就像巴尔蒂斯那么不可捉摸，不知道你明不明白我想说什么。"

巴尔蒂斯①原名叫巴尔瑟萨·克罗索斯基，而这个别名是他母亲的男友取的——那位男友叫莱内·马利亚·里尔克*，觉得"巴尔蒂斯"更有派头。到了晚年，这位画家更进一步，用起了"德罗拉"②这个姓氏，据他说他父亲的先辈曾经是贵族，用过这个名字，不过这件事被证明是子虚乌有。

就跟他生活的其他方面一样，巴尔蒂斯的艺术也是自说自话的。他的主要创作都是描绘裸体少女，而且经常是青春期之前的少女。这听起来挺先锋，但他却选择了一种保守的、形象化的风格。（这种保守的画风在当时甚至让人侧目，因为所有他的同辈都在追求最新的抽象画法。）他最有名的一幅画叫《吉他课》，一个穿着衣服的女人，岁数更大一些，腿上横抱着一个半裸的前青春期少女，就如同她是一把吉他。如此构图的隐含义自然是这小姑娘要被“弹奏”了。但巴尔蒂斯一向坚持此类意象都不是情色的：他只是在让我们面对一个我们想躲避的事实，那就是孩童也有性器官。不管你相不相信这份辩驳，巴尔蒂斯对于年轻女子的魅力的确有心动的时候。他遇到自己第一任妻子的时候，对方才十二岁（虽然他等了十五年才娶了她）。他的第二任妻子比他小三十五岁。

巴尔蒂斯的名声很多年间一直在增长，也得益于他跟其他文化名人之间的交情，比如阿尔贝托·贾科梅蒂和安德烈·马尔罗*。而且他活到了一个了不起的岁数，这也有关系，因为到了晚年，大家似乎能从他身上看到一个迷人的逝

① 原文给出的英文发音更接近巴尔图斯，重音在“图”上。
② de Rola，即“属于罗拉”。罗拉是波兰一种贵族纹章，代表着一系列的贵族血脉。

去的时代。同时，那个对于凯特·摩丝很有用的手段他也用来激发大家的好奇，那就是几乎从来不接受采访。他的葬礼有很多国家领导人和摇滚明星到场。U2 的 Bono 唱了首挽歌，而长椅上，模特艾拉·麦克弗森在落泪。

戈特弗里德·威廉·莱布尼茨

Gottfried Wilhelm Leibniz，1646—1716

哲学家、数学家

用法：几杯酒下肚，你只觉得爱上了全人类，可以说一句："我不禁觉得的确有一种莱布尼茨式的善意规则在管理着整个宇宙"。

戈特弗里德·威廉·莱布尼茨是个"大假发"[①]。这可以照字面理解，因为他的确会戴一个很大的头套。同时，这自然也是一种象征性的说法，他在多到让人咋舌的领域中都是顶尖的人物。比方说，他改良了帕斯卡计算器和现在电脑中用的二进制系统。他写散文、写书，主题包括数学、逻辑、政治、法律、伦理、神学和历史，而且要历数他的成就，这才刚刚开了个头。事实上，有人计算过，如果你能把莱布尼

① Bigwig，英文口语中指要人、大亨。

茨的所有作品头尾相接排列起来，然后点燃它们……你就能少读许多书了。

对于一个非专业人士来说，记得莱布尼茨是他可能抄袭了两个同时代的人。艾萨克·牛顿*控告莱布尼茨窃取了他的微积分理论（用数学测量变化的理论）。当时莱布尼茨被判抄袭罪名成立，他的晚年也被这个阴影笼罩。但到了今天，一般来说，大家都同意莱布尼茨是自己想出他的微积分理论的。

据说莱布尼茨还抢走了另一个人的想法，这个人经常被拿来和他作比照，叫巴鲁赫·斯宾诺莎。斯宾诺莎一直待在荷兰的家里，对俗世的成功全不介怀，而莱布尼茨则在世界各地奔走，从祖国德国到英国、法国和其他地方，永远在关注着有什么头衔和荣誉可以捕获。（他在自己的姓氏前放上代表贵族的“von”应该是没有什么理由的。）斯宾诺莎想象的是一个不干涉人事的上帝，而莱布尼茨则相信宇宙被一种善意的规则所管辖、指引，他认为我们生活在世间最美好的地方。伏尔泰*嘲笑过这种乐观，在小说《老实人》中把他塑造成了永远积极向上的邦葛罗斯博士。在伦纳德·伯恩斯坦改编的音乐剧版《老实人》中，邦葛罗斯正要被处决，他欣喜若狂地呼喊着：“上帝以无限智慧，让绳子的发明成为可能，而绳子不做成绞索又有何用?”然后他就被吊死了。

奥诺雷·德·巴尔扎克

Honoré de Balzac, 1799—1850

小说家

用法：巴尔扎克这个名字已经成了高产作家的代名词，也等同于像中了邪一般的精力充沛，等同于压抑不住的磅礴气势。它也可以表示一种极为细致、包罗万象的现实主义。

做爱之后，据说奥诺雷·德·巴尔扎克会嘟囔一句："又少写一本小说。"他一直会在能忍住的时候尽量不高潮，因为他相信高潮会泻掉他的创作能量。或许他是有道理的。因为巴尔扎克是出了名的高产，他的文字喷薄而出，大量作品组合起来成了一部叫做《人间喜剧》的恢弘巨著。

这个庞大的工程本意就是要呈现生命的所有面貌，巴尔扎克想到这个主意之后，飞奔到了他的妹妹在巴黎的公寓中，气喘吁吁地宣布："我就要成为一个天才啦！"巴尔扎克被视作法国的查尔斯·狄更斯*，他的小说的过人之处也在于细节、真实和广阔的历史维度，而且他某个故事中的人物也会在另一个故事里蹦出来。那些吹毛求疵的人说他的文笔太粗俗（也有人这么说过狄更斯），跟他出道时写的那些廉价的烂书没有多大区别。居斯塔夫·福楼拜*对巴尔扎克嗤之以鼻：

“要是他会写作的话，该是多么了不起的人啊。”

巴尔扎克来自于一个很普通的背景，纯粹靠自己的工作热情，成为了一个伟大的人物。为了和这种身份相称，他在自己的姓氏之前加了一个“de”，暗示自己祖辈之中有贵族。所有人都会说巴尔扎克是个喜庆的家伙，又矮又胖，一头浓密的黑发狂放得像马鬃。他那时会每天晚上五点上床睡觉，半夜起来，连写十五个小时，（据说）全靠浓黑咖啡支撑，每天最多可以喝五十杯。根据众多传闻，能达到这种惊人咖啡因消耗量的写作者，也只有某位放肆的法国哲学家了……

咖啡瘾君子

Pro Plus[①]是在二十世纪八十年代才流行起来的；在那之前，要通宵只能靠一连串的双份浓缩咖啡。

伏尔泰

Voltaire，1694—1778

作家、哲学家

用法：“伏尔泰式的”往往形容一种能刺痛人的幽默，其中的锋利之处尤其指向宗教或任何当权者。

伏尔泰临终的时候，一个神父来问他是否和魔鬼断绝关系。“现在可不是多结仇家的时候，”伏尔泰这样回复。这则轶事囊括了伏尔泰两个你需要了解的点：一是他很风趣；二是他是个怀疑主义的思想家，把自己的大量精力专门用来惹恼神职人员——但也没有放过其他自恃有权威的人。

伏尔泰并不是个无神论者，但他激烈反对在他的祖国法兰西那些极端的天主教派，而且在一次造访英格兰之后，因为那里相对的宗教宽容度大为鼓舞。“迷信是吞没世界的火焰，”他曾经这样评论道，“哲学可以将它扑灭”——这是对十八世纪启蒙运动的精神一个很好的概括。伏尔泰并不是一个干巴巴的哲学家，而是一个表演者。甚至他的名字也是一张面具（出生时他的名字叫弗朗索瓦-玛丽·阿鲁厄特[②]，父亲是一名律师）。他写诗歌，写历史（不同之处在于他把重点放在艺术和习俗上，而不是战争和帝王），写了最早的科幻小说之一（1752 年的《小巨人》），以及他最有名的作品——1759 年的小说《老实人》。

这个故事的主角是个乐观向上的年轻人，历经许多苦难之后，总结道：“我们一定要好好打理自己的花园。”这句话有很多种解读。不要参与疯狂的计划。低调地生活。学习。做一个自由的思考者。伏尔泰的思考的确很自由。他和自己的侄女长期保持恋爱关系，让公众极为不耻。他惹恼了很多人，以至于被好几个国家驱逐。伏尔泰的咖啡摄入量是惊人的（每天超过五十杯），他还能睡得着也真是个奇迹。

---

① Pro Plus，一种只含咖啡因的药片。

② François-Marie Arouet；伏尔泰改名缘由自己并未解释，学术界的主流意见是他将自己本来姓氏的拉丁文写法改换字母顺序重新拼成笔名。

索伦·克尔恺郭尔

Søren Kierkegaard，1813—1855

哲学家

用法：如果一部电影或小说中某个角色本来只关心自己，但因为真切地爱上了某个人而找到了生命的意义，那么你就可以说“这个故事是典型的克尔恺郭尔式的叙事套路”。

丹麦哲学家索伦·克尔恺郭尔喝咖啡的方法很怪，他先是在小小的咖啡杯里放满糖块，然后再把咖啡倒进去，让糖块融化，接着他会把这杯咖啡一口闷掉。他是不是觉得这个流程映射了他所提出的“人生三个阶段”？克尔恺郭尔相信一个人年轻的时候会经历一个“审美期”，主要自私地追求感官享受（糖）。然后他进入了“道德期”，会结婚、生孩子，参与公众事务，比如担任地方行政官（苦咖啡）。最后是“宗教期”，会关注生命中最重要的一些事（饮料本身，以及它的回味）。

被视作存在主义之父的克尔恺郭尔是个宗教信仰很深的人（和之后例如让-保罗·萨特*这样的存在主义者很不一样）。他说既然逻辑推理无法让你信仰宗教，那就必须作出“信仰的一跃”（虽然他并没有用这个词）。那么在怎样的意义上可以说他是存在主义的鼻祖呢？第一，他相信那些最重要的问题也就是你要最先考虑的事情，即，你是谁，以及你要过怎样的生活。这些思考可能会引发一定程度的存在的焦虑，克尔恺郭尔称之为“自由的晕眩”。他自己就深受其困扰。他当时疯狂地爱上了一个叫瑞琴的姑娘，而且瑞琴也对他有情，但 1841 年他因为某些高深的哲学原因解除了两人的婚约，具体是什么原因克尔恺郭尔一直没有透露。他也因此极为痛苦。和每个有创造力的文学家一样，他把痛苦转换为了艺术，以此为灵感写出了 1843 年的《非此即彼》。这本类似于哲学小说的书分成两部分，体现了两种人生观，即审美生活模式和道德生活模式。从前者向后者的转换可以在很多小说和电影中看到，有时候被称作“克尔恺郭尔式的叙事曲线”。他是个很有激情的人，竖起的头发有六英寸高，而且据某些人说是个驼背。如果这些人说的是真的，那么他就和最伟大的德国哲学家之一拥有同样的缺憾了……

畸形

当身体被损坏，心灵却可飞升。接下来的两位人物就可印证这一点。

伊曼努尔·康德

Immanuel Kant，1724—1804

哲学家

用法：在讨论怎么才算道德行为的时候，你可以引用康德的“绝对律令”，也就是我们要遵循的行为准则应该是那些我们希望所有人都要遵循的。

伊曼努尔·康德这个矮小、驼背的德国哲学家过着一种无聊到不可思议的生活——至少表面上看是这样。他住在北海岸的小镇格尼斯堡，遵循的生活习惯是如此的精确和稳定，以至于他的邻居会根据他下午散步的时间对钟。即使是请客吃饭开派对，这个小个子男人也一板一眼到古怪。他把一晚上分成几个阶段，分别是交流新闻、讨论严肃话题，以及说笑。整晚没有音乐。但了不起的是，参加过康德宴会的客人都说很有意思。

但这位教授真正的历险只在书斋里。他写了一些又长又深奥的书，书名就很吓人，比如：《纯粹理性批判》。但尽管我先加了这么些限定语，但康德的哲学不仅古怪、发前人所未想，而且——我就鼓足勇气说一句——还很激动人心。比如，他提出真正的世界我们是不可能了解的，他把这一层称为“本体世界”；我们理解的只跟“表象世界”有关，也就是我们能观察到的事物，它们永远被我们的头脑影响，因为后者只能通过时间、空间这类的条件去理解它们，而宇宙的现实或许完全不是这样。

康德接下来想要抛开宗教建立一种道德基础。实际操作比听上去要难。他提出“绝对律令”的概念：你所选择的道德准则必须是你希望世界上所有人都会去遵守的。这项训谕和“己所不欲，勿施于人”差别并不大，但要是你说这是“康德的绝对律令”，听上去更厉害一些。

亨利·德·图卢兹-罗特列克

Henri de Toulouse-Lautrec，1864—1901

艺术家

用法：要是被人逮到留连风月场所，你可以声称自己在这里是被“对艺术创作的迷恋所驱使的，就跟图卢兹-罗特列克一样”。

亨利·德·图卢兹-罗特列克的艺术很讨人喜欢，或许特别讨男人喜欢。他画了很多妓女的肖像，专长是色彩明丽的招贴画，上面都是欢快热闹的场面——比如像跳康康舞的女子，竭尽全力把腿往高了踢，可能伴随着一些可喜的意外情况，比如露出大腿……甚至更多……

这些画面如此关注肉体，却和艺术家本人的身体缺陷产生了一种让人哀伤的对比。图卢兹-罗特列克因为一种遗传病异常矮小，两条腿十三岁起就不再长了。他抛弃了自己的贵族出身，选择拥抱巴黎红灯区的卑贱生活。红磨坊这个夜总会用了他的招贴画，作为酬劳的一部分，一直留了一个座位给他。如果你想看部电影了解这位艺术家，不要去碰2001年的那部《红磨坊》，还是去把1952年的同名电影找出来：这是一部中规中矩的传记电影，突出了主人公不幸的爱情生活。

对于这位其貌不扬的艺术家，要在情场中找到一份宁静是不容易的。他一直极为依赖酒精，假装爱好发明鸡尾酒，但这只是把自己灌醉的借口。他死于三十六岁，去世不久前，开始用拐杖支撑自己五英尺的身材，为的是拐杖中有个放酒的暗格可以随时喝。图卢兹-罗特列克是一个鲜活的证据，证明了身材矮小不妨碍男人成为个大酒鬼——不过你要是还需要别的例子，可以考虑《喧哗与骚动》的作者……

侏儒

有时候他们会用“矮子综合征”这样的词来形容小个子男人容易过度补偿的心理。拿破仑（五英尺六英寸）往往被当成经典例子举出来。毕加索*（五英尺四英寸）也是。接下来提到的两个人也可跻身其中。

威廉·福克纳

William Faulkner，1897—1962

小说家

用法：要是有人啰嗦个没完，你可以这样跟他说——如果你想有点杀伤力的话——“你这一段意识流连福克纳都要甘拜下风。”

美国小说家威廉·福克纳是个大酒鬼，也是了不起的大作家，但他个子很小——准确地说，只有五英尺五英寸，这也是为什么他被美国陆军拒绝了。不过福克纳丝毫没有气馁，很快加入了英国皇家空军，当时他们在多伦多有个基地；只是他号称自己跟随皇家空军参加了第二次世界大战，似乎是子虚乌有。

他的写作风格经常和欧内斯特·海明威*放在一起作对比。后者身材魁梧，但喜欢用简短词，而福克纳正好相反，结果就是两个人很喜欢互相辱骂。有意思的是，海明威一部写得不太好的小说《有钱人和没钱人》要改编成电影的时候，这份编剧的活结果到了福克纳的手上，而且最后的电影还不错。福克纳还替雷蒙德·钱德勒的小说《长眠不醒》写了剧本。但他让后世记住的，还是他写的小说。

当他的第三部小说被出版社拒绝时，他大为震惊。然而，跟大部分人会有的反应不同，这个经历让福克纳更觉得要为自己写作，风格也变得更具实验性。《喧哗与骚动》（1929）写成四个部分，由四个不同的人物从自己的视角用意识流叙述。故事是写密苏里一个姓康普生的富贵家庭慢慢沦落，反映了作者自己的经历，因为福克纳也在美国南部拥有一个养尊处优的童年。他一直说自己对文笔本身没有兴趣，在一次采访中说："一个作家要是对技术感兴趣就让他去做手术或砌墙吧。"他自己的高超技艺却为他赢得了1949年的诺贝尔文学奖，但对于这个荣誉他有种不可排解的纠结感受。他十分质疑文学名声，所以他十七岁的女儿是在大学里听校长提起才知道自己的父亲拿过诺贝尔奖。

让-保罗·萨特

Jean-Paul Sartre，1905—1980

哲学家、小说家、剧作家

用法：如果有人虚伪地说一件什么事情他们也是无可奈何，或许就可形容为是“萨特所谓的‘坏信仰’”，要是能用法语说就更好了，“mauvaise foi”。

1964年，让-保罗·萨特被授予诺贝尔文学奖。他拒绝了——史上只有这么一位作家拒绝过诺贝尔文学奖——说他不想“变成一种标签”。但那时候，他已经是标签：标准的法国知识分子，在巴黎的咖啡馆里抽烟，戴贝雷帽，穿黑色翻领衫，大谈特谈社会主义，只要有活动的机会就绝不放过。他之所以成功，其中一个原因是他既可以用小说和戏剧表达自己的思想（关键作品：《恶心》），也可以写出挑战读者的哲学大书（关键作品：《存在与虚无》）。

还有一个对他有利的因素是他的主要理念看似深奥（主要是他写得复杂），但其实是比较浅显的。“我们逃脱不了自由，”他说，意思是并没有上帝或命运这回事，我们都需要为自己的行为负责。他也说过：“存在先于本质。”这说的也是我们可以随意处置自己的人生。我们先是意识到自己存在，我们没有“本质”（意思是我们没有“预设的目的或功用”），除非自己去选择一个。换句话说，我们要靠自己的意志去创造人生的意义。萨特认为，人都害怕自由，因为自由会让他们感觉到“存在主义的焦虑”，于是用尽手段去否认它（比如，相信上帝）。他把这种否认称为“坏信仰”：就是假装你做的事情不由你自己控制。

萨特二战期间在战俘营中待过九个月，之后认定知识分子光动笔是不够的。他要参与到那个时代的政治斗争中去。在 1968 年的学生动乱中，他以扰乱社会秩序的罪名被逮捕，但总统戴高乐下令将他释放。总统说，把这样的一个人关押起来，就如同囚禁了伏尔泰*。萨特与这位十八世纪伟大的牛虻还有一个共同点，就是他们都身材矮小。伏尔泰是五英尺三英寸，而萨特站挺了也不过五英尺。萨特的矮小一部分原因是他小时候得过一种病，为此长时间不能下床，但这也至少给了他大量读书的机会。早年患病有这样一点点安慰，德国的一位文化评论家想必也有体会……

病童

要是你浏览报纸的讣告栏，一定惊讶于那么多有成就的人童年时都得过病。经常看起来是在养病期间他们获得了大量时间去阅读，也让他们的思想能不受打搅地发展。

瓦尔特·本雅明

Walter Benjamin，1892—1940

文化评论家

用法：只要谈起电影，有一句话必定可以让你的对话者不知所措：“当然了，电影从本质上还是一种‘后灵晕’的媒介，这一点我们不能忘记。”

德国作家瓦尔特·本雅明孩童时身体很差。他在柏林长大，经常大段大段时间下不了床，于是就让自己沉浸于书本中。这在某种程度上，也让他后来成为二十世纪最伟大的公知之一。跟西蒙娜·薇依*一样，本雅明没有写什么大部头的作品，但通过他博学和形式多样的散文，留下了极为深远的影响。

他在1923年的作品《译者的任务》中提出，翻译无可避免会扭曲，但同时也可以展现隐藏在原文中的好处。1936年的《机械复制时代的艺术作品》探讨了大量工业复制（特别是照片）对文化的负面影响。凡·高的《向日葵》做成海报，和原作的区别在哪里？原作有“灵晕”，本雅明说这是因为真实而放射出的几乎带着魔力的光。他相信，在某种意义上，带有“灵晕”的作品会回望欣赏者。在“后灵晕”的现代社会就丢失了这种光和回望。而且“后灵晕”的电影作为媒介会被有毒的政治宣传所利用，就像莱妮·里芬施塔尔那些支持纳粹的作品。

本雅明的文章有种碎片化的才情。我们也给出一些“后灵晕”的剪影来表现他的人生和性格。他为了不在一战中服役，和他的朋友——卡巴拉学者格舒姆·索罗姆——通宵喝咖啡，伪造出心脏衰弱的症状。他写字很小，而且经常反握钢笔，用笔尖另一侧写字，好让字写得更小。他一辈子研究的题目都是西方文化岌岌可危，这一点似乎也被纳粹的崛起而证实。这位犹太作者逃难到了法国-西班牙边境，紧紧抱住一个旅行箱，说里面的手稿“比他本人更重要”。他被边境的官员挡了回去，在绝望中结束了自己的生命。他所说的手稿再也没有找到。

马塞尔·普鲁斯特

Marcel Proust, 1871—1922

小说家

用法：普鲁斯特效应：当一种感官体验（喝到一小口某种饮料，比方说，或者听到一首特定的歌曲）打开了记忆的闸门。

谁是二十世纪最伟大的小说家？两个名字经常被提起，一个是詹姆斯·乔伊斯*，还有一个就是法国作家马塞尔·普鲁斯特。巧的是，他们两人还正好在巴黎的一次聚会上见过。两人的相遇是几个朋友处心积虑安排的，但现场颇为尴尬。虽然各种说法不一，不知道他们具体谈了些什么，但似乎两人都承认没有读过对方的作品，接下去就开始抱怨自己身体的疾患——乔伊斯这一边是眼睛的毛病，而普鲁斯特从小就体弱多病，长期受胃痉挛折磨。

事实上，普鲁斯特是如此的体弱多病，以至于最后几年都是在卧室里度过的，墙上都铺满了软木，用来隔绝外界扰乱心神的噪音。也就是在这里他最后修订了他的皇皇巨著——七卷本《追忆似水年华》。故事的缘起是叙述者把一块玛德琳蛋糕浸在花草茶中。这种味道让他想起童年，引发了三千页纤毫毕现的记忆和文辞精妙的回想。像这种因为某种感官体验而触动记忆，之后被称作“玛德琳效应”，有时候也说成“普鲁斯特效应”。

普鲁斯特面色苍白得异于常人，眼睑厚重，眼珠是黑色的，留着怪怪的八字须；他是个同性恋，喜欢的也是跟自己模样差不多的男子。虽然在他支持者的眼里，这是个文学的圣人，但也有些人指责过他反犹（虽然他的反犹态度按当时的标准来看是很轻微的），还有些人说他应该对自己的性向更公开（同样的，普鲁斯特的做法在当时颇为寻常）。当时有个记者在一篇文章中暗示普鲁斯特和他的某个男性朋友是恋爱关系，普鲁斯特就要和他决斗。两人都开了枪，但还好都没射中。否则这个荒唐的仪式可能就终止了一段非凡的文学生涯——而一个世纪之前，这样的悲剧的确发生在某个俄国作家身上……

黎明的手枪[①]

他们说，钢笔的力量胜过刀剑。但如果你为了荣誉跟人一对一搏命，钢笔显然是派不上什么用场的——这件事好些决斗过的作家都可作证，像塞万提斯、本·琼森……

亚历山大·普希金

Alexander Pushkin，1799—1837

诗人、剧作家、小说家

用法：提到普希金最有名的作品《叶甫盖尼·奥涅金》时，用它的俄语发音：yev-GAYN-ee on-YAY-gin[②]。

有时候俄罗斯小说家的人生似乎跟他们书中的情节一样极端。《叶甫盖尼·奥涅金》是亚历山大·普希金用诗歌体写的一部小说，主人公因为一个女子在决斗中杀死了他的一个好朋友。现实中，这部小说的作家也会在一个决斗中殒命——其中涉及的女子是他那位美丽而任性的妻子，娜塔丽娅，普希金认为他要决斗的对手试图勾引她。普希金之前经历过二十八次决斗，都全身而退，但这一回运气终于用完了。他腹部中枪，才三十八岁就辞世了。

有一种说法是：那个时候他已经发明完了俄罗斯文学。这个夸张的褒奖指的是，普希金是俄罗斯文学的第一个真正的巨人。就像乔叟为英语所做的那样，普希金把俄语各个方言中适合文学创作的语言聚拢在了一起。而且他对于所有主要的文学门类都有不可磨灭的贡献。除了诗歌、戏剧（最有名的应该是历史剧《鲍里斯·戈都诺夫》），他还擅长写短篇小说。在《黑桃皇后》中，一个男人努力要说服一个老太太揭示牌桌上的诀窍，却不小心把她杀了；老太太的鬼魂一直纠缠他，后来他就疯了。当然，这样的故事关键看你是怎么讲的；而因为普希金主要用诗歌体写作——美妙之处在译本中不可避免会打折扣——他在国外不像在他的祖国那么地位崇高。也正是因为这个原因，你说你欣赏普希金就会显得很高明。

和普希金有关的轶事最后再添一则：普希金的母亲有一个先人是非洲人，之前曾是彼得大帝的奴隶，后来奋斗成了一

---

① Pistols at dawn，也就是“一对一决斗”。

② 中文书名是按照俄语发音译的（跟英语书名的字面发音很不一样），重音应该放在“盖”和“涅”上。

位了不起的将军。作家对此十分自豪，他的墨水池上最主要的装饰品就是一个黑人小男孩的雕像，以此来提醒自己的身世。

特里斯坦·查拉

Tristan Tzara，1896—1963

艺术家

用法：如果被人指责说了蠢话，你可以号称自己这是达达主义的表述，为了揭示生命的无意义。

特里斯坦·查拉到底有没有跟人决斗？接受报纸采访的时候他说在1919年的苏黎世，他跟同为艺术家的汉斯·阿尔普单挑，开了好几枪。但阿尔普的大腿被刮伤之后，两人就作罢了。后来阿尔普和查拉宣布这整件事是他们两个杜撰的。不管怎样，在最为疯癫的艺术浪潮——达达主义——的历史中，这是又一段疯癫的故事。

查拉是达达主义最知名的先驱（也是几份宣言的作者）。这个艺术流派一般都用戏剧化的表演形式故意要让观众不知所措。这种艺术想要表达的就是无意义，就像它的名字所暗示的那样（达达是为了模仿不会说话的婴孩发出的声音）。比方说，查拉可能会穿成一个小丑，鼓励观众朝他扔水果。为了吸引更多的人，他还声称电影明星查理·卓别林也会登台。不用说，卓别林没有来。这些听起来都像是学生自恃年轻在胡闹而已——的确如此：查拉是十几岁的时候发起了这个艺术运动，没过几年就结束了。不过达达主义的荒唐也要放在更大的背景中去看；它至少在一定程度上是在回应一战的恐怖。

而且必须要说，查拉对后来者的影响是毋庸置疑的，他启发了萨缪尔·贝克特*和尤金·尤内斯库*的荒诞派戏剧，居伊·德波*的情境主义艺术，还有大卫·鲍伊和汤姆·约克这样的摇滚明星。查拉让他们印象深刻的其中两点，就是他的异国情调（一位从瑞士移民到巴黎的罗马尼亚人），以及他机杼别出的个人风格。甚至他的名字也是瞎编的。他原名叫萨缪尔·罗森斯托克，但改成了特里斯坦·查拉，原因之一是“特里斯坦”听上去像法语中的“triste âne”，意思是“悲伤的驴子”——查拉觉得这个画面很有趣。我们不妨记住，化名往往能体现一个人的性格——就像英语文学史上最出色的短篇小说家之一……

有意思的名字

“名字意味着什么？”莎士比亚这样问。这个问题的答案有时比乍看之下要意味深长得多。

萨基

Saki，1870—1916

短篇小说作家

用法：要是一个故事有让人毛骨悚然的转折，尤其是处处写得不动声色、精致优雅，那么你就可以说这个故事有“萨基风格”。

对于作家赫克托·休·门罗为什么要用“萨基”这个笔名，还存在一些争议。有一种说法称他借用的是波斯诗歌《奥玛·海亚姆的鲁拜集》中的一个人物。但这个词也指代南美的一种猴子，这可能才是他的本意。在他那些精致的、风趣的，而且时常黑暗到令人发指的短篇小说中，很多次萨基都莫名地对动物表达了同情之意，把它们生活中的纯粹自然和人类的故作得体相比较。还有些故事中他站在孩子那一边，和大人对抗。

在《敞开的窗户》中，一个十五岁的女孩家里来了个有些神经质的男客人，叫弗拉姆顿·纳特尔；女孩告诉他，这家女主人的丈夫和两个兄弟都在一次惨剧中丧生了，而且她把那次事故绘声绘色地描述了出来。当这三个人出现时，纳特尔认为他们一定是鬼魂，吓得逃跑了。不用说，这只是恶作剧。说到萨基的动物故事，也可以举个例子。《托比莫里》中，一个驯兽师教会了一只猫（也就是题目中的“托比莫里”）如何说话。另外一些角色都兴奋极了，直到那只猫把他们最可耻的秘密全都说了出来。萨基写这个故事还是忍不住要添上滑稽的一笔，在结尾处顺口提及，这个驯兽师后来死了，是在德累斯顿动物园被一只脾气暴躁的大象踩死的：他正教这个动物说德语。

萨基人生的某些细节就像是他自己故事中会发生的片段。他只有两岁的时候，母亲被一头公牛惊吓流产，最后因并发症而死。他是《晨邮报》的外国记者，也是个同性恋（他一直认为自己必须隐藏这一点），死于第一次世界大战的战壕中。据说，他最后的一句话是对身边一个在抽烟的糊涂士兵说的：“他妈的把烟灭了！”德国的狙击手发现了烟头的亮光，把萨基射杀了。

柏拉图

Plato，公元前428—公元前348

哲学家

用法：最常提到柏拉图是以下这些词出现的时候：“柏拉图式的恋爱”、“柏拉图式的理念”和“柏拉图所谓的哲人王”。

“柏拉图”这个名字本意是“宽”，有些人认为这是他在雅典的同时代人给他起的绰号，指的是他特别宽的肩膀，或者宽阔的额头。不管如何，你想到他的哲学思想覆盖范围之广，也会觉得这名字很合适。有人曾说过，整个西方哲学不外乎就是“给柏拉图做注”。

柏拉图本来想当诗人，但失败了，实际上成了一个剧作家；这么说是因为他把自己的思想都用书面“对话”的形式来表达。那是一种设计好的对话，双方讨论一个问题，慢慢朝一个结论推进；其中一人很多时候是苏格拉底。他们经常会试图定义某个概念，比如“什么是勇气?”或者“什么是正义?”等等。在他的《会饮篇》中，几个人在宴会上碰到，轮番回答“什么是爱?”，其中一个说法是真爱往往出现在一个岁数大一些的男人和一个青年男子之间，年长的提供智慧，年少的回报以美貌。“柏拉图式的恋爱”因此表示没有性爱的恋爱关系（虽然柏拉图其实心里想的不是这么回事）。

在柏拉图的《国家篇》中，除了提出最理想的国家该交给哲学家来统治（也就是他所谓的“哲人王”），他也指出大部分人都可以说被困在了山洞里，看到的只是墙上的影子。也就说，大部分人都是糊涂蛋。到这里还是讲得不错的。但柏拉图开始胡言乱语是他认为，只要这些人能从山洞里逃出去，就能看见世界的真相——那里有永恒的“形式”，比如一把完美的椅子，一种最纯粹的美之类的——这些“形式”有时候也被说成是“柏拉图式的理念”。要是这一段不太好懂，那是因为它基本上就是疯话。

路易丝·布尔乔亚

Louise Bourgeois，1911—2010

艺术家

用法：要是听到有谁看不起一样东西，因为它“布尔乔亚”，你可以语带讥讽地问他指的是不是那位法国艺术家路易丝·布尔乔亚。在此过程中，你因为丢出这么高级的知识点，证明了你自己肯定不是“布尔乔亚”的人。

作为一个名词，“布尔乔亚”带有贬义，用来指一个守旧到无趣的人——而路易丝·布尔乔亚用这个姓氏真是太不合适了，简直让人好笑，因为她的艺术是极为反传统的。布尔乔亚的大部分作品似乎都是在满腔怒火地报复自己的父亲，因为她和母亲都是这个男人暴政的受害者。她的父亲脾气火爆，经常斥骂路易丝，或者在众人面前嘲笑她。当一直鼓励路易丝的慈爱的母亲染病，他马上抓住机会和路易丝的家庭女教师出轨。

带着这样的回忆去创作，也难怪布尔乔亚的艺术作品都是关于父母的。所谓的“告解式艺术”（也就是毫无保留地袒露自己的人生），她是最早的实践者之一。她最为知名的作品叫《妈妈》（生怕有谁弄不清这件作品是说什么的），是一只巨大的铜做的蜘蛛，放在三十英尺的空中，俯瞰观众。有些吓人？但布尔乔亚说并不吓人。“蜘蛛是吃蚊子的友好生物，”她解释说，“它们是有益的，会保护我们，就像我的母亲。”她对爸爸就没有这么客气了。她有一件作品名为《摧毁父亲》（同样的，从名字里就能猜出她的意思），包含了一具男性的尸体，周围隐隐约约是一些孩子的样子，暗示他们杀死了父亲，还在吃他——或许只是布尔乔亚一些难以实现的愿望吧。

虽然作品都这么黑暗、恐怖，但布尔乔亚却炙手可热。她去世一年之后，《妈妈》卖了一千一百万美元，是女性艺术家作品的最高纪录。

马塞尔·毛斯

Marcel Mauss，1872—1950

社会学家、人类学家

用法：给某人奉上一份礼物之后，可以让他们慌乱一下，说："希望你能明白现在你已经认可这份'毛斯礼物交换契约'了。"

尽管名字看上去像德国人，但毛斯是个法国人，而且虽然读音听上去跟"老鼠"一样，但在社会人类学的领域，他却是个不折不扣狮子般的人物①。他流传最久远的是对送礼这件麻烦事的分析。毛斯称送礼为"整体社会事实"——这是社会人类学的术语，也就是说所有的社会都会送礼，而且里面都有不可忽视的规矩。把毛斯的洞见浓缩一下，就成了老生常谈，他基本上就是在说："天下没有免费的午餐。"

接受礼物的时候，你也承诺了要在未来某个时刻回报这份好意。更微妙一些的说法是你和送礼的人建立了某种社会关系，已经不能随便退出了。换句话说，礼物从来没有送出去；它只是租给了收礼者。这种特质又被称为"不可让渡

① 毛斯（Mauss）发音如英文中的"老鼠"（Mouse）；狮子（Lion）在英文中又有名人、大牌的意思。

性”，意思是礼物的所有权始终属于原来的送礼者。就跟很多人类学家的做法类似，毛斯用波利尼西亚部落社会的例子支持他的理论。在那些岛屿上，要是你没有回赠礼物，显然就会丢失一种叫“mana”的东西，据说是权威和财富的源泉。

有些人也很温和地提出，毛斯可能把这些东西都太当一回事了——比如他还有个观点是：每一件礼物都是带着魔力的。但他的重要作品《礼物》（1925）对克洛德·列维-斯特劳斯*产生了深刻的影响。毛斯自己则受到了社会学奠基人的启发，后者又是全世界在自杀这个问题上的权威，还是毛斯的舅舅……

其实，我们是亲戚

让-保罗·萨特*的母亲是诺贝尔奖得主阿尔伯特·史怀哲*的堂妹，这层关系对萨特来说显然只能是有益无害的。接下去要提到的几个人在文化圈里的人脉也很深厚……

埃米尔·涂尔干①

Émile Durkheim，1858—1917

社会学家、哲学家

用法：对于社会几乎所有方面，从法律系统到宠物的存在，你都可以把它们形容为"一种社会事实，就像涂尔干所说的那样"。

埃米尔·涂尔干是马塞尔·毛斯*的舅舅，他不仅仅是个社会学家。他是最初几个建立社会学这门学科的伟大社会学家之一（也是法国最早的社会学教授）。当弗洛伊德*正在探究个体潜意识之时，涂尔干提出更能开拓我们认知的研究是去考察支配所有人生活的上部结构。这也就是我们所谓的社会。

涂尔干是一个拉比的儿子，但他没有把自己的人生献给经文而是献给了科学，并且相信一个发展中的社会渴望聚合力，用它可以来解释宗教。但尽管如此，他也遗憾于伴随现代发展兴起的“个体崇拜”（这是涂尔干发明的词）和对科学的信仰，认为这是对社会的冲击。随之而来的结果涂尔干称之为“失范”：过去确信无疑的事情被剥夺，社会开始动荡。“失范”也会在个体身上出现，这是他在自己开创性的著作《自杀论》（1897）中指出的，书中论证自杀是一种“社会事实”（这也是涂尔干发明的术语），和婴儿夭折率或公民中蓝眼珠的比例一样刻板和无法避免。

关于自杀，很多今天已被广泛接受的事实是涂尔干最早发现的，比如男人的自杀率比女人更高。除了“失范”型自杀（那些因为社会不再告诉他该怎么做而感到迷失的人），他还界定了自我型自杀（那些不合群的阴郁的人），利他型自杀（那些疯狂的士兵）和宿命型自杀（消沉的囚犯）。虽然发表了很多真知灼见，批评者还是说涂尔干没有考虑到个体的复杂性——对精神疾病也没有足够重视。

---

① 也译作迪尔凯姆。涂尔干和法语发音接近，迪尔凯姆和英文发音接近。

弗朗索瓦·莫里亚克

François Mauriac, 1885—1970

作家

用法：要是有人请你评论哪个年轻气盛的臭小子最新出的小说，你可以提到弗朗索瓦·莫里亚克的观点，他认为作家不到中年是写不出好小说的。

在法国，弗朗索瓦·莫里亚克被认为是几百年来最好的小说家之一。在法国之外，他最著名的作品应该是《泰芮丝的寂爱人生》（1927），写法国乡村一个百无聊赖的家庭主妇，试图毒杀自己的丈夫，结果被发现。这本书最不同寻常的地方——除了莫里亚克从他看的默片中引进了很多电影手法，比如闪回——在于作者敦促我们要从泰芮丝的视角看问题，去理解甚至原谅她。

“和解”一直是莫里亚克生命中的一个主题。二战之后他和阿尔贝·加缪*恶吵了一场，因为这个头脑发热的年轻哲学家主张对那些亲纳粹分子进行清算。这是个坏点子，莫里亚克说。法国现在需要的是仁慈。他经常和年轻人针锋相对，有时候甚至像是故意在引起对方反感。比如，在接受《巴黎评论》一次著名的采访中，这位声望卓著的小说家宣称要写好人生经历必须先经过岁月的累积。换句话说，年轻人没有一个能写得出好的小说（除非是写童年，或许是可以的）。莫里亚克说得显然很有道理——他获得诺贝尔文学奖是在1952年。

在无神论的时代，做一个天主教徒，在一个极端的年代，做一个和平主义者，莫里亚克总体来说，就是一个所谓“格格不入之人”。但他在一个方面还是很入时的，就是他总能结交到正确的人，而且他的后代也是如此。他的儿子娶了普鲁斯特兄弟的孙女，他的孙女——演员安妮·维亚泽姆斯基，嫁给了一个年轻导演，名字叫让·吕克·戈达尔*。

让·吕克·戈达尔

Jean-Luc Godard，1930—

电影导演

用法：如果要劝说一个朋友不要为了挣几个快钱就在艺术上背叛自己，提一下在戈达尔的《蔑视》中，那个电影编剧就是这样失去了碧姬·芭铎对他的爱。

对于一个艺术上的革命者来说，让·吕克·戈达尔的人脉实在坚实至极。他的祖父成立了巴黎巴银行，他自己则娶了弗朗索瓦·莫里亚克*的孙女（前面提到过的）——虽然婚姻很快结束了。困扰重重的爱情一直算是戈达尔的主题。他最成功的电影中有一部是1963年的《蔑视》，开场的一个长镜头极为惊艳，赤身裸体的碧姬·芭铎躺在床上，一个年轻的作家逐一欣赏她身体的各个部分。如此一来，观众自然都一个个专心致志起来。电影接下来审视这段恋情是如何崩塌的，作家答应背弃自己的原则，给一部电影写剧本，芭铎突然就不可挽回地对他满心鄙夷。

戈达尔是"新浪潮"中最有名的两个导演之一。这个艺术浪潮致力于拍出突破性的新电影，撼动当时统治法国电影界发霉的保守主义。另一个导演是弗朗索瓦·特吕弗*；戈达尔的第一部电影一直是他最知名的作品，其中就获得了特吕弗的协助。他的另一部电影，1960年的《精疲力尽》改编自一个真实的故事。讲了一个偷车贼（让-保罗·贝尔蒙多饰）杀死一名警察之后，又回到巴黎试图说服自己的美国女友（一个留着新潮短发的珍·茜宝）跟自己远走高飞。这部电影吸引观众的倒也不是这个故事本身，而是它的拍摄手法。戈达尔让自己的摄影师坐在一个移动的轮椅中，让电影有一种摇晃的感觉，就像家庭自制的视频。而且他没有用过一个完整的剧本。每天早上到达片场前，他会飞快地写出当天要拍摄的对白。所以电影给人一种即兴感，让人觉得随意，酷得要死要活。

关于戈达尔还有几件事不妨了解一下。他出道时是个影评人，而他的电影也似乎总在评论电影艺术本身。他在女演员中最心仪的缪斯是安娜·卡里娜，她出演过的电影包括1963年的《随心所欲》和1965年的《狂人皮埃罗》。戈达尔六十年代之后的电影不如他早期的作品，这是一个让人伤感的共识。在他比较新的作品中，影评人都抱怨电影中的那些沉默太长了。而有些人说他1982年的电影《受难记》里的对话根本就听不明白，因为女主角是结巴……

结巴

有些人笔头流畅，让人想不到他们是结巴。作家之中说话有障碍的例子不少，肯尼斯·泰南*和亚当·斯密就是其中两例，接下来再介绍两位。

查尔斯·达尔文

Charles Darwin，1809—1882

科学家

用法：提到进化论的争论的时候，要把它们称为“后达尔文”的理论，暗示你很清楚进化论在十九世纪之后已经改良了很多。

进化论是一场革命。十九世纪之前，大家看着精彩纷呈的大自然，认定上帝一定存在。也不一定，进化论这样说道。造成这样无穷变化的是一种过程，叫做“自然选择”或“优胜劣汰”。换句话说，条件更好的动物（更快、更擅伪装等）

存活下来，并把这些特质传给了它们的后代。这一过程有时导致物种整个灭绝了（比如恐龙），而有些新的物种则会出现，比如，人类就是从猩猩进化而来的。

达尔文并非十九世纪唯一一个阐发进化论的科学家，但大部分的功劳都归功于他。一部分是因为他研究得很透彻，一部分是因为他在《物种起源》（1959）中把自己的结论展示得气势澎湃、一目了然，还有一部分也因为他留了把大胡子。画卡通的人想嘲笑人类和猩猩是亲戚这个荒唐说法，达尔文的大胡子就让他们如获至宝。有人画了一个满身毛发、像猩猩一样的达尔文，于是这个画面就留在了大众的想象之中。

达尔文是个不可知论者，并不着急要撼动大家对于上帝的信仰；他把进化论藏了很多年，没有出版，是怕自己虔诚的妻子艾玛（也是他的表妹）太过难受。他有次提到，跟人解释进化论感觉就像“杀了人再自首”。它不仅有可能“杀死”上帝，也会让人类的自尊心受损，他们一直以为自己是和上帝近似的高级物种。达尔文当然不是刀枪不入的，他自己就被疑虑不停地折磨。除了讲话结巴，他成年生活还被严重的疾病困扰，自己治疗的手段就是隔一段时间去冲个冷水澡。

约翰·厄普代克

John Updike, 1932—2009

小说家

用法：要是一件本来你就没有尝试在做的事情，却被指责做得不够好，你可以提醒他们厄普代克所说的头号书评法则。

约翰·厄普代克说话时会口吃是件奇怪的事情，因为在纸上这位美国小说家无比流畅，不仅仅在于他写了多少（多得不行），也在于他的句子都有一种优雅和浑然不费力气的节奏。以至于有些书评人似乎认为他写得“太”好，就好比他文字的美说明他对自己笔下的主题拷问得还不够深。另一些人——就像文学评论家哈罗德·布鲁姆称厄普代克是个“有重要风格的次要小说家”——说他关注的都是些轻巧、琐碎的主题。

他写哪些主题呢？举例说，性和出轨，婚姻和离异。厄普代克的两大小说系列探讨的主题就包括上面提到的这些（他要说的话太多了，一次一本书说不完，往往要用“几部曲”铺开来讲）。“兔子”四部曲是他最出名的一个系列，讲述了一个普通美国人的种种经历。这个人叫哈利·“兔子”·安斯特朗，他缺点不少，但心眼不坏——读者很容易就可以代入这样一个人物。而另一个系列的主角——亨利·贝克——有点像厄普代克的反面，是个深居简出、拿过诺贝尔奖的犹太小说家，几乎很少动笔。

厄普代克是个爱交朋友的新教徒，虽然从来没有拿到诺贝尔文学奖，但的确收获了两个普利策（只有三个小说家有这样的本事）。很显然他是说到做到的，因为厄普代克曾表明自己的写作目标是“给庸常以它们应得的美”（他所说的“庸常”就是普通的日常生活）。他之所以被视作一个卓越的“文人”，是因为他不仅写小说，还写了大量的诗歌、短篇和文学评论，《纽约客》给他提供了一个施展的空间。说到写书评，他给出了自己一直遵守的法则，包括不要攻击一本书没有做成它没想做的事，永远要大段地引用原作，让读者可以形成自己的判断。

领养

心理学家观察发现，被领养的孩子经常觉得自己是不被爱的；倒也未必是养父母关心不足，更可能是因为他们觉得自己是被原生父母“抛弃的”。为了抵消这种缺憾，他们往往会特别有抱负——接下去的两个人就是很好的例子……

亚里士多德

Aristotle，公元前384—公元前322

哲学家、科学家

用法：要是你听到有人提起“严格的亚里士多德逻辑”，不要慌。那个词的意思就是“逻辑”。

说亚里士多德的文字太干涩可能过于严苛了，因为他更有趣的作品因为年代久远都已经散佚，我们现在能读到的大概都是他的讲义，一共好几千页，题目涵盖诗学、政治学、地质学、神学和气象学。即使听他本人讲课，恐怕也不会轻松，因为据说亚里士多德口吃。

亚里士多德的理论有好几百年在人类思想的几乎所有领域都是说一不二的。他可能没那么激动人心，但在大部分事情，他基本上都说得有些道理。到了今天，有两个领域还可见到他的影响。一个是逻辑学，归纳法和演绎法说到底就是他发明的（分别是从具体例子总结普遍结论，以及从纯粹的道理上逐步推演）。另一个是道德学。在他的《尼各马可伦理学》中，亚里士多德提出好的品德在于完成你的主要职责。马就是要跑得快。人就是要有理性。最理性的人也就是最理想的人。（听上去亚里士多德一定觉得自己还挺不错的。）他继续论证道：在许多情况下人往往会在自我放纵和自我压抑之间选择一条中庸之道。另外，你还要为国家出力，完成公民的义务……真是够烦人的。

他更有吸引力的一种说教是强调友情在美好生活中的不可或缺。亚里士多德会如此看重朋友的好意，可能是因为他很早就失去了父母，之后被领养……

爱德华·阿尔比

Edward Albee，1928—2016

剧作家

用法：一对夫妻如果喜欢公开吵架，但其实深爱彼此，你或许就可以说他们有点像阿尔比剧作《谁害怕弗吉尼亚·伍尔夫?》中的乔治和玛莎。

爱德华·阿尔比已经写了二十八个剧，但提起这个名字，脑海里立马出现的一定只是其中的一部。倒不是说其他那些剧都一无是处（1975 年的《海景》和其他两部剧作都让他赢得了普利策奖）。只是 1962 年在纽约首演的《谁害怕弗吉尼亚·伍尔夫?》太光芒四射，看了之后几乎再难忘怀。

1966 年的电影版中，理查德·伯顿和伊丽莎白·泰勒分别扮演乔治——一个说话常常带讽刺意味的大学教授，和让他精疲力竭的妻子玛莎；在另一对更年轻一些的夫妇面前，乔治和玛莎把语言当刀子使，互相骂得体无完肤。一次喝酒喝到很晚，他们玩起了一些语言和肢体的游戏，包括乔治假装朝玛莎开枪，最后观众听明白了，他们整晚都提到的那个孩子根本就不存在。电影本身就很好笑，但观众对它着迷也是因为电影可能让人得以窥见两位主演真实的婚姻状况，但其实启发阿尔比的是他和他男友之间硝烟弥漫的关系，后者是一位叫做威廉·弗拉纳根的作曲家。

阿尔比曾说这部剧“像一枚闪闪发亮的奖牌一样挂在我的脖子上——很让人高兴，但也有些沉重”。这是我们所谓的“求之不得的烦心事”。这部戏时不时地就会重新被人搬回到舞台上，也让阿尔比后期的作品受到关注。比如 2002 年的

《山羊》写的是一个建筑师爱上了剧名中那个四脚牲畜。阿尔比从小就跟权威作抗争，一辈子没有妥协过。他说还很小的时候，他因为从书架上取了一本书下来，结果被骂了，因为书架上留了个缺口太难看。阿尔比说当时他就开始怀疑自己不是亲生的——后来证明，他果然不是。

大器晚成

到了更成熟一些的年纪再功成名是有好处的，其中之一就是你不大会浪费它了。

库尔特·冯内古特

Kurt Vonnegut，1922—2007

小说家

用法：如果一个作家被形容为像冯内古特，一般来说，指的是他的东西带有一种黑暗的幽默感，并且文风诡异、滑稽，而且融合了不同的文学类型（比如历史和科幻）。

小说家库尔特·冯内古特整个人有种畏怯的感觉，似乎已经尝尽了失败的滋味。成为小说家之前，他经营过一个洗尿布的生意，后来开过美国第一家萨博车的车行，一年之后倒闭了。他常说自己四十七岁之前都是失败的——而那一年，他出版了《五号屠场》(1969)：一部尖刻的讽刺小说，写的是二战期间同盟国轰炸德累斯顿的可怖历史（同时加入了一些科幻的元素)。这也是冯内古特的亲身经历，他在突出部战役中被俘，然后押往德累斯顿。

书中的反战情绪和当时的社会氛围一拍即合，作者就成了大明星。冯内古特一度是美国大学中被研究最多的小说家。后来他的声望有些下落，《五号屠场》中被指出有些史实错误显然帮的也是倒忙。比如德累斯顿轰炸中丧生的人数是三万，而并非书中的十三万五千（他的数据是从一本大卫·欧文写的书里引来的，而这是一个为纳粹辩护的人)。

掉书袋提到冯内古特是很有格调的，因为他的名字听起来像德国人，但其实是美国作家。他的美国特质或许也是他好读的一个因素，另一个因素是他的文风很现代、很放松、很冷幽默。冯内古特最明显的一点就是出乎本性。在读他的时候，或许会读到一段有理有据的对历史研究方法的讨论，但他提起屁的味道随口瞎扯一通概率也同样不小。

威廉·S. 巴勒斯

William S. Burroughs, 1914—1997

作家

用法：要让人感受到威廉·S. 巴勒斯的气质，往往需要提到他对一级毒品和越轨性爱的青睐。

威廉·S. 巴勒斯是杀了自己第二任妻子琼之后才步入正轨的，当时他三十七岁。那次事件是个意外。他们夫妻都喝醉了，琼同意把一个杜松子酒酒瓶放在头顶上，让丈夫用手枪射击，有点像威廉·泰尔[①]。巴勒斯没射中酒瓶，把妻子射死了。悲剧发生在墨西哥，他告诉墨西哥警方枪是意外走了火，躲过了牢狱之灾。后来他说是悔罪之意让他成了一个作家，但这种说法就有些可疑，因为那个时候他已经基本写完了自己的经典之作《瘾君子》(1953)；这本书详细描述了他吸食海洛因成瘾的体验。

巴勒斯的生活很极端。除了大量吸毒之外，虽然结过两次婚，他还是个同性恋，写了大量露骨的同性性爱场面。你对他的欣赏程度可能就在于你对此类事情有多大的兴趣。他的迷幻小说《裸体午餐》(这本书他是在丹吉尔写的，一边吸着毒一边跟男孩子们做爱）有推崇它的读者，其中包括导演大卫·柯南伯格；柯南伯格把它拍成了一部广受好评的电影。巴勒斯还把自己的文学实验又推进了一步，用一种叫“剪裁”的技巧写了好几部小说，其实就是把随机选中的字词丢到

① William Tell，瑞士传说中反奥地利统治、争取瑞士独立的民族英雄，被迫用箭射落放在他儿子头顶上的一只苹果，结果成功了。

一起。

遵循着他的“剪裁”精神，我们再随机挑几件关于巴勒斯的事。“软机器”[①]、“重金属”和“银翼杀手”[②]都是巴勒斯发明的。他创作的一些艺术品是把喷漆罐放在画布旁边，然后用猎枪射那些罐子。有一次，他为了让一个他爱的男人对他刮目相看，切下了左手小拇指最靠前的那个指节。显然巴勒斯是有些精神错乱的——但要说到疯狂，他没法和一个法国作家相提并论，那个人相信自己的尿是钻石做成的……

① Soft Machine，英国迷幻摇滚乐队，乐队名字就是从巴勒斯 1961 年的同名小说而来。

② *Blade runner*，美国 1982 年新黑色反乌托邦科幻电影。1974 年艾伦·诺斯出版了一部科幻小说叫 *The Bladerunner*，1979 年巴勒斯将其改编成电影剧本，但电影没有拍成。1982 年，《银翼杀手》的编剧汉普顿·范彻借鉴了巴勒斯剧本的名称。

脑膜坏了[①]

艺术天才和纯粹的疯子之间只有一线之隔。下面是三个越过这条线的人。

居伊·德·莫泊桑

Guy de Maupassant, 1850—1893

作家

用法：掉书袋的时候要是想举一个文句精炼的作家，莫泊桑比海明威更好（因为海明威太容易想到了）。

跟很多十九世纪的文人一样，莫泊桑染了梅毒，后来发疯了。他相信自己的脑汁正从鼻孔和嘴巴里流出来，而他尿液的成分是钻石。他倒也不是需要新奇的渠道来增加收入，他以飞快的速度给报纸写了大量的短篇小说（也有人说他就是写得太快了），当时短篇小说比现在好卖，莫泊桑早已发了大财。

读外国作家有一个危险，就是那些精挑细选的词句在原文中有一种诗意，文学的精髓本就在这里，而在翻译中往往被丢失了。而这种危险在莫泊桑这类的作家中往往要小一些，因为他用的是一种洗练、质朴的写法。有时候他也会被视作当代短篇小说的缔造者之一。这个头衔的含义就是，他更青睐一种节省文字的写法，能用一个字解决时绝不用两个，而且能忍住不对角色的所作所为进行价值判断。这种写法对于很多二十世纪的短篇小说作家产生了巨大的影响，海明威* 就是其中之一。

莫泊桑表面上很苍凉的人生观也有一点先锋的意味。确实在他没有发疯之前，就是一个乖戾的人。他极度厌恶埃菲尔铁塔，所以长年在塔底的一家餐厅吃饭，说巴黎也只有这一个地方看不见那个铁塔。

奥古斯塔斯·普金

Augustus Pugin，1812—1852

建筑师

用法：提到这位普金，你永远都应该加上“可怜的奥古斯塔斯·普金”，表示你对他悲惨的结局是有所了

① 原文“Insane in the membrane”，出自柏树山乐队（Cypress Hill）的一首歌，名为《脑子坏了》（*Insane in the Brain*），“membrane”是歌词中压韵的文字游戏，后来这句话被广泛使用，强调疯癫的程度。

解的。

伦敦议会广场的大本钟是英国的标志之一。它的轮廓似乎就彰显着一种强硬和稳固，对于一个以传统和常识自傲的民主政体来说，这样的建筑自然是很贴切的。但它的设计师却是一个内心深受困扰的人，最后终于彻底发疯。

普金的父亲是法国人，母亲是英国人。他一直受到一股宗教使命感的驱使。工业革命那些工厂和烟囱，以及其中彻头彻尾的实用主义，他是深恶痛绝的；而成长过程中见到的那些摄政时期的建筑，他又嫌弃它们太柔弱。普金认为他那个时代的建筑风格亟需回到中世纪哥特建筑那种严峻的美。

那是一种垂直风格，教堂的尖塔和窗户形状都是尖的，像指向天堂的路标。普金曾经说过："我的名字后面应该永远不会有什么缩写了，除非是 VP（很尖①）"，听了让人不禁觉得有些可爱。1834 年威斯敏斯特宫被大火焚毁，查尔斯·巴里爵士担负起重建的职责，普金受委托设计新建筑奢华的内部装饰和外部的风向标、尖顶，当然，还有大本钟。他如此地投入于这份工作，以至于他有次在火车上精神崩溃，到了终点的时候，他一句话都说不完整，也认不出自己的妻子和孩子。

① Very pointed，名字之后的缩写往往指代一个人的头衔、职位、荣誉，等等。

普金被关进了伯利恒皇家医院［后来用“bedlam”指代精神病院也就是从这个医院的名称（Royal Bethlem Hospital）变化而来］，路对面的圣乔治大教堂（萨瑟克）就是他亲手设计的。普金再也没有从这次精神崩溃中恢复，四十岁就死了，死因可能是十几岁时染上的梅毒。他死后的声望受到了一些冲击，因为建筑审美上的大仲裁者约翰·拉斯金说他是二流的。

利奥波德·冯·萨克-马索克

Leopold von Sacher-Masoch，1836—1895

作家

用法：你用“受虐狂”（masochist）这个词的时候，一定要把其中“S”那个音发成“Z”，强调你很明白这个词的出处是在哪里①。

1869 年，年轻的奥地利小说家利奥波德·冯·萨克-马索克当时的情人有个浮夸的名字：范妮·皮斯托，两人签了一份合同，规定接下去的半年间，萨克-马索克会成为她的奴隶。作为回报，她要尽可能地多穿裘皮衣服，特别是在心情残暴的时候。

两人坐火车前往威尼斯，因为他们知道到了那个地方就

① 英文中 masochist 中间的“so”是发 S 这个音的，但作家 Masoch 中间的“so”应发成 Z，即，正确的译名应为“马左克”。

没有人会认出他们了。范妮坐的是头等座，而利奥波德则作践自己，去了三等车厢。此类细节和其他发生的事情（包括激情四溢的鞭打）都披露在了一个中篇小说《穿裘皮的维纳斯》中；这也是萨克-马索克目前唯一能在英语中读到的作品。不过他的名字则在理查德·冯·克拉夫特-埃宾的《性心理疾病》（1886）中永垂青史，因为书中把它作为词根变化成了“受虐狂”这个词，指代那些在痛苦中获得性爱快感的人——与之相对的，是他把萨德侯爵的名字变化成了“施虐狂”（sadist）——靠给别人施加痛苦来获得快感。

当他没在受鞭打的时候，萨克-马索克为妇女权益和对犹太人的包容而奔走呼号。他虽然晚景凄凉，但他最喜欢的一只猫更惨——它被主人利奥波德掐死了。当他的妻子霍尔妲发现他和那只猫的惨状，丈夫萨克-马索克滔滔不绝地宣扬着将你钟爱的东西杀死是何等美妙时，很好理解为什么霍尔妲接下来就把他关进了疯人院。据说他1895年死在了那里（虽然也有人认为他其实是十年之后才死的）。

萨克-马索克在二十世纪中期的反文化运动中意外又成了偶像。他对畸形情爱的描绘很打动摇滚乐队“地下丝绒”的卢·里德，后者写了一首歌叫《穿裘皮的维纳斯》，放在乐队第一张大碟中。用这样的歌名自然也有炫耀博学的心思——想必，把自己命名为“荒原狼”的摇滚乐队一定也有同样的动机，因为这是德国一个时髦作家的一部小说的名字。

摇滚歌手的灵感

正经的摇滚歌手都有意要把自己的阅读习惯展示给大家。“治疗乐队”有一首歌叫《杀死一个阿拉伯人》，灵感来自于阿尔贝·加缪*的小说《局外人》。苏珊·薇格的《卡吕普索》取自于荷马《奥德赛》中的一幕。接下来再提一个例子。

赫尔曼·黑塞

Hermann Hesse，1877—1962

小说家

用法：要是你想表现出自己是个精神世界非常富足的人，可以透漏你喜欢抽着大麻在圆月之下读黑塞的《悉达多》。

1969年的电影《逍遥骑士》中，丹尼斯·霍珀和彼得·方达开着他们的哈雷戴维森奔驰在高速路上，背景音乐是美国摇滚乐队“荒原狼”的《天生狂野》。乐队起这个名字是因为德国作家赫尔曼·黑塞 1927 年的同名小说，他在二十世纪六十年代反文化浪潮的嬉皮士中特别受欢迎。为什么呢？因为黑塞说过，人生在世，最重要的是自由自在，而且要借助“自然给你的馈赠”，“充分实现自己”。他对此深信不疑，抛弃自己患有精神疾病的妻子也用了这个理由。照黑塞的意思，他有责任要写出伟大的作品，这世上除此之外其他的都不重要。

追求自我实现一直是他小说的主题，也是他人生的主题。在他的中篇《悉达多》（1922）中，这一点最为明显。书中写到一个和佛陀同时代的印度青年人踏上了一条追求心灵觉悟之旅。黑塞的书当中，这一本最容易在六十年代的嬉皮士手里见到，因为它又薄又不难懂。黑塞之后又在《荒原狼》中用更复杂的形式表达自己的思想，书里面一个男人被自己性格的两面性反复折磨，一面文雅，一面狂野，但最终躲过了自杀的冲动。1943 年的《玻璃球游戏》背景设在未来，写一个将会被培养成知识精英的男人背弃了这个前程，转去追寻生命的意义。

这本小说出来的时候，纳粹已经禁了黑塞的书，因为内容“堕落”。要是听到谁批评他的作品整体看都显得做作和自我放纵，你可以指出黑塞至少在政治上很有骨气：眼见着一个个同僚都开始拥抱民族主义，他始终没有放弃对它的谴责。

大器太晚成

领先于自己的时代也有弊端，往往要死了之后才被赏识，可到了那时候也很难为此而得意了。

波林·波蒂

Pauline Boty, 1938—1966

艺术家

用法：如果要聊起波普艺术，提到罗伊·利希滕斯坦和安迪·沃霍尔*这样耳熟能详的名字当然没问题。但你也不妨抛出一个相对冷门一些的，比如波蒂，证明你确凿无疑是个行家。还有，念她名字的时候一定注意是“BOAT-ee”，不要引起什么误会。

波林·波蒂死了之后，她的作品被遗忘了三十年，就无所事事躺在她哥哥位于肯特郡的一个大谷仓里。后来一个艺术史学家发现了它们，高呼这是天才的手笔。接着就是一个回顾展。突然波蒂又变得炙手可热起来，她在波普艺术众神殿中的席位也稳固了。

当年她和自己的波普艺术同僚们引起轰动，是因为把照理说很廉价的流行文化引入到了高眉的当代艺术中。他们的作品有种随时可被丢弃的泡泡糖的意味，如同“披头士”的新歌一般。波蒂自己经常会引入一些更精巧、深奥的原材料，只为了展现她有这个本事。比如，她曾做过两幅拼贴画，展览时故意并排摆在一起。一件叫《这是鸟？这是飞机？》，引用的是很受欢迎的超人漫画；而旁边这件是名字叫《一朵玫瑰就是一朵玫瑰就是一朵玫瑰》，引用的则是矫饰诗歌的女权威葛特鲁德·斯泰因*。波蒂受女权主义者推崇，不仅因为她是一个当时很罕见的成功的女艺术家，而且她用自己的艺术让社会关注对女性的物化和压迫。比方说她的作品《这是一个男人的世界Ⅱ》，就是用色情杂志中剪切的图片拼贴起来的。

波蒂在“摇摆六十年代”是个非常时髦的姑娘，是酷的化身，跟谁都有交情，其中包括鲍勃·迪伦和大卫·霍克尼。只是二十八岁时她就因为癌症不幸故世。

埃尔·格列柯

El Greco，1541—1614

艺术家

用法：提到他的时候，永远先说多米尼克斯·希奥托科普罗斯，如果对方看上去很困惑，再解释你指的就是埃尔·格列柯。

对于那些遗世独立的天才来说，有一个好处是你不用太关心他们身处的艺术传统是怎么样的，只需瞠目结舌看着那些作品，认得出它们的确有些不寻常。埃尔·格列柯的画就是这样，看起来如同人心里浮现的幻象。的确，有人提过他的画作里之所以色彩那么诡异，人物的四肢那么修长，是因为他大麻实在抽了不少。另一些人的看法更乏味一些，认为他大概是眼睛有问题，或许是散光。

"埃尔·格列柯"——意思是"那个希腊人"——只是他的绰号。别人会这样称呼他并不奇怪，因为他的真名有点拗口，叫多米尼克斯·希奥托科普罗斯。（请注意，他签在自己画作上的是本名，而且会用希腊文的字母。）埃尔·格列柯出生于克里特岛，当时隶属于威尼斯帝国。他年轻时去了威尼斯，师从提香学习绘画。后来他在西班牙的托莱多定居，而腓力二世新造了埃尔埃斯科里亚尔，是一个包括修道院和宫殿的建筑群，正在那里寻找画师。可惜埃尔·格列柯的傲慢（他看不上米开朗基罗，说这个人“不会画画”）和古怪画风惹恼了腓力二世，因此他被迫在没有皇家资助的情况下继续工作。

不少艺术家在活着的时候不被赏识，埃尔·格列柯就是一个典型的例子；他要等到十九世纪的浪漫主义时期才被视作是个天才。自那以后被他启发的艺术家包括巴勃罗·毕加索*和塞尚（有人说这两个画家比任何一个埃尔·格列柯的同时代人更与他接近），还有希腊电影配乐家范吉利斯。范吉利斯最著名的作品是给电影《烈火战车》所作的配乐，而他还写过一整张专辑，向埃尔·格列柯的伟大艺术致敬。

亨利·大卫·梭罗

Henry David Thoreau, 1817—1862

作家

用法：当你说因为向往梭罗那种更简单、更远离都市的生活，不要错把“Thoreau”当成法国人名去念。他的名字和“borrow”押韵。

美国作家亨利·大卫·梭罗在世时没有多少声名，但身后却在两个不同的领域拥有巨大的影响力。首先，对于全世界相信应该回归本性，和大自然归一的生态斗士来说，梭罗是他们的守护神。因为那就是梭罗做的事情。不过也得承认他投身大自然的勇敢历程也不是每次都成功的。有一回他和一个朋友没有控制住火情，最后摧毁了三百英亩的林地。但1845年到1847年期间，他在马萨诸塞州瓦尔登湖畔的森林亲手造了一个小木屋，度过了一段快乐的时光：他把这段经历写在一本文采飞扬、触动人心，尽管经常有些太爱说教的书里面，那本书叫《瓦尔登湖》。

梭罗还有一本关键的作品叫《论公民的不服从》，宣扬的思想是：如果一个政府是不道德的，那么你就有权利反抗它。梭罗——一个永远言出必践的人——自己就是这么做的；他拒绝纳税，理由是马萨诸塞州当时没有废除奴隶制。为此他在监狱里过了一夜，而他的一个姑妈不顾他的反对，替他付了税单，让梭罗重获自由。被梭罗的榜样力量所感染的人当中，包括了列夫·托尔斯泰、圣雄甘地和马丁·路德·金。最为重要的，他成了一个美国英雄，象征着他的朋友拉尔夫·瓦尔多·爱默生*所夸赞的坚强勇敢和自力更生的美德，也体现了一种与自然相和谐的哲学思想，叫做“超验主义”。

这个诚恳的、相貌平庸的男人——他的另一个朋友纳撒尼尔·霍桑*说他“丑得如同原罪”——因为自己不遗余力的探索而死，倒也算死得其所。他在一场暴风雨中冲出去数某个树根上的年轮，得了支气管炎，最终不治而亡。这种忘我的精神真是了不得。事后我们再看，他的死有种象征意义——献身科学的人浑然忘了生死，或许也让我们想起了一位希腊数学家的最后一幕，他太过醉心于自己的研究，甚至刀斧加身也懒得抵挡……

就让我弄清楚是不是……

在科学工作中殒命，人对学习的爱没有比这个大的。①

阿基米德

Archimedes，公元前约 287—公元前约 212

数学家、发明家

用法：阿基米德现在被人提到，更多是作为“我有了个 eureka 时刻”这句话的背景人物出现，这个词一般用来表达突然意识到了某件事。

在《庸见词典》中，居斯塔夫·福楼拜* 语带讽刺地写道：“阿基米德：听到他的名字时，应高喊：‘Eureka!’或者‘给我一个支点我能撬起地球。’还有一样东西叫做阿基米德螺旋泵，但照道理你应该不知道它是什么东西。”福楼拜这人真是太犬儒，等你读完这个条目，照道理你对阿基米德螺旋泵就不会一无所知了。

“Eureka!”是希腊语的“我找到了!”。阿基米德住在西西里，有次爬进浴盆，发现水位上升时，喊的就是这一句。因为他意识到，要测量一个不规则物体的体积，只要将某个容器装满水，把那个东西扔进去，然后接住并测量溢出的水就可以了。多方便!那句关于支点的话，阿基米德的意思是，如果你的杠杆足够长，而且有个支点可以把它放上去，那即使大如星球也能被你撬动。

你在学校里学到（并且可能已经忘记了）的数学知识，有些就是阿基米德发明的：比如怎样计算圆形的面积。但在他活着的时候，阿基米德作为一个发明家的名气更响，比如他发明了上文中提到的螺旋泵。这不是一种床上技巧②，而是抽掉舱底水的一种装置。

当他的家乡锡拉库扎被罗马人洗劫之时，一个士兵冲进了他的家里。“不要弄乱了我的这些圆，”据说阿基米德这样念叨了一句，意思是他希望对方能让自己先解决手头的这个几何问题。但这个要求让士兵怒不可遏，就把阿基米德杀了。

---

① 原文句式借用《圣经》：“人为朋友舍命，人的爱心没有比这个更大的。”

② 原文“阿基米德螺旋泵”（Archimedes’ screw）中的“screw”和后文解释中的“抽水装置”中的“pump”在当代俚语中都有“性交”的意思。

弗朗西斯·培根

Francis Bacon，1561—1626

哲学家、科学家、政治家

用法：无论如何，切记，绝对不要讲牵涉“培根肉”的双关笑话，否则就太没品了①。提到这个人名，只用它来指涉严格的“培根式”科学方法。

莎士比亚*的戏剧是培根写的吗？不是。但既然有些人会以为那些剧本是他偷偷用了莎士比亚的名字创作的，也说明了培根是多么的有才华。可如果培根再世，他会深深厌恶这种揣测背后的错误逻辑：培根多有才——莎士比亚那些剧多有才——所以它们都是培根写的。一派胡言！

不过培根自己的人生倒的确够写出好多部戏剧。他是科班出身的律师；娶了一个十四岁的姑娘（那时他已经四十五岁）；一路晋升到了首席检察官；因为收受贿赂而被判刑（并没有冤枉他），关进了伦敦塔；放出来之后，他退隐书房，致力于哲学思考。他始终没有完成的大作叫《伟大的复兴》，在其中他试图建立一整套推进人类知识的方法。首先，他解释了人类对世界的认知是如何被各种方式扭曲的。我们会犯错

① 此处原文 hammy（像火腿一般），英文中也指演员演技浮夸、低劣，和文中的“培根”双关。

的原因包括："部落"（因为我们是人类）、"洞穴"（因为我们有个人的偏见）、"市场"（因为语言上的混乱）和"剧院"（因为过去哲学家所犯的错误）。

接着他详细地给出了科学探索的严格方法，依据的是实验以及对结果的归纳。这也是为什么有时候他被称作"科学方法之父"，有时候被称作"观察实验法之父"。他最后也死在自己的理论上。某个酷寒的冬日，他为了探索把雪塞进鸡的肚子里能否保存它，得了感冒，死了。对于一个学识上的巨人来说，这种死法未免太荒唐；另外，二十世纪有个名字跟他相同的人，不要混淆起来……

不要混淆

害臊时脸最红的，莫过于把两个重要的文化人物弄混了。所以接下来的几个人要好好记住他们的特别之处。

弗朗西斯·培根

Francis Bacon，1909—1992

艺术家

用法：提起他的时候不妨把他称作“弗兰”·培根，给自己加点分，因为他的朋友就是这么叫他的。

画家弗朗西斯·培根可能偶尔会被误认为是十七世纪与他同名同姓的那个人（见上一则），但他的作品基本从来不会被当成是另一个人的手笔。必须要说，大部分人都不会把这些画挂在家里。他的画风阴冷、失真，里面的人物都蜷缩、扭曲，像被困住的野兽。但对于培根的崇拜者来说，能窥见这样的内心苦痛，其实准确地表达了活在不讲道理的二十世纪意味着什么，而且这种准确虽然有些叫人压抑，但十分深刻。为了传递这层意思，他画过一个人物，绑了纳粹党徽的臂章（虽然培根声称他把这个标志画进去只是因为喜欢这个形状，但不怎么让人信服）。

虽然这么讲有些遗憾，但如果你要让公众时时想到你，最好私人生活也要和作品一样丰富多彩。培根就是这样：他是个胖乎乎的同性恋，一张脸长得像拳击手套，经常出没于伦敦 Soho 的廉价酒馆。和他的艺术圈同仁卢西安·弗洛伊德一样，他喜欢和地痞恶棍为伍；比如他初次见到自己后来的长期男友乔治·戴尔，就是后者破门盗窃他家的时候。戴尔没得手，但培根得手了——把盗窃犯抱到了床上。两人的关系经常掀起疾风骤雨，一方面是酒精的破坏力，另一方面是戴尔无法理解培根的艺术。面对男友给他画的一些冲击力很大但又饱含柔情的肖像，乔治会带着浓重的伦敦土音说："这些玩意都太可怕了吧。"不过当 1971 年这段恋情因为戴尔的自杀而终结时，培根为之身心交瘁。

在那之后，比起他之前任何一个阶段的创作，死亡这个主题都更为明显了，除此之外还有痛和腐坏（一本关注嘴唇病变的摄影集特别能给他灵感）。作为罕见的重要英国画家，今天培根的作品一般都要价值上千万。

欧文·柏林

Irving Berlin，1888—1989

作曲家

用法：柏林的很多歌词都成为了耳熟能详的谚语，所以引出这个名字也特别容易，比如："用欧文·柏林的话来说，没有哪个行业像娱乐业。"

照理说，你是绝不应该把美国流行歌曲作曲家欧文·柏林跟哲学家以赛亚·伯林*弄混的——不过要是你出了这种丑，也不用怕，因为伟大如温斯顿·丘吉尔也曾弄混过。

《白色圣诞》、《我该怎么办》、《没有哪个行业像娱乐业》……欧文·柏林炮制出了如此之多的热门歌曲，以至于他去世的时候，《纽约时报》给他的赞誉是"二十世纪大部分时间里美国人都在放他的歌，唱他的歌，听他的歌跳舞"。他之所以大受欢迎，关键原因之一是他的歌词简单得如同是日常对话。而且他那种流派的"拉格泰姆"音乐（爵士乐的前身）有种能量和激情，意味着年轻人听着他的歌跳舞时第一次可以真正地毫无顾忌，如痴如狂。

柏林的身世是那种从一贫如洗到家财万贯的故事。父母都是犹太人，他从小在俄罗斯的农村长大，兄弟姊妹八人，家里穷困潦倒。五岁的时候，俄罗斯的反犹氛围愈演愈烈，他们举家逃到了纽约。几年之后，他在街上卖报纸，发现只要自己唱起当时最新的歌曲，就会有更多的人驻足买他的报纸。才华被发现之后，他被一家音乐公司招揽，之后就成了美国音乐史上成就最高的作曲者之一。

不知为何，他的名声却没有触碰到那位英国首相。二战期间，在伦敦的一次午宴上，有人向丘吉尔介绍欧文，他却把作曲家当成了哲学家以赛亚·伯林*（即刻奉上），还问他怎么看现在的战况。丘吉尔没料到欧文一口美音，说他很荣幸能被问到这样一个问题，还说他回国之后会跟自己的孙辈们吹嘘。丘吉尔以为是有人在跟他玩了一个不太好懂的恶作剧，找了个理由走开了。

以赛亚·伯林

Isaiah Berlin, 1909—1997

哲学家

用法：如果你有个朋友面对生活某个重大抉择百般为难，可能他们的困境源自以赛亚·伯林所谓的“价值多元”。

哲学家以赛亚·伯林曾经提出过思想家、作家、艺术家和所有其他人都可以分成两类：刺猬和狐狸。照他的定义，刺猬是那种只有一个大想法的人，这个想法影响着他们做的其他所有事情。伯林把柏拉图*和尼采*归为刺猬。狐狸是那种窜来窜去，对很多事都有兴趣，也有很多才华能拿得出手的人。狐狸的例子，除了莎士比亚*和巴尔扎克*之外，似乎把伯林本人囊括进去也颇为公允。

他去世的时候，讣告的溢美之词有些过头。比如，他们说伯林是他那一代人中最好的谈话者，也是二十世纪第一流的学者：这两种说法都值得商榷。不过这个人好像真的很有意思。他出生在俄国，目睹了1917年的革命，逃到了英国。只用几个月就学会了英文，并确立了自己的名声，被公认为是个才华不凡的大知识分子。而且他还抽空娶了一个高尔夫球冠军，替英国人当间谍——这件事让他在1957年被封为爵士。

现在伯林最能让大家记住的是他那些才识耀眼的散文。比如“狐狸”和“刺猬”的区别就是他在某篇散文里提出的（虽然这只老狐狸说这篇文章只是玩笑）。另一篇文章里，他阐释了自己发明的一个概念叫“价值多元”。基本上，他说的就是人类会创造自己的各种价值判断，而这些价值观会互相冲突。比如，信守承诺是好的，说真话也是好的；可有时候为了说话算话你只能撒谎。再比如，有个男人在琢磨是不是为了情人应该抛弃妻子。按照“家庭至上”的观点，应该是要留下的，但“真爱至上”的理念又告诉他应该和情人私奔。伯林的意思是，个人生活中的很多痛苦，归根结底就是“价值多元”的问题。

老子

Lao-Tsu，公元前6世纪

精神导师

用法：要是有人指责你太懒，你可以称自己只是努力照着道家哲学在生活。

公元前六世纪，有个叫老子的中国藏书史官对朝廷腐败灰心丧气，骑着水牛一路往西出走，到了边境。一个叫尹喜的关令并没有像后世的很多人那样把他当成军事家孙子*（即刻奉上），很清楚眼前的是怎样一位人物，便请他把智慧都写下来，不至于从此失传。记下的这本书就叫做《道德经》，直到今天，全世界数以千万计的人们依然信奉这套温和的哲学，推崇无为，活在当下，享受周遭的事物，而不是渴求那些无法实现的梦幻。

据说，尹喜对这套学说大为着迷，辞官跟随老子直到后者去世。不过，老子的生平基本没有什么是能坐实的。有些学者甚至认为从来没有这样一个人，而且《道德经》也是经过很多个世纪由不少作者共同编纂的（参见荷马*）。老子的追随者还称他后来教导过佛陀——甚至说他就是佛陀本人。

不过，他们还号称他从娘胎里生出时就有六十三岁，而且就是老头的样子，白眉白发，耳垂很大（智慧的标志）。

我们就此打住，因为老子说过："知者不言，言者不知。"但在就此闭嘴之前，还有最后一点可以提一下。《道德经》的教导，以及对"道"（指一种弥漫天地的平和精神，和与之相符的生活方式）的追求一直被各种不同的领域纳为己用。有些遵照"体验派表演法"的演员会试图在表演时调动"道"的能量。还有人把老子的教诲当成自由市场经济的模板。

孙子

Sun Tzu，公元前6世纪

将军、军事家

用法：参加商务谈判的时候，把你的那本《孙子兵法》带去，放在身前的桌子上。这会让你的对手忐忑起来——这就已经很像《孙子兵法》里的某个策略了。

公元前六世纪，据说，中国的一方君主——吴王阖闾——一时兴起，给他的将军孙子出了道难题。孙子有没有办法用他宫中的美人——全是锦衣玉食、只知享乐的女子——演练兵阵？当然没问题，孙子答道。他将要领一一告知这些女子，但真到操练的时候，她们只顾咯咯咯地嗤笑。孙子立马砍下了两方队长的头颅。之后，所有女子都谨遵号令，什么疑问也没有了，吴王认可孙子的确完成了他给的任务。

《孙子兵法》这本薄薄的军事守则小册子里充满智慧，可不时有种癫狂的意味，从上面的故事里就可见一斑（与和他同时代的老子所鼓吹的生活态度天差地别）。书里的格言警句本来都是教你怎么打败对战的军队的，但因为语言是如此简单，所以后来被更多地应用到了人类很多其他的事业中去：政治、人际关系，甚至商业领域——在1987年的电影《华尔街》中，那个肆无忌惮的戈登·盖克就引用过孙子："每一场仗都是在战斗之前拿下的。①"也就是说，大多数战斗的关键都不在战斗技巧，而在于准备。

《孙子兵法》的简短也是它长盛不衰的原因之一：一共才六千个字，也就是说，最多不过二三十页，虽然今天市面上的版本一般都会填充一篇很长的导读。它的直白和无情的语调很能取悦我们心里藏着的那个暴君。比如读到"让你的计划如黑夜般阴暗难测，实施时则如同惊雷"② 时，谁都难掩微笑吧？一个饱受心事困扰的法国作者据说临终前就在读这本书……

---

① 即"夫未战而庙算胜者，得算多也"。

② 即"难知如阴，动如雷震"。

杀气腾腾

才华越接近某种极致，有时候越感觉那位艺术家将会无法自控，可能要动手杀人。

居伊·德波

Guy Debord，1931—1994

作家

用法：在为你的某种极端行为（从移民去澳大利亚，到在教堂礼拜中尖叫）辩护时，可以声称你是在挣脱居伊·德波所谓的“景观”的暴政。

当出版人和电影制片人杰拉尔·里博维西1984年在巴黎的一个停车场被发现时，他是后脑中枪被击毙的，随后的调查中，法国作家、电影导演居伊·德波成了主要嫌疑人。至少大家看了新闻报道之后都留下了这个印象。有些人提出，除了德波的确认识里博维西，而且一直疯疯癫癫之外，他跟这起未查明的凶杀案根本没有关系。在某种意义上，大家觉得德波被牵扯进了这个案子只能证明他的见解自始至终都是对的。1967 年的《景观社会》是他最有名的书，里面阐释了他最珍视的一个理论，就是现实已经被“le spectacle[①]”取代：资本主义的意象，设计来安抚我们，让我们满足地变成笨蛋。

德波二十岁不到的时候就开始打磨这些想法，当时他跟一群“后超现实主义者”混到了一起，他们被称为“字母派”，主要的表达方式是恶作剧，但有一个严肃的艺术目的，就是要把人们从麻木的状态中惊吓出来。1950 年，德波的一位伙伴登上了巴黎圣母院的布道坛，假扮牧师，对着下面那些困惑的教众宣布上帝已死。几年之后，德波自己也推出了一部电影，叫《为萨德疾呼》，里面只有一段只能听得到对话声的白屏，和一段完全静默的黑屏。当然得到的也不全是好评了。不过，随着时间推移，大家越发看重德波的反资本主义思想，到了 1968 年的夏天，当学生暴乱震动巴黎的时候，很多抗议者高喊着的口号要么是从《景观社会》里看到的，要么是从德波领导的一个叫做“国际情境主义”那里借来的。照“情境主义”一位同僚的说法，“景观”的力量越来越强，最后的选择只剩下两个：要么革命，要么自杀。试过了前面一个之后，德波最终求助于第二个选项，在六十三岁的时候朝

① 法语，译为景观，场面。

自己的心脏开了一枪。

沃纳·赫尔佐格

Werner Herzog，1942—

电影导演

用法：宣称"这又不是沃纳·赫尔佐格的电影"，是你很有创意地表达自己其实不愿散步散得很远。

"寻求宽恕，而不是许可。""不要沉湎于你的困境中；绝望不能外露，而且必须简短。""我相信宇宙的通性不是和谐，而是混乱、敌意和谋杀。"他的影迷在网上狂热地互相引用他电影里的这些对白，从中也可大致感受到德国导演赫尔佐格的日耳曼性情，而且这种性情展现起来多半很阴沉，但有时却也掩不住地得意。

自从二十世纪七十年代声誉鹊起之后，吸引赫尔佐格的故事里一直有怪人，有摆脱不了心魔的人，有那些无奈只能与残忍的自然力量搏斗的人。他经常用的主演之一克劳斯·金斯基有股恶魔的气质，给他早期的作品带去了必要的张力；比如1982年的《陆上行舟》之中，他演的那个角色就下定决心要把一艘汽轮从秘鲁的山上运过去。实际上，金斯基在片场的张力有点太强了，一直跟赫尔佐格以及其他所有人吵架。

不过，赫尔佐格也不遑多让，有次扬言要是金斯基再闹出什么事情来就把他枪毙（只要认识赫尔佐格的人都确认他说不准真的会履行自己的威胁）。最后下定论的还是导演，金斯基去世之后，赫尔佐格上映了一部纪录片，拍的正是他和这位大脾气演员的友情，里面有些片段完全就在展现金斯基是如何可怕。

赫尔佐格长久以来一直是个小众导演，但近年来更为人知晓是因为2005年他的纪录片《灰熊人》大受欢迎。这部电影拍的是一个野生动物保护主义者蒂莫西·崔德威尔，后来他被灰熊吃掉了。赫尔佐格也开始用自己的一贯形象在其他人的电影里演出小角色。比如在汤姆·克鲁斯2012年的动作片《侠探杰克》里，他演出一个反社会的变态恶人，刻画深刻得让人很不舒服。不管是演戏还是拍戏，他的格言都是“全力以赴”。赫尔佐格曾经说过：“要是能拍到需要的画面，在牢房里过一夜又有什么呢？”

瓦斯拉夫·尼金斯基

Vaslav Nijinsky, 1889—1950

舞蹈家

用法：观看橄榄球赛的时候，你可以评论“某个接锋的侧步变向优雅得如同尼金斯基”。

瓦斯拉夫·尼金斯基跳舞的时候，就好像他的双脚从来都不着地。很多人都认为二十世纪最伟大的男舞蹈家非他莫属，而且看起来这个判断也很难被更改了，因为我们根本就没有他跳舞的影像材料。他的导师是很有手段的舞蹈团经理人塞尔戈·佳吉列夫——顺便一提，他也是尼金斯基的情人——禁止任何人拍摄他旗下的这位大明星，生怕镜头无法展现尼金斯基的全部魅力。这一招很聪明，因为这样一来我们就只能听那些看过他跳舞的人欣喜若狂的描述了。剩下的要靠我们的想象去填补。

尼金斯基是芭蕾舞界的摇滚明星，他随性而为、匠心独具，敢于忽略强调得体和美观的舞蹈传统，让保守派大惊失色。《牧神的午后》（1912）的灵感来自于斯特芳·马拉美*的同名诗作，而尼金斯基在台上用一块布假装手淫。他的拥趸都以为自己看到了神仙显灵，而尼金斯基似乎也同意他们的这一看法。他一直有些疯癫，到了晚年完全神智错乱，开始有了杀人的念头，他试图把自己的匈牙利妻子罗慕拉和两人的孩子推下楼，然后宣称他要和上帝结婚。

罗慕拉要背负的十字架的确很沉重。首先她要让尼金斯基戒断他的那些同性恋倾向。后来，丈夫被诊断出精神分裂，最后三十年都由她来照顾。当然，话说回来，尼金斯基自己一定也活得不太顺心。

路易斯·布努埃尔

Luis Buñuel，1900—1983

电影导演

用法：提到布努埃尔有一种很优雅的方法，就是把他的电影名嵌在对话中。比如，在描述一个你喜欢的人的时候可以说，那是“我欲望的朦胧对象①”。

西班牙导演路易斯·布努埃尔认为人有什么冲动就该付诸实践，即使是暴力的冲动也不例外。有一次在饭局上，他竟要掐死萨尔瓦多·达利的女友。后来达利扳回一城，在美国宣称布努埃尔是个共产主义者——这在当时是很有危险的。布努埃尔冲到达利在纽约的酒店房间里，本打算在画家的膝盖上开一枪，但这一回他居然忍住了。

布努埃尔是那种罕见的电影导演，作品能与伟大的现代主义绘画和雕塑相提并论；他也是一个和其他艺术家混在一起的艺术家。他曾经被安德烈·布列东* 正式邀请加入超现实主义运动，他的第一部电影——十二分钟的短片《一条安达鲁狗》——是和达利共同完成的作品。和许多布努埃尔的电

① *Cet obscur objet du désir*，一般译作《朦胧的欲望》。

影一样，这部短片上映的时候引起了极大争议，当然，这也从来就是他的本意。你可以试吃一口：开场有一个画面是某位女子的眼球被刀片割成两半。

布努埃尔的电影生涯极为长久和辉煌，其中的高峰包括《白日美人》（1967）和《资产阶级的审慎魅力》（1972）。前者讲一个似乎很传统的家庭主妇，但还过着另一段不为人知的卖淫生活；第二部是一群中产阶级想坐下吃饭但不断被阻止。他拍的最后一部电影就是 1977 年的《我欲望的朦胧对象》，拍一个老头疯狂迷恋一个女子，但这个女子莫名其妙地由两位女演员轮番扮演。一直以来，大众对他的评价两极分化，有人觉得他是天才，有人觉得他最多就是奇思怪想多一些。虽然他一直都是最上乘的煽动者，但他引发的争议之中最轰动的可能还要算他电影生涯的早期作品：1930 年的《黄金时代》。这部电影被认为是对天主教会的放肆攻击，在巴黎掀起了骚乱，最后官方以“维护公共秩序”为名禁了这部电影。看起来这件事并未打击布努埃尔的士气——不像某位剧作被观众喝倒彩就完全放弃舞台的俄国剧作家……

Succès de Scandale[①]

艺术家的职责就在于让布尔乔亚无法接受。接下来的几个人都做到了。

安东·契诃夫

Anton Chekhov，1860—1904

剧作家、短篇小说作家

用法："契诃夫式的"这个词可以用来形容某种气氛或态度：或忧伤，或随性，或两者兼而有之。

让我们遵从契诃夫那种随性而至的精神，考虑一下鸟类生物在这位俄国剧作家生命中参与的戏份。小时候他靠抓金丝雀卖掉换零花钱。之后他养过鹤作宠物。在他第一部戏剧杰作《海鸥》中，一个饱受煎熬的年轻人射下了一只海鸥，作为求爱的礼物献给了他"欲望的对象"。那位姑娘并没有很高兴。

1896年《海鸥》首演的时候，观众也没有很高兴。这个作品太有创意了，他们有些看不太明白，也不确定什么时候该笑，什么时候该哭，所以他们就喝起倒彩，作者契诃夫于是宣布他再也不会写剧。还好，之后有一位导演叫康斯坦丁·斯坦尼斯拉夫斯基*，改变了他的主意；因为契诃夫的作品中有种先锋的自然主义，是他一直在寻觅的。契诃夫避开了过去那种“用事件推动剧情”的模式，更关心氛围和人物。他也不遵循类型的限定。他的戏剧介于喜剧和悲剧之间，《樱桃园》和《万尼亚舅舅》就是这样；它们都有一种朦胧的意味，正如生活也是朦胧的。但你不要被剧作家糊弄——其实他笔下的每一个细节都有他的用意。在评论写短篇的艺术时（有些人说契诃夫的短篇甚至比他的剧作还要好），契诃夫宣称如果你在开头的时候提到墙上挂着一把枪作装饰，那么故事结尾就“一定得用它开枪”。

契诃夫因为肺结核死在了德国，送遗体回国的车厢里还冷藏着牡蛎。葬礼上，有些吊唁的人跟错了一口棺材；那口棺材里躺着一个将军，正好也是在那一天下葬。

① 法语：指艺术作品受到关注或欢迎在一定程度上是因为它所引发的争议。

米开朗基罗·安东尼奥尼

Michelangelo Antonioni，1912—2007

电影导演

用法：如果你想表达一种深层的绝望，可以告诉别人："我就一直赖在家里，不停地重看我最喜欢的安东尼奥尼的电影。"

米开朗基罗·安东尼奥尼是一位做作到让人瞠目结舌的意大利导演，对于讲求实际的盎格鲁-撒克逊人来说，他集中体现了那种极其可疑的文艺和高深。他有一部看不懂的电影叫《奇遇》，1960 年在戛纳电影节首映的时候甚至让影评人感到愤慨，嘘声震天。另一部电影，1962 年的《蚀》最后是一场七分钟的戏，但什么都没发生。是真的什么都没发生。两个角色本来约好了在街角碰头，但都没有出现。安东尼奥尼就一直把镜头对着人行道，而观众就一直坐在那里，等包袱出现，但根本就没有包袱。对于英国的观众来说，他最知名的片子是 1966 年用英语拍摄的《放大》，关于"摇摆六十年代"的一个好色摄影师，里面有一个镜头是瓦妮莎·雷德格瑞夫露了奶子。尽管主题如此值得期待，但它和安东尼奥尼的其他作品一样，无与伦比的乏味。

为了不让上述判断显得过于偏激，我们就来试着理解一下为什么这个意大利人享有如此之高的声望。当二十世纪上半叶发明了抽象艺术的时候，大家想到一个问题：同样的诉求能否在电影中实现——也就是让电影更注重氛围和构图，而不是对话和情节。这有些麻烦。因为对于绘画来说，欣赏者可以随时转头走开，但在电影院里，你会被困住两个钟头，如果全是冗长的镜头一个接一个的话，难免会有些厌恶。或许，我们可以对安东尼奥尼的野心表达些许敬意，欣赏他用那些抽象的手法把演员的自尊心揉了个粉碎。在《过客》（1975）的片场上，他告诉杰克·尼科尔森，演员对他来说，不比他们背后的风景更重要。

亨里克·易卜生

Henrik Ibsen，1828—1906

剧作家

用法：如果你想要跟别人来一场沉重，但又可能很有趣的对话，不妨让他们揭露自己的易卜生“生命谎言”。

生命谎言。亨里克·易卜生用这个词来指代每天早晨让我们能从床上爬起来的那些幻觉（每个人都不一样）。如果把资本主义社会看做一个整体，他们的“生命谎言”就是丈夫和妻子要待在一起。没有人会出轨。每个人从本质上来说都是个好人。易卜生说，这些都是瞎扯，而且写了一系列的剧本证明自己的观点。比如在《玩偶之家》里，最后就是主角娜拉抛弃了自己的孩子和她无聊的丈夫，说她要过一种更充实的生活，说这是她欠自己的。观众无法接受，但评论者说易卜生是天才。

易卜生——据说这位剧作家被搬上舞台的次数仅次于莎士比亚*——自己的家庭生活也足够动荡。十八岁的时候他让一个女仆怀上了孩子，虽然被禁止见到自己的儿子，但必须抚养他到十五岁。最后，易卜生离开了祖国挪威，住到了意大利和德国。他文名远播，不仅仅是因为剧作很具有煽动力，也因为他很会塑造一个又一个难忘的人物：比如说《培尔·金特》里那个做白日梦的主人公，还有《海达·高布乐》里那个自毁的、注定悲剧的女主人公。

然后，还有《野鸭》里的格瑞格斯和雅尔马；这部戏被不少人认为是易卜生的经典之作。格瑞格斯坚持要告诉雅尔马，对方的妻子跟自己的父亲发生过婚外情。他相信雅尔马会因为了解真相而感到快乐，但他想错了。这部剧作在某种程度是易卜生的反思，对自己执着于揭露痛苦的真相表达了质疑。他自己的生命谎言是什么呢？不好说。但易卜生似乎对自己的发型有些幻觉。他的发型太荒唐了，而且蓄了两块夸张无比的所谓“羊腿排胡须”，简直就跟用胶水黏上去的一样。

伊戈尔·斯特拉文斯基

Igor Stravinsky，1882—1971

作曲家

用法：斯特拉文斯基的《春之祭》是终极的 succès de scandale，提到他的时候可以从这个角度去讲。

有人嚎叫。有人喝彩。有人嘲笑。有人互相咒骂。有人大打出手。1913年5月巴黎的香榭丽舍剧院中，《春之祭》首演，在整个艺术史上都是最有争议的事件之一。其中的芭蕾舞蹈是由瓦斯拉夫·尼金斯基*设计的，让一些观众深恶痛绝的同时，也让另一些人欣喜不已——俄罗斯作曲家伊戈尔·斯特拉文斯基谱写的音乐也收到了同样的反馈，它一点也不流畅，故意写得很不动听，像是一直在敲打耳膜。虽然有些人讨厌它，声称它会毁了音乐本身（也不知道具体是什么意思），但有一位观众听得如此兴奋，开始跟着节奏敲打前面一个人的后脑勺。而这则轶闻还说，前面这位观众也听得如此着迷，居然毫不知觉。

在他漫长的职业生涯中，斯特拉文斯基的创作之多样，让人咋舌。他最早是在家乡圣彼得堡掀起了一些波澜，因为他很关心俄国的民歌，而这在当时是很离经叛道的兴趣。后来他又在无调性音乐上作尝试。再往后，他还为好莱坞工作过（比方说，替1943年的奥逊·威尔斯主演的电影《简·爱》作曲）。

斯特拉文斯基是个谈吐风趣、常有些坏点子的男人，有过很多次婚外情，其中还包括女时装设计师可可·香奈儿（至少她自己是这么说的）。斯特拉文斯基很满意自己不仅是个作曲家，而且是个明星，晚年在洛杉矶和各种各样的人来往，有富人、名人，也有穷人和才子。他和英国作家狄兰·托马斯和克里斯托弗·伊舍伍德*的友谊很可能和大家都嗜酒有关系。空闲的时候，他喜欢看007系列电影。根据这个主题出个小题目：哪位苏格兰心理学家和007演员肖恩·康纳利是好朋友，而且据说在一次派对上两人还友好地扭打了一番？

摇的，不是搅的①

做个高深的知识分子当然很好，但所有人也都知道作为一个文化现象，詹姆斯·邦德和T. S. 艾略特*、D. H. 劳伦斯*的任何文字一样重要。接下来的三个人都用某种你想不到的方式跟那位风度翩翩的间谍扯上了关系。

R. D. 莱恩

R. D. Laing, 1927—1989

精神病学家、作家

用法：任何时候只要聊到精神病，你都可以评论："我觉得R. D. 莱恩批评精神病的分类太死板是很有道理的。"

在精神病学家当中，R. D. 莱恩有点与众不同。在他行医生涯的后期，这位格拉斯哥的心理医生运用一种叫做"重生”的技术：病人为了想让心情好一些，要努力从围着的一圈人里面冲出去，据说是再经历一次出生的创伤。有一回在诊治一位精神分裂、有语言障碍的裸体女子时，莱恩把自己的衣服也全部脱掉，坐在病人旁边用相同的节奏前后晃动。那位女士感到慰藉，几个月来第一次开口说话。

莱恩一直被视作是“反精神病治疗运动”的成员，虽然他一直否认自己和这个运动有关系。他给人留下这个印象是因为他批评某些治疗所谓心理疾病的办法，认为它们不人道：比如电惊厥疗法。而且，他还提出很多被称为精神病的心理状况其实是对严酷生活的正常回应。在他影响力很大的一部作品《分裂的自我》（1960）中，他特别提出一种理论，指出名义上的精神分裂其实不能算一种医学上的疾病，而是个人对于家庭失常所产生压力的反应。他曾说过一句很有名的话：“精神分裂只是假说，不是事实。”

莱恩把自己的抑郁症（他自我治疗的办法是大量地饮酒）归咎于父母。（据他说，父母在圣诞老人这件事上对他撒谎，让他永远无法释怀。）后来他自己也成了一个性情古怪的父亲，而他的孩子也有心理问题，这一点似乎说明他的理论是对的。莱恩六十一岁在圣特罗佩打网球的时候心脏病发作去

① “Shaken, but not stirred.”是詹姆斯·邦德常说的一句话，用来说明自己想要的马提尼酒该如何调制。此处，大致含有“受到震撼、冲击，但不至于受到惊吓”的双关义。

世。虽然后期很多人只是把他当成个怪老头，但在莱恩的鼎盛时期那些别具一格的哲学让他非常出名。演詹姆斯·邦德的肖恩·康纳利就是他的朋友（以及病人）之一，两人还在一次派对上扭打过。

贝托尔特·布莱希特

Bertolt Brecht，1898—1956

剧作家

用法：看了一部糟糕的舞台剧之后，为了不伤害别人的感情，你可以说你很欣赏这部戏里布莱希特式的“间离效果”。

那部007电影《俄罗斯之恋》里，谁能忘记“幽灵党”那个可怕的特工罗莎·克莱伯——就是那个藏了把小刀在鞋子里的女人？这位女演员叫罗蒂·兰雅，演技自然不凡，但外形也的确让人心生畏惧；1928年贝托尔特·布莱希特的《三毛钱歌剧》第一次上演时，她也在演员阵容之中。

这部经典作品至少在两个方面打上了布莱希特的烙印。首先它是关于政治的，用社会主义观点批判了资本主义制度（这位剧作家一辈子都是马克思主义者）。第二点，它很能代表后来所谓的“史诗剧”。这个名称有点误导性，它的意思其实是布莱希特的作品跟古希腊的戏剧一样，完全没有试图要说服观众台上的情节是真实发生的。相反，他反复提醒观众这些都是假的，比如他会对着舞台打满刺眼的白光，或者让演员举起标语牌，上面是对剧情的评论。布莱希特把这种手法称作“间离效果”，也会被称作是“异化效果”。

其用意就在于，不像你在看一部现实主义的戏剧会有大量的情感投入，布莱希特的作品让你可以自由运用你的大脑。可能你情绪调动得少一些，但学到了更多。如果这些东西听上去都很沉重，是因为那个时代本身就很沉重。布莱希特写过如《伽利略传》和《大胆妈妈和她的孩子们》这样的剧，是在纳粹政权之下暗中批评纳粹的作品。也因为这样的创作，布莱希特被认为或许是德国杰出的现代剧作家。

维尔纳·海森堡

Werner Heisenberg, 1901—1976

物理学家

用法：如果你无法同时测得一对数据，但能确定其中的一个，那么你就可以说，这相当于维尔纳·海森堡的“测不准原理”。

在一部讲述维尔纳·海森堡的电视电影中，扮演这位物理学家的是未来007的扮演者丹尼尔·克雷格。这句话能听懂吗？那就好，因为海森堡对于物理学最著名的贡献，你很可能是听不大懂的。量子力学研究的是宇宙在纳米层面如何运转（比如，原子内部到底是怎么回事），在这门学科的其中一次大跃进中，海森堡勾勒出了科学探索的边界，提出关于粒子的任何一对数据不能同时准确测量。比如说，位置和动量就是其中一对数据；你可以测出一个粒子的位置，但你测得的数据越准确，那么你所能得到的它的动量数据就越模糊；反过来也是一样。除非你对量子力学特别感兴趣，并且对这个领域特别了解，不然你可能很难明白为什么会是这样。

对于"测不准原理"的缔造者来说，他的道德标准似乎也有些"不好说"。二战爆发之后，这个德国物理学界的年轻天才（海森堡拿到诺贝尔奖的时候才三十岁）成为德国利用核能——甚至发明核武器——的科学领头人之一。1941年，他去丹麦物理学家尼尔斯·玻尔在哥本哈根的家中拜访这位曾经的导师和同事。他们当时说了些什么，以及为什么最后不欢而散，是迈克尔·弗莱恩1998年那部广受好评的话剧《哥本哈根》的焦点，后来这部剧改拍成了电影，主角是由克雷格和斯蒂芬·瑞扮演的。只因为海森堡坚持着沙文主义的观念，相信德国终将赢得战争，玻尔就生气了？还是海森堡想过要透漏自己暗中正在破坏纳粹研发原子弹的计划，但终究没有说出口？弗莱恩对这些问题的考量的确精细到了纳米级，对于想要了解量子力学的门外汉是很好的入门介绍。不过观看了话剧的观众还是“不好说”这位物理学家到底是不是希特勒的支持者。

阿道夫

接下来的三个人据说用他们不同的方式影响了阿道夫·希特勒错乱的世界观。

理查德·瓦格纳

Richard Wagner，1813—1883

作曲家

用法：形容词“瓦格纳式的”一般来说表示在声音或行为上很浮夸，不过也可以用来形容女子的胸部很丰满。

1855 年，理查德·瓦格纳作为指挥在伦敦为维多利亚女王演奏了他《汤豪泽》中的序曲，女王似乎听得很享受。后来她接见了这位作曲家，在日记中写到，瓦格纳“身材短小，很安静，戴眼镜，天庭饱满，鹰钩鼻，下巴往前探了出来”。这位作曲家可能本人很安静，但他的音乐却不是这样。奥斯卡·王尔德*说他喜欢瓦格纳的歌剧，是因为它们都很吵。这意味着王尔德就可以一直跟邻座说话而不会打搅到任何人。马克·吐温则简简单单评论了一句："瓦格纳的音乐比听上去要好"。

作为一个音乐上的革命者，这位德国作曲家实际上算是发明了现代音乐。他着迷于阿图尔·叔本华*的哲学，而后者的观点就是人类的"意志"陷入无止境的挣扎之中，永远不会得到满足。瓦格纳大胆地把这种理念用音乐表现出来，喜欢嘈杂、复杂的和弦，似乎在呼喊着要回到很简单的和弦之中——但作曲家极少给你这样的解脱。他的音乐不是为了让听众觉得舒适，而是要扰动他们，为了表现德国那种风起云涌的民族主义情绪。这一点，再加上希特勒对他所有的作品都推崇至极，造成了很多人都有一种可以说很奇怪的感觉，就是认为瓦格纳可能是原始的纳粹。

瓦格纳最出色的 Gesamtkunstwerk（他自己发明的词，指大型的、多层面的艺术作品）是他的《尼伯龙根的指环》系列，叙述了一个长篇的传奇故事，里面有矮人、被盗的宝物和大胸脯的女人。1876 年这部作品能在拜罗伊特，瓦格纳自己的歌剧院首次上演，全靠赞助人——巴伐利亚的疯王路德维希——的经济支持。这位喜欢同性的年轻君主一直深爱这位比他年长的作曲家，而瓦格纳则假装也对国王有感情，这样路德维希就会源源不断地把钱送来了。

路德维希·维特根斯坦

Ludwig Wittgenstein，1889—1951

哲学家、逻辑学家、数学家

用法：如果两个人在讨论一件什么事情，但总是有些词不逮意，那么你就可以评论说这种语言上的困难很“维特根斯坦”。

伯特兰·罗素* 有次这样评论路德维希·维特根斯坦：“在我所认识的人当中，他最完美地展现传统意义上对天才的想象：激情澎湃，知识渊博，高度紧张，有领袖气质。”他同时也很古怪，偶尔很幽默，而更多的时候则傲慢至极。罗素是那时候最杰出的哲学家之一，他试图裁定维特根斯坦是否有资格拿到剑桥的哲学博士，年轻人拍了拍罗素的后背，开开心心地说了句：“不用紧张，我知道你一定听不懂的！”当然了，博士学位照拿不误。

不过，要是连罗素都捉摸不透维特根斯坦的论述，我们其他人哪还有什么希望？希望当然不大，不过他有几个想法即使傻瓜也可以尝试理解一下。维特根斯坦相信有些事情用语言是讨论不清楚的（比如，上帝是否存在）。实际上，这些问题之所以显得很值得讨论，正因为大家讨论它们的方式是有缺陷的。所以，他的《逻辑哲学论》（1921）用这样一句话作为结尾："无法言说之事，只能保持沉默"——换句话说，当怎么谈论一件事都不会有效果的时候，就不要提了。在他的《哲学研究》中，他继续探究语言因为脱离语境而失去意义的各种方式，重点关注哲学家运用的语言。

维特根斯坦被认为是二十世纪最伟大的哲学家之一，而他的人生也极不寻常，倒跟刚刚所说的头衔关系不大。他是个同性恋，在一战中因为英勇作战而受到表彰。他尝试过雕塑，还造了自己的房子。尽管出生在奥地利最富有的家庭之一，但他把自己继承的财产全部送掉，过着一种简朴的生活。他有一度还当过教师，后来惹了麻烦，因为几个学生不够聪明被他扇了耳光。他自己上学的时候，命运诡异地让他和阿道夫·希特勒成了同学，学校是奥地利林茨的一所中学。一个历史学家声称两个小孩彼此憎恨，由此引发的摩擦让希特勒产生了强烈的反犹情绪（维特根斯坦有部分的犹太血统），对他之后的世界观有很大影响……

弗里德里希·尼采

Friedrich Nietzsche，1844—1900

哲学家

用法：如果某个自我中心主义者认为自己是更高级的

人类，所以无论干什么都没关系，那么就可以形容他有一种尼采式的超人情结。

“成为你自己。”这是尼采喜欢说的一句话。到了最后，他成了一个胡言乱语的废人。在都灵看到一匹马被鞭打，他冲上去搂住马的脖子，完全精神崩溃。曾经有人以为他的疯病是因为去妓院的时候染上了梅毒，现在这种说法已经被证明是错误的。可能根源是他得了脑癌。

这位德国哲学家一辈子都深受消化不良之苦，但相信“超人”的理念：即存在一种更出色的、可以让世界随他意志转变的人。他心里想的并不是政治上的独裁者，更多考虑的是一个智力不凡的人通过艺术创造改变世界。但狂热的右翼分子就此劫持了他的名字和学说也不足为奇了。另外，他的妹妹伊丽莎白是纳粹拥护者，显然更是雪上加霜；她在弗里德里希死后把他的拐杖作为礼物送给了阿道夫·希特勒。希特勒后来还有一张照片，全神贯注地盯着这位伟大哲学家的半身塑像，虽然他据说根本没有看过尼采的书。

尼采是个很高明的古典学学者，写过太阳神（理性、控制）和酒神（疯狂、有创造力）两种冲动之间的永恒对抗。与其说尼采是个政治思想家，其实他更是一个诗人或预言家。他的那些过目难忘的书名——《查拉图斯特拉如是说》《人性的，太人性的》——就已经昭示了这一点。他的思想经常用格言警句表达，比如“上帝已死”和“道德是个人的群体本能”。他也蓄着一个很壮观的海象胡须，而且视力糟糕得吓人。但是当然了，即使是盲人也能成为伟大的文学家……

盲如大诗人

希腊神话中有个目不见物的先知特伊西亚斯，但他比那些视力更好的人能“看见”更多。接下去的几位可以说是他的后裔。

荷马

Homer，公元前12世纪—公元前8世纪

诗人

用法：“荷马式的”作为一个形容词大致都被用作“史诗般的”意思，特别是会把它用来形容两方英勇的战士或大人物之间的正面冲突。

荷马是瞎子吗？过去大家都这样说，但实际情况便是：我们对他一无所知。或者是对“她”。甚至是“他/她们”。传统说法把荷马想象成一个四处游走的盲诗人，现在接受这一说法的人已经不多了。大家开始广泛认可“他”的两大史诗

《伊利亚特》和《奥德赛》实际上出自不同的作者。说到底，因为它们全是口头相传的，也就是说要经过一代又一代人的记忆和传承，不停地被改进，所以你很有理由说它们都是由很多不同的作者完成的。

所以，当有人提到“荷马”时，他们指的其实不是一个人，而是两首叙事长诗（它们不押韵，但符合音步）；它们都是在公元前十二世纪到公元前八世纪用希腊文写的。《伊利亚特》讲述的是特洛伊战争中的不同片段，最后的高潮是特洛伊人赫克托死在了希腊人阿基琉斯的手上。它写得并不复杂，诗意动人的段落和栩栩如生的暴力场面互相交替，累积成一股难以抵挡的冲击力。而《奥德赛》则是风味全然不同的一道菜了。它写了希腊人奥德修斯从特洛伊还乡，一路历险（和女巫、怪兽搏斗），写他最后如何击败了那些趁他不在家追求他妻子珀涅罗珀的混蛋。这个故事更欢快热闹一些，也因为加了幽默、日常细节和偶尔的血腥惨状而非常生动。

因为对于荷马我们知道的太少，所以关于他的身份有很多疯狂的说法。罗马皇帝哈德良问特尔斐神谕的时候，对方告诉他荷马是奥德修斯的孙子。十九世纪小说家塞缪尔·巴特勒提出《奥德赛》的作者是个西西里的年轻姑娘。还有另外一个没什么根据的说法，但让人很愿意相信：荷马或许就是奥德修斯本人。

约翰·多斯·帕索斯

John Dos Passos, 1896—1970

小说家

用法：想要展现文学名声的起起伏伏，可以用多斯·帕索斯作为例子。

欧内斯特·海明威*、威廉·福克纳*、F. S. 菲茨杰拉德，还有约翰·罗德里格·多斯·帕索斯。他现在是不怎么出名了，但曾有一度上面最后一个名字拿出来并不比前三个要逊色。具体来说，多斯·帕索斯有一项荣誉是在二十世纪三十年代写出了一部经典的“伟大美国小说”——虽然他是有点作弊的，因为那部被称作《美国三部曲》的大作，实际上包含了三部小说（《北纬四十二度》《1919》和《赚大钱》）。但这部作品依然会出现在二十世纪伟大小说的榜单上。

跟海明威一样，他也被归在“迷惘的一代”——这个词是葛特鲁德·斯泰因*发明的，指的是那些被一战恐怖场面造成心理阴影的作家们。（所谓的“迷惘”，指的是他们在战后不知道该相信什么了。）说到多斯·帕索斯（他的这个姓氏说明他父亲有葡萄牙血统），他在法国和意大利都为战时流动医院开过车；这段经历启发他写出了反战小说《三个士兵》（1921）。之后，他为了写他那个了不起的三部曲，拓宽了自己的经营范围，通过十二个不同角色的视角记录1900年到1930年间的美国生活，这些人里包括傲慢的一心要飞黄腾达的人，也包括好心的机械工。

除了总体上分量很重之外，这部作品还有技术上的创新，被称为“拼贴”，也就是在行文中穿插了很多虚构的剪报。这一手法让让-保罗·萨特*觉得如此耳目一新，宣称多斯·帕索斯是最伟大的在世作家。多斯·帕索斯曾经是个坚定的社会主义者，但随着时间推移，他思想越发右派，文学圈对他也不像过去那么青睐了。五十多岁的时候，多斯·帕索斯遭遇不幸：因为一次可怕的车祸，他的妻子没有生还，他的一只眼睛也瞎了。

豪尔赫·路易斯·博尔赫斯

Jorge Luis Borges, 1899—1986

短篇小说作家

用法：任何高深的科幻故事，特别是提出深刻存在主义问题的，你都可以说“本质上延续了博尔赫斯的风格”（要是里面还出现图书馆或迷宫就更合适了）。

伟大的阿根廷作家豪尔赫·路易斯·博尔赫斯写短篇不只是因为他热爱这个体裁，也因为他的视力太差，所以每次只能写很短的时间。掉书袋的时候博尔赫斯是个非常好的选择，因为每次你不仅可以显示对他的作品整体上非常熟悉，而且还能炫耀自己很清楚他名字的特别发音[1]。岁数越大，他越喜欢写诗，因为这就意味着他可以把整个作品都放在头脑中，而不用很吃力地在纸上审读。不管怎样，他最长的作品就是一个十四页的短篇故事。提到写长篇小说，他曾经评论道："要用五百页的篇幅铺展一个明明五分钟就表达清楚的意思，这是疯子才肯吃的苦。"

他这话里有没有玩笑的成分？碰到了博尔赫斯这种事都很难说。他是个文学的顽童，会替一些只在他脑海中存在的书写书评。有时候，他会把某个著名作家的某个生僻的短篇"翻译"出来，比如伊曼纽·史威登堡的某个故事，但其实这个作品也是他编出来的。有人称他全凭一己之力发明了魔幻现实主义（也就是加夫列尔·加西亚·马尔克斯，萨尔曼·拉什迪和其他那些人运用的风格），但这种说法可能会造成误会。博尔赫斯的故事一般不会有那种"很久很久以前"的童话氛围，而这是那些魔幻现实主义作家的特点之一。不过博尔赫斯的确会写一些奇幻、诡异的情节，而且是很高渺、很需要费脑筋的那种。比如他的短篇《阿莱夫》里，一个男人

① 前文在"用法"中也给出了"Borges"的发音。博尔赫斯在英文中出现时，也有照英文字面发音的（接近"乔治·路易斯·博盖斯"），但可能按照西语发音更高级（和中文译法比较接近）。

偶然发现了一个时间机器，让他可以同时目睹世界上发生的所有事情。在博尔赫斯笔下反复出现的意象是镜子、图书馆和迷宫。

博尔赫斯的眼睛到最后就完全看不见了。他母亲一直尽心尽力地照顾他，直到她九十九岁去世。博尔赫斯一直跟她住在一起——这种生活方式很像某位巴黎的知识分子，也是跟母亲住在一起，直到她去世……

你要洗的脏衣服在哪？

似乎有很多作家和艺术家跟父母之间的关系很吓人（参见路易丝·布尔乔亚*）。所以看到他们之中有几个跟母亲住在一起，还是让人高兴的。

罗兰·巴特

Roland Barthes，1915—1980

哲学家

用法：下回别人约你逛街你不愿去的时候，可以找的理由是“我对毫无节制的消费主义有种罗兰·巴特式的反感”。

罗兰·巴特是最具代表性的巴黎知识分子，他的写作经常批评资产阶级，因为他们太循规蹈矩了，很是无趣。但他本人倒也没有多么离经叛道，至少在家庭生活方面是很保守的。他跟母亲住在同一间公寓里，前后一共六十年，直到母亲八十五岁去世。虽然他也经常“离巢”去参与一些很不资产阶级的活动，比如跑到摩洛哥跟一些年轻男子厮混。

照巴特的说法，资产阶级最主要的问题倒也不是无趣，而是他们被事物周围的“神话”给蒙蔽了——一般都是广告公司所为——从而忽略了它们的真正含义。在他影响深远的作品《神话学》（1957）中，巴特笔下的“神话”并不指古代故事中的英雄和怪兽，而是指人们对日常事物的错误认知。其中的一个例子是红酒。巴特称关于红酒的一些“神话”完全是酒商子虚乌有造出来的，但法国的资产阶级全盘照收；比方说，红酒成了法国的国酒，喝它几乎就成了一种爱国行为。

再比如，书。巴特提出，资产阶级的读者已经忘了书本来的属性——一个自成一体的故事，传递某种体验——却把它看做是一道谜题，要靠审视作者的人生去解开谜底。这是因为出版社一直在给他们的作者安排采访，暗示作者的意见莫名就对欣赏他们的作品不可或缺。读者于是误以为目标就是要领会作品背后的意图。于是书便呈现为一个“可知文本”（这是巴特的术语），到时他们就可以把书丢弃，去买新书了。这个循环周而复始。

格特鲁德·吉基尔

Gertrude Jekyll，1843—1932

园艺设计师、作家

用法：所有人都知道的园艺设计师可不多，抛出“吉基尔”这个名字还是很厉害的，或许可以再提一句她的配色是受到了“印象派”画家的影响。

关于格特鲁德·吉基尔你要知道的第一件事，就是她把自己姓氏发成 JEEK-le，而不是罗伯特·路易斯·史蒂文森那个恐怖中篇故事《化身博士》里的杰基尔，发成 JECK-le。不过史蒂文森正好跟格特鲁德的弟弟是朋友，所以那个故事里的姓氏倒也的确是借了吉基尔家的。关于格特鲁德·吉基尔你要知道的第二件事，就是她大概是有史以来最具影响力的园艺家和关于园艺的写作者。

吉基尔是在英国萨里郡长大的，她的父亲是个军人。大人从小鼓励她培养艺术兴趣（饭厅里有个和真品一样大小的断臂维纳斯），后来，她上了南肯辛顿艺术学院。吉基尔是一直到了中年才从事园艺设计的，可能是因为视力越来越差，作画变得太难了。但她把自己艺术家的敏锐和大胆配色用到了走道和草坪边的花带中，并透露她的灵感来自于J. M. W. 特纳和“印象派”画家。

吉基尔终身未婚，后来一直跟母亲住在一起。随着年岁增长，她越来越像维多利亚女王，对自己艺术的掌控之中有种君主的气度，用独特的风格创造了大概四百个花园，把大胆创新和严谨的形式融为一体（她的好朋友和长期的合作伙伴——建筑师埃德温·鲁琴斯可以说也秉持这样的风格）。她和维多利亚女王的相似之处还在外形上，两人都容貌平庸，而且偏胖。（吉基尔的外甥给她起了个绰号叫“肿阿姨”。）但肥胖显然对艺术成就从来就不是妨碍——而且某位希腊哲学家还证明了胖子可能有难以抵挡的魅力……

胖子

要是你的思想足够美好，那就不用担心体重飙升。

苏格拉底

Socrates，公元前470——公元前399

哲学家

用法：“苏格拉底式反讽”：假装什么都不懂，其实懂得比谁都多。“苏格拉底教学法”：用对话而不是讲演的办法来演绎或教授哲学。

苏格拉底可以把任何人喝倒。他极胖，极丑，短鼻子向上翘着，但每个人都觉得他莫名地就魅力四射，因为他真的是聪明绝顶。

好像光聪明还不够一样，苏格拉底也是个战争英雄。他为了雅典抗击斯巴达，而且在所有人都逃散的时候，只有他坚守阵地。他可不是弱不禁风的学者，在行军之中比普通士兵更能忍受艰苦的环境（比如无法睡觉的酷寒的夜晚）。所以，这个男人基本上就是个传奇——尽管他的学生、头号粉丝柏拉图*可能描述他的时候的确有些夸张。那么雅典政府为什么要处决苏格拉底呢？因为他成天就在城里晃悠（永远不穿鞋），专门找大人物对谈，让他们觉得自己像傻子一样。他的常规方式就是跟人聊起某个特定的话题——比如，美德的本质——然后在问答之间让对方不得不承认其实他们对这件事一无所知。

苏格拉底一直声称自己什么都不懂。但这就是一个奇妙的悖论了，他这样说让他成了雅典城里最聪明的人，因为其他人甚至不知道自己什么都不懂。他要传递的讯息大致就是大家应该重新审视自己的每一个固有想法。他说过一句很有名的话："未经审视的生活是不值得过的。"他的人生就是一段漫长的审视，但让人陶醉。主题是要勇敢，也要努力思考，好好生活。

讨论苏格拉底的时候，还有一件事我们不妨记下，那就是对他的了解基本都来自于柏拉图的《会饮篇》等其他许多作品。苏格拉底太忙了，要跑来跑去骚扰别人，根本没空写东西。就我们所知，他没有留下过一个字。

托马斯·阿奎纳

Thomas Aquinas，1225—1274

哲学家

用法：如果想找支持吃素的论据，找到阿奎纳就够了，他八百年前就想到了一套说法。

托马斯·阿奎纳是个强迫性过食症患者，无论按什么标准他都算是胖到病态了。号称他的桌子必须要切掉一个半圆，否则肚子太大，他根本够不到食物。他出生于一个富裕的意大利家庭，一辈子不用担心吃不饱，但阿奎纳有一天突然下决心要放弃奢华的生活，改当一位牧师。去罗马的路上，他停下来喝泉水，结果他的几个兄弟把他给绑架了，然后将阿奎纳关进了家族的城堡中，甚至派了一个妓女到他的房间，提醒他肉身的愉悦是多么迷人。但阿奎纳一点也不像个基督徒那么好客，用一根烧红了的拨火棍把妓女赶走了。

阿奎纳又是为何如此受到敬重？因为他把出色的学术思维运用到了基督教神学一些麻烦的地方，给了它们可信的理论根据。换一种说法，就是他成功地把基督教的思想跟古代希腊哲学家的教诲结合了起来。他能做到这一点，其中一个办法就是推崇一个叫做“logos”的希腊概念，也就是理性。如果你经过理性思考，发现一种行事方法在道德上是正确的，那么阿奎纳就会说，你只要去做就行了，不用再到《圣经》里去看教义是否批准。阿奎纳还有一段有名的论证，据说是为了证明灵魂的存在。他的推理是这样：普遍的真理我们都能理解，比如，“所有狗都会叫。”因为有句谚语说，“脾气相仿，才会彼此了解”，所以我们之中一定有一些共通的东西，才能理解这些普遍的真理。这种共通的东西，阿奎纳说，就是灵魂。

他到底在说啥？问得很好。但如果你认为你能想出来更好的论据，证明灵魂存在，那么很欢迎你来试试。当然为了郑重起见，还是要说明阿奎纳的确有一些更踏实的理论。比如，他提出我们如果吃水果和蔬菜能活得下去，就不应该吃动物。他说，因为植物和动物相比是更低等的生命，所以被杀和被吃应该先轮到它们。

奥斯卡·王尔德

Oscar Wilde，1854—1900

剧作家、诗人、趣谈家

用法：说某人的机智风趣如同王尔德一般，那就是暗示他擅长丢出简短、有趣可又有点讨厌的话。

“我们都在阴沟里，但有些人正看着星空。”“所有女人都会变得像她的母亲，这是她的悲剧；没有男人会变得像他的母亲，这是他的悲剧。”“爱自己是开始了一段延续一生的恋情。”“我能拒绝一切，除了诱惑。”“真相很少纯粹，从不简单。”哦，奥斯卡！就好像这个男人除了格言警句就不会说话一样。

他是个爱尔兰的无名小子，但征服了伦敦的上层社会，靠的是谈吐风趣，靠他那种“只在‘轻浮’这件事上才认真”的姿态，还有——不管你对他是什么看法，至少要承认他很有派头。所有这些特质都可以在他的经典剧作《不可儿戏》中看到。剧名就是反讽，而整个剧作从头到尾都让人看得很愉悦，以它自己的方式完美得如同莫扎特的一首交响曲。他的有些短篇小说也写得不错（比如，《自私的巨人》），但总体而言，王尔德最为人所牢记的还是他那些警句和他的性格。

当然还记住了他的落寞。后来大家知道作为一个丈夫和两个孩子的父亲，王尔德空余时间一直在跟男妓厮混。他被关进了雷丁监狱，等刑满释放的时候，他已经穷困潦倒。上流社会对他避之不及——对于王尔德来说，这是能想象出来的最痛苦的惩罚。他振作精神写了最后一个了不起的作品——抒情长诗《雷丁监狱之歌》，其中一句重复出现的话倒是切题：“每个人都会杀死他所深爱的东西。”然后他退隐去了巴黎，四十六岁就死在那里的一家破败的酒店里，房间的装潢很有问题。虽然王尔德在临终时又胖，又丑，而且无人关心，但他还是在片刻间展现自己曾经那种派头。据说他最后的几个字一如往常体现了他最关心的是什么："要么这些窗帘滚蛋，要么我滚蛋。"他咽气之后没过多久，据说他的身体各个空穴（有些恶心，请见谅）都流出液体。王尔德是一个死在巴黎的外国人——几十年之后，某位美国舞者也会经历相同的事，虽然她的死状瘆人得多……

瘆人的死状

接下去的两个人物都很美好，很励志，不过他们的死状就是另一回事了。

伊莎多拉·邓肯

Isadora Duncan，1877—1927

舞蹈家

用法：道别的时候一种很有腔调的做法是说："Adieu，mes amis. Je vais à la gloire!"如果方便的话，一边说着还可以一边把围巾从肩头甩到后面去。

雕塑家奥古斯特·罗丹称她"可能是这个世界所知晓的最了不起的女人"。可编舞家乔治·巴兰钦只记得她是一个"喝醉了的胖女人……像猪一样滚来滚去"。这位无拘无束的美国女子伊莎多拉·邓肯经常被人认为是当代舞蹈的发明者。你对她的看法很可能取决于你对当代舞蹈的评价。

到了十九世纪末，芭蕾舞已经发展出一套被广泛接受的姿势。而邓肯这位加利福尼亚银行家的女儿，却更喜欢一些自然的动作，比如蹦跳和挥舞手臂，而她的灵感来自于对古希腊人舞蹈的想象（她会流连于大英博物馆，仔细观察花瓶上的绘画）。她跳舞一向赤足，穿一条白色的希腊式“图尼克”①。她的宗旨就是随性。在波士顿的一个舞台上，她为了表达自己对苏联的支持，挥舞着一条红色的围巾，还露出胸部，大喊：“这是红色的，我也是红色的！”

后来她在莫斯科成立了一个舞蹈学校，嫁给了一个酗酒的俄罗斯诗人谢尔盖·叶赛宁。邓肯在私人生活中也和在舞台上一样不保守，嗜酒，跟男人和女人都上床。她两个孩子都是非婚生子，在一起车祸中丧生。伊莎多拉自己的死是在某天晚上，她从尼斯的一家酒店坐车出发，很不明智地戴了一条飞舞的长围巾。“Adieu, mes amis. Je vais à la gloire!”她临行前喊了这么一句，意思是：“再见，我的朋友们。我要朝荣耀进发！”围巾卡到了轮胎里，直接把邓肯抛在了公路上，摔断了脖子。有些人，比如让·谷克多*，认为她的死是一件艺术品。另一些人则更犬儒一些。“装腔作势会有危险的。”葛特鲁德·斯泰因*冷冷地评论道。

① Tunic，（古希腊、古罗马时期男女通用的）长达膝盖的短袖束腰外衣。

费德里科·加西亚·洛尔迦

Federico García Lorca，1898—1936

诗人、剧作家

用法：当考虑一部文学作品是否真正能称得上伟大时，可以看看它是否符合洛尔迦提出的三个标准。

西班牙作家费德里科·加西亚·洛尔迦曾经写道，伟大的艺术无一例外都会展现以下特点：意识到人终有一死，深入艺术诞生所在地的“土壤”和承认理性有它的局限。不用说，这听上去像是洛尔迦在描述自己的创作。

洛尔迦——严格来说，应该称他为加西亚·洛尔迦，但聊天时候用缩略版是没问题的——出道时是个诗人。他的《吉卜赛谣曲集》（1928）让他红极一时，但也引发了一场个人危机。他坚信自己再也无法摆脱“天真的乡村诗人”这一标签。而且与此同时，他还因为艺术家好友萨尔瓦多·达利拒绝了他同床共枕的邀请而伤心不已。达利和布努埃尔*拍《一条安达鲁狗》是在故意讽刺他们的朋友洛尔迦吗？应该不是——但洛尔迦是那样认为的。

“被欲望点燃，却又只能保持沉默，是我们能给自己的最大惩罚。”他曾经这样说道。在西班牙保守的三十年代，这位同性恋作家无法表达自己最深的欲望。他把这些情感倾注在一些戏剧之中，充满了扭曲的激情，像《血色婚礼》，里面的新娘刚刚结婚就跟着旧情人私奔了；在《贝纳达夫人的家》中，大权独揽的母亲想把女儿们都封闭在家里，却酿成灾难。洛尔迦是西班牙内战最早的牺牲品之一，被忠于弗朗哥将军的军事力量处决了。其中一个士兵据说在他屁股上开了两枪，表达对他性向的深恶痛绝。

臭人

真男人太忙，太重要，哪有空好好洗澡。至少，这是接下来这两位人物的想法。

切·格瓦拉

Che Guevara，1928—1967

革命家

用法：如果碰到某人持左派立场，但蒙蒙胧胧谈不清具体观点时，你可以评论："我怀疑他的政治思考仅限于房间的墙上贴了切·格瓦拉的海报。"

如果你认为切·格瓦拉与其说是个革命家，还不如说他是个摇滚明星，这种想法是可以原谅的。他有一张照片特别有名，表情紧张，容貌像猿人，帅气的贝雷帽下面长发蓬松，整个西方社会的学生宿舍里，到处能见到，旁边可能就是吉姆·莫里森和科特·柯本的海报了。他年轻，英俊，富有魅力。

虽然他出名是因为在革命中帮助菲德尔·卡斯特罗于1959年夺取古巴政权，但格瓦拉并不是古巴人。他是阿根廷人（“切”这个名字，就是因为他有一个阿根廷人的习惯，称呼所有人都是“切”——类似于“兄弟”、“哥儿们”）。他是个科班出身的医生，在南美跟一个朋友到处游历时（2004年有部电影《摩托日记》讲的就是这些经历），目睹了很多社会财富分配不公的现象，大为愤慨，很快就成了一个共产主义者，认定美国是“人类公敌”，一心要把革命传遍世界。

他从古巴开始，跟卡斯特罗一起东躲西藏，大家渐渐知道他是个无畏的斗士（甚至有人说他比卡斯特罗更勇敢），也是个冷酷的杀手。他在日记里不带感情地记录那些他处决的人，读起来让人不寒而栗。在古巴的胜利之后，他尝试把革命带到非洲刚果，但没有什么收获。之后他又到玻利维亚故技重施，终于耗尽了自己的运气。1967年，他被玻利维亚的军队逮捕，残忍枪毙之后，他的手还被割了下来，对方要依靠指纹证明的确杀死了切·格瓦拉。他是个有魅力的人，让人着迷又恐惧，而且比一般的革命者要更文艺——他特别喜爱诗歌（可以背诵鲁德亚德·吉卜林的《如果》）。关于他还有另一件有意思的事情：年轻的时候，格瓦拉是如此的不注意个人卫生，以至于朋友们给他起了个绰号叫“猪”。

欧内斯特·海明威

Ernest Hemingway, 1899—1961

作家

用法：时过境迁，现在谈起海明威，流行的口吻是冷嘲热讽，说他是个吹牛皮的虚伪的笨蛋。不过，你表扬他早期的那些短篇小说还是基本不会错的。

海明威的问题就在于他有个漫画版的滑稽形象——一个大胡子的美国人，吹着牛大摇大摆地在世界各处晃悠，经常喝醉酒，猎杀动物，一直唠叨自己有多勇敢，于是他早期那些了不起的文学作品就被忽视了。当然主要也只能怪他自己。海明威的确经常喝醉，的确猎杀动物，也的确唠叨个没完。而且据他第三任妻子——记者玛莎·盖尔霍恩——所说，他还很脏，一股洋葱味。

但我们还是要先看他的成就。海明威意识到，用唬人的词语和华丽的文风是把注意力都吸引到了作者的身上。如果你用简短的词语和简单、直接的句子，那么文中情景所要传递的情绪会更强烈——特别是当你不告诉读者那些情绪是什么，要他们自己去体会时，更是如此。海明威自己的写作严格遵循这些原则，写出了一些文学史上最一流的短篇故事（你可以试试《杀人者》）。不过他的长篇就有点看运气了

（《永别了，武器》很好；《过河入林》则一塌糊涂）。但他的影响力实在太大了，每个想不动声色写艰难困苦的硬汉——比如写战争或深海捕鱼，都是在海明威的阴影之下创作。

海明威在 1954 年拿到了诺贝尔文学奖，那是在他发表了《老人与海》之后。这个中篇写的就是硬汉在深海捕鱼。可那个时候他已经有些神志不清了。酒喝太多，忘记了自己发明的这些写作准则，叫人尴尬地试图用头发盖住自己的秃顶。1961 年，他自杀了。那也算是他放过了自己。因为当时他已经身体和心理都承受了多年的煎熬，而他身体上的病痛跟他经历过的两次飞机失事有关。

坠机

伊卡洛斯飞得离太阳过近，就掉进了海里。接下来这两位经历的是更寻常一些的飞行故障。

瓦尔特·格罗皮乌斯

Walter Gropius，1883—1969

建筑师

用法：别人问你为什么要开始节食的时候，可以声称你是在遵循瓦尔特·格罗皮乌斯那句“形式跟随功能”的准则。

瓦尔特·格罗皮乌斯因为在第一次世界大战中为祖国英勇作战，获得两枚铁十字勋章。一次，他的飞机被击中。另一次，他被掩埋在一堆瓦砾之下。但他从这些凶险的经历中生还，成了德国最伟大的建筑师之一，把那些砖石派上了更好的用场。

战后，新的魏玛共和国比之前的德国更欢迎实验性的建筑，格罗皮乌斯抓住了这个机遇。他创立的这个建筑流派就是后来众所周知的“包豪斯”（Bauhaus）。这个词照字面分解就是造（bau）房子（haus）。他们为一个朴实的思想找了一个朴实的名字：“包豪斯”的宗旨就是建筑设计是为了达成某个目的，不用浪费空间、材料和资金去美化它们。这在当时是个革命性的方针，很让保守派恼火。三十年代纳粹上台之后，把“包豪斯派”的建筑师全都赶了出去（其中包括勒·柯布西耶）；一起赶走的还有其他先锋派艺术家，因为他们“堕落”。

格罗皮乌斯逃到了美国，又重新发展起兴盛的建筑设计业务，继续探索自己的核心理念。其中包括“装饰即犯罪”（这条不用解释了）和“形式跟随功能”（即，建筑被设计来完成一个特定目的，这样的诉求已经足够）。这后一条完全可以在格罗皮乌斯受邀设计的一个工厂中看到。对方提出，这个设计的主要目的就是能吸引旁边开过的火车中的乘客。于是，格罗皮乌斯让建筑表面倾斜成某个特定的角度，好把阳光直接反射进火车乘客的眼睛里。

约瑟夫·博伊斯

Joseph Beuys，1921—1986

艺术家

用法：当你想要痛斥“行为艺术”都是装腔作势，是自我放纵时，可以再提一句："约瑟夫·博伊斯是要对此负不少责任的。"

约瑟夫·博伊斯是二战中纳粹的一个飞行员，在乌克兰坠机。据他说，他被一个奇怪的鞑靼部落发现，经过他们的救护死里逃生。这个故事很精彩，只可惜不是真的。他的确坠机了，但接下来就没有那么惊险动人，因为救他的是纳粹的战友。这个人后来揭露，那些部落的故事都是博伊斯编出来的。

从伤病中恢复之后，博伊斯把自己无中生有的本领用在了更合适的地方，成了世界上最著名的艺术家之一。他称自己的目标是打通精神世界和现实世界。比如，他有一个作品由六百张照片组成，上面全是奇怪的图形，博伊斯说它们能打开从真实世界通往精神世界的门。

他是行为艺术最早，也是名声最大的支持者。（这种艺术指那些由真人在观众面前做一些事情的艺术作品，表演者经常是艺术家本人。）他最恶名远播的一件作品叫做《跟一只死野兔解释艺术》，主要就是博伊斯怀里抱着一只死兔子走来走去，偶尔凑着它的耳朵悄声说几句话，面前是一些摸不着头脑的观众。他想说什么？或许是动物——即使是死掉的——感知的直觉也比某些人类更敏锐。我们要能和自己的动物天性沟通，才有希望穿过阻隔我们通向精神生活的那道障碍。

在一些人看来，这样的作品很让人激动、震撼，甚至有些巧妙。而另一些人会说这个艺术家明显精神不正常啊。为了支持这个看法，他们还会指出博伊斯诡异的着装。在博伊斯编造的那个故事里，那些从燃烧的飞机里把他救出来的鞑靼人把他裹在脂肪和毛毡里——为了纪念这件事，博伊斯一有机会就在自己的作品里使用这两种材料；而且不管什么时候都戴着毡帽。当然，他这么做也是在宣称自己是不为社会俗律所限的艺术家：某位古怪的英国诗人也采取过这样的策略……

奇装异服

“服装常将主人昭示。”莎士比亚这样说。如果这句话说得没错，那么接下来这三位都是很奇怪的人。

伊迪丝·西特韦尔

Edith Sitwell, 1887—1964

诗人

用法：看到某些故作荒唐滑稽的表演，特别是表演者还身份尊贵的时候——你可以评论一句：“我懂的，她这是伊迪丝·西特韦尔附体了。”

伊迪丝·西特韦尔夫人写过一本很好玩的书叫做《英国怪人》，而且，虽然她把主要精力都放在写诗上，但大家对她记忆最深的还是她干的那些怪事。她身高六英尺，人很瘦，长得有棱有角，鼻子特别尖，但她一心一意要把自己的外表当成优点，总是裹着头巾，穿很有异国风情的服装，一般都是用织锦或丝绒做的。她最有名的一次表演叫做《表面》，台上一边演奏着威廉·沃尔顿写的音乐，西特韦尔一边躲在幕布后面用扩音器朝观众吼着胡言乱语。

不过西特韦尔写起诗来可不含糊。现在读的人是不多了，特别是和她的两位后辈威尔弗雷德·欧文和狄兰·托马斯相比；当年西特韦尔曾不遗余力地推荐这两个人的诗作。在她自己的作品中，她试图复制音乐那种纯粹的效果，而且把爵士乐这种新式音乐的节奏引入诗歌。有些人觉得她只是装模作样，是个爱卖弄的门外汉。F. R. 利维斯*尤其看她不起。

她有两个名字浮夸的弟弟：奥斯波特和萨切维雷尔，跟玛丽莲·梦露是朋友（她们是在西特韦尔给好莱坞写剧本的时候认识的），跟诺埃尔·考沃德有仇，看来这位女诗人的生活着实不易。她只有过一次恋情，对象是俄罗斯艺术家帕维尔·切利乔夫；帕维尔是男同性恋，两人大概是没有肉体关系的。她成年生活的极端很可能是一段漫长的逃离，逃脱痛苦的童年。她的母亲是个酗酒者，父亲乔治·西特韦尔爵士是个精神不太正常的贵族，曾经绑了一个装置在女儿脸上，就为了让她的鼻子能变短一点。

莱内·马利亚·里尔克

Rainer Maria Rilke，1875—1926

诗人

用法：当你内心饱受煎熬的时候，高声念出："如果我叫喊，谁会在天使的序列中，听到我？"然后补一句这是里尔克写的。

奥地利诗人莱内·马利亚·里尔克最后成了这样一个十分细腻的男子大概也是没有办法的事。不仅仅是因为他中间的名字是马利亚——一般是女孩的名字——也因为他的姐姐在他出生前一周死了。于是，伤心透顶的母亲有一段时间就给儿子穿女装，甚至喊他"索菲"。

里尔克后来就成了一个敏感的、满怀愁绪的诗人。"如果我叫喊，谁会在天使的序列中，听到我？"他的经典作品《杜伊诺哀歌》开头这样问道。他说自己在峭壁上散步时，风中有个声音对他念出了这句话，他就记在了笔记本上。这个问题——也就是如果里尔克呼喊了谁会听到他——有一个答案，那就是一代又一代的读者，因为里尔克的诗歌生命力久得惊人。今天，虽然他那些心醉神迷的诗句翻译出来总显得有些失色，但他在美国的受欢迎度不亚于鲁米* 和纪伯伦。

里尔克年轻时有幸得到雕塑家奥古斯特·罗丹的点拨，

后者让里尔克收敛一下他狂放不羁的文风，不妨再加入几分客观冷静。时过境迁，这位诗人发现自己也被年轻人盯着讨要一些教诲。他回复了其中一个叫做弗兰兹·艾克塞瓦·卡普斯的人，前后一共写了十封广为流传的信，后来结集出版，书名叫《给年轻诗人的信》。这些信里他建议诗人应该有什么感受。他写道：诗人要爱，"这是需要我们做的最难的事，也是终极的考验和测试，其他的工作都只是'爱'的准备"。

伊壁鸠鲁

Epicurus，公元前341—公元前270

哲学家

用法：很多人以为"伊壁鸠鲁式的"这个形容词就是说"要寻欢作乐"，这是不对的，它指"平和与沉思"。保险起见，每次你提到伊壁鸠鲁都应该澄清这个误会。

伊壁鸠鲁只有两件斗篷。换句话说，传言他是个放纵的享乐主义者，实在是错得不能更离谱。即使是他还在世的时候就有流言蜚语，说他和朋友住的那个群居村是个骄奢淫逸之地。可这不是他的风格。现实中，他过着一种简单、清醒的生活，戒掉了性爱和麻醉剂，食谱中只剩面包和橄榄，难得加一块芝士就算吃了顿大餐。

想一想你生命中真正觉得开心的那些时刻。再想一想那些时刻是什么让你觉得开心的。何不改变你的生活让这样的时刻更容易发生？伊壁鸠鲁说如果我们足够诚实，那么照以上的标准，都会承认我们大多数人都抱持着错误的想法在生活。他相信存在的意义不完全是愉悦，而是免除痛苦，这种状态他称为“ataraxia”（字面义就是“无扰”）。所以他不会去追求放荡的生活。而他和朋友们住在一起也正是因为追求性与爱带来的快乐比不上培养友谊。

傻子才把爱情当成宝贝。金钱也是一样（让我们开心的是产生满足感的工作）。奢侈品也一样：伊壁鸠鲁说我们真正想要的是内在的平和，却错误地认为它能通过奢侈品来获得。他建立了“花园”，类似一种群居的社区，静静地同朋友住在一起，大家分担做饭、打扫等任务，一起讨论哲学。这种做法流行起来，地中海沿岸到处都出现了伊壁鸠鲁式的“花园”。后来基督教把它演变成了修道院，遵循的是类似的原则。

康斯坦丁·斯坦尼斯拉夫斯基

Constantin Stanislavski，1863—1938

演员、戏剧导演、作家

用法：如果你认识某位演员，又想让他不要那么自以为是，就问他那副傲慢的样子是不是因为在用“方法派表演体系”准备演一个傻瓜？

俄国演员康斯坦丁·斯坦尼斯拉夫斯基一般都在黑海边的雅尔塔度假。每天早上，他都会用自己正在准备的角色沿着大街小巷逛一个小时。如果接下来他要演一个乞丐，那么他出门的时候外形和动作都会是乞丐的样子，衣衫褴褛，再戴个破帽子。如果他之后要演的是个纨绔子弟，那么他全身上下都会穿着最体面的衣服。

这听上去有些太刻意了，但斯坦尼斯拉夫斯基要从自己的表演中剔除的正是“刻意”。他相信，练得越多，表演也就会越自然。这是他表演体系中核心的部分，而他打磨出的这个体系被当今的演艺界如此推崇，以至于就被简单地叫做“方法”。而在斯坦尼斯拉夫斯基之前，一般认为演戏主要靠的是悟性和灵感。他最重要的作品是《演员的自我修养》(1936)，其实书名就足够说明问题了。今天演员们这么把自己当回事，他的功劳不小（或许，公众对他们如此尊敬也有这方面的原因）。可话又说回来，“方法派”也的确催生出很多了不起的成果。马龙·白兰度众所周知是斯坦尼斯拉夫斯基的追随者。罗伯特·德尼罗演《愤怒的公牛》中的杰克·拉莫塔，就添了很多肉，而丹尼尔·戴-刘易斯坚持在拍摄《我的左脚》的过程中不下轮椅。后面这两份付出都替演员拿到了奥斯卡最佳男演员奖。

如果斯坦尼斯拉夫斯基只是当一个演员，你可以放心打赌现在没有人会听过他的名字。当时大家公认他的演技不行——常演得有些太过头，而且念台词有种浮夸的朗诵腔（这是他请了一个歌剧演员教他发音之后养成的）。突然有一天，他想到不管自己演得如何，应该把自己对于演戏的思考分享出来，毕竟从十几岁开始，他就把这些想法记在了笔记本里。这个“Eureka 时刻”把他送上了另一条道路，斯坦尼斯拉夫斯基也就此青史留名。

Eureka!

为了我们自己方便，不妨把有才华的人想象成是突然来了灵感，从而改变了他的人生轨迹。在某些人身上，可能还真是这么回事。

让-雅克·卢梭

Jean-Jacques Rousseau，1712—1778

哲学家

用法：提到法国大革命的时候，如果嫌自己的话太单薄，再多提一句卢梭总是好的。为了给自己加分，可以再添一句：我指的当然是让-雅克，而不是亨利（亨利·卢梭是十九世纪的画家）。

卢梭是瑞士一个表匠的儿子，自学成才，不但写出了十八世纪最畅销的小说《新爱洛伊丝》，而且他的《忏悔录》也是自传这个文体的先行者，甚至还有空偶尔写写歌剧（但写得不太好）。可他被人记住还是因为有天从巴黎步行去万塞讷半路上的顿悟。大家都过得不开心。他们不开心是因为社会的律法，而这些律法都被有权有势的阶层为了造福自己而扭曲了。所以现在需要一个致力于维护平等和“人民诉求”的新社会。罗伯斯庇尔粉墨登场。

“人生而自由，却无往不在枷锁之中，”卢梭在《社会契约论》（1762）中如是说。因为他相信人类在原始社会中要比在十八世纪的巴黎过得更开心，他也经常被认为是“高贵的野蛮人”这个概念的发明者。不过他指的并不是我们都应该剥掉衣服，只裹一条腰布（这样多好啊）。

不过他在自己关于教育的论述中的确表示孩子应该在乡下长大，而不是在大城市里。他的批评者指出，教育孩子这件事上，谁也受不了听卢梭指手画脚——这个人怕工作受干扰，把自己的五个孩子都扔到了育婴堂里。跟卢梭本人交往起来也是个噩梦，他虚荣心强，有妄想症，经常和帮助自己的人闹翻。1766年，卢梭出版了那些煽动性很强的作品让反对他的人朝他家里扔石头，于是卢梭逃到了英格兰。启蒙思想家大卫·休谟*接纳了他，不过到最后卢梭果然又跟他反目成仇。

拉尔夫·瓦尔多·爱默生

Ralph Waldo Emerson，1803—1882

哲学家

用法：下一回有人跟你说："我倒也没有真正的信仰，不过我确实认为上帝就在我们周围，在树木和海洋中。"你就可以回答："这么说，你是一个爱默生派的超验主义者了！"

美国哲学家拉尔夫·瓦尔多·爱默生的顿悟发生在逛巴黎植物园的时候，不仅仅是那里动人心魄的美给了他灵感，也是一切都井井有条的样子，让他看清了事物都美好地关联着。从那一刻起，爱默生就不再是一个基督徒了，成为了后来所谓的超验主义者：相信上帝隐藏在周遭事物中，在自然中，在一切之中。

爱默生出生和成长在波士顿，年轻的时候被授以牧师之职。后来他的妻子和两个兄弟死了，爱默生陷入了悲痛之中，开始怀疑基督教关于上帝的观点，认为他可能不是一个全善的神，也不会插手人间的事务。再接下来，他开启了一段公共讲演的生涯，还把讲演的内容加工成像《自立》之类可读性极强的散文，结集出版之后大为畅销，让他在讲演中赚来的那些钱更锦上添花。除了超验主义，爱默生还劝告大家像美国的政治独立一样追求个人独立。美国有一脉雄辩的“个人主义”（一般认为这就是爱默生的主题）的悠久传统，时而直白，时而抒情，在这种表达的发展过程中，爱默生居功至伟；他影响了很多人，从超验主义同仁亨利·大卫·梭罗*到诗人沃尔特·惠特曼*。

爱默生这个名字现在很少从大家口中听到了，虽然他一直被称为是十九世纪最重要的美国知识分子。根据批评家哈罗德·布鲁姆的观点，爱默生的学说还有些始料未及的后果，其中之一就是其他人纷纷发展出和基督教并行的信仰，比如摩门教和基督教科学的出现就离不开爱默生所做的铺垫。

阿尔伯特·史怀哲

Albert Schweitzer，1875—1965

作家、传教士

用法：有人要抢劫你的时候，可以问这么一句来迷惑他：“你史怀哲式的对生命的敬畏到哪里去了?”

阿尔伯特·史怀哲曾经说过：“一个人确乎能力有限，但如果他能每天尽力做好自己的事，那晚上就能睡好觉，第二天就又能做这件事了。”而且他这样的人很难得：自己宣扬什么都能身体力行。年轻的时候，他立下志愿，三十岁之后要致力于帮助他人，而在那之前，可以依着自己兴趣生活。而既为史怀哲，他没有去追求姑娘或者每日好酒贪杯，而是对《圣经》研究做出了重要的贡献。具体来说，他的《追寻历史的耶稣》提出耶稣相信世界快要终结是场误会。

史怀哲果然说到做到，花了七年时间在斯特拉斯堡大学学习医药，然后前往非洲。他在加蓬成立了阿尔伯特·史怀哲医院，并把余生大部分时间都投入在那里，救治病患。某天，他坐的小船正在一群河马间缓缓前行，突然一个词闪现在他脑海，构成了他的整套哲学：敬畏生命（在德语中是“Ehrfurcht vor dem leben”）。基本上，它指的就是要帮助他人，但是史怀哲把这个意思在接下来的好些作品中表述得如此激动人心，1952年获得了诺贝尔和平奖。

不可避免地，史怀哲也会招来反对声。他声称自己不仅仅是被耶稣对信众的那句教诲“得人如得鱼”所打动，也是替同胞德国人在殖民地的暴行悔罪。但有些人说他对加蓬的当地人常流露出殖民者的傲慢。到了晚年，他和阿尔伯特·爱因斯坦*和伯特兰·罗素*这些人一起反对核扩散。顺便一提，他精通理查德·瓦格纳*和J. S. 巴赫，自己还是个水准极高的管风琴演奏家。

阿尔伯特·爱因斯坦

Albert Einstein，1879—1955

物理学家

用法：爱因斯坦对自己学科的影响力是如此巨大，以至于提到今天的物理学，你可以很放心地用出“后爱因斯坦物理学”这样的词汇。

在音乐中是莫扎特，在艺术中是毕加索*，在科学里，提到纯粹不掺杂质的天才，大家想到最多的就是阿尔伯特·爱因斯坦。1905 年，他还是一个在瑞士首都伯尔尼的专利局上班的职员，某天他乘电车回家，突然开始考虑要是电车用光速行驶会怎么样。他意识到这样的话，对他来说，时间会走得更慢。于是，他的“狭义相对论”就诞生了，他同一年稍晚一些发表了一篇科学论文，阐释了这个理论——大概是差不多时候他还发表了另一篇论文，是量子力学的奠基之作。

爱因斯坦关于宇宙的理论最终颠覆了艾萨克·牛顿爵士*过去两百年的统治地位。我们大多数人想到空间和时间都觉得它们是可靠的恒量；但爱因斯坦证明了事情没有这么简单。他的“广义相对论”发表于“狭义相对论”出现的十年之后，甚至说明了牛顿关于万有引力的想法也是错的。当一个跳伞者从飞机里窜出来的时候，他并不是被一股不可见的力量吸向地球；是物体的万有引力扭曲了空间，把他朝地面推。

1921 年拿到诺贝尔物理学奖之后，爱因斯坦举世闻名。他的那副样子——宽宽的脸盘和蓬乱的头发——自那时起也成了公众对于天才的想象。关于这位伟人还有一个小故事：他死了之后，值班的病理学家偷了他的大脑，保存了几十年之后才拿出来检验是否有什么不同寻常之处。（显然，并没有不同之处。）这种对伟人遗体的亵渎实在太骇人听闻，不过英国文学史上最有独创性的某位作家死后遭受的待遇，应该算是更糟糕的了……

被亵渎的死者

接下去的三位生命的终曲都让我们毛骨悚然——有人对他们的尸体做了些奇怪的事情（不过边沁是自愿的）。

劳伦斯·斯特恩

Laurence Sterne，1713—1768

作家

用法：说到某个当代作家用了什么新鲜的技法，你可以煞有介事地点点头，说一句："我总感觉劳伦斯·斯特恩在《项狄传》里干过类似的事情。"

爱尔兰裔的英国作家劳伦斯·斯特恩去世之后，他被葬在伦敦教堂墓地的尸身被非法掘出，卖给了剑桥大学的几位解剖学家。说来也巧，其中一位手术医师正好和斯特恩有私交，认出了这是他的尸体。他要求这个文学家的遗体必须重新落葬到汉诺威广场。

斯特恩生前饱受烦扰，死后也不得安宁。他的《绅士特里斯舛·项狄的生平与见解》（大家为了方便都称它为《项狄传》）有很多游戏笔法和实验性，时常让人发笑，但它最不同寻常之处是作者自己袒露的，他写作这部小说的大部分时候都“心情无比沉重”。他十一岁的时候父亲去世，后来成了一个牧师，但又认定自己其实想当一个作家。于是在四十六岁的时候，他把自己在教区的职责都移交给了助理牧师，坐下来创作《项狄传》，大概就在那个时候，他的母亲躺在临终的病榻上，妻子精神崩溃，扬言要自杀。但这本连载于 1759 到 1767 年的书让斯特恩成名了。

要概括这部小说的情节很困难，因为它又是那种受到拉伯雷*影响的早期小说，写得很疯狂。上来就是项狄描述自己在娘胎从无到有的过程。然后它就开始离题——一路离题，离到根本不知道主线是什么，但读来却也始终很有趣。书里还有排版上的特别之处，比如有一页是全黑的。写《项狄传》的时候，斯特恩的肺结核越来越严重，最终不得已出门旅行，希望能减轻病症。在外游荡给了他另一部小说的灵感——《多情客游记》，出版于 1768 年，没过多久他就去世了。很多人说斯特恩的游戏笔法和实验性预演了二十世纪的现代主义（甚至是后现代主义）文学。

杰里米·边沁

Jeremy Bentham，1748—1832

哲学家

用法：如果你要在宗教之外建立一种道德观，“边沁的功利主义”——探讨什么将会“为最大多数人创造最大幸福”——是一个不错的起点。

如果你正好路过伦敦大学学院，进去转一下，看看做成了木乃伊的杰里米·边沁。它就摆在一个柜子里，所有人都能看到。边沁这个古怪的英国人再次展现了自己的思维是如何的与众不同：他留下遗训，希望自己的遗体能这样被展示出来。实际上，你现在能看到的面孔是用蜡复制的，因为原来的脸大家觉得看了会不舒服。真的头颅被替换之后，曾在柜子里一起存放过一段时间，但一直被学生偷出来恶作剧，所以就被拿走妥善保管起来了。

但就是这样一个怪人，发明了史上最直白、最通情达理的思想体系，确实很稀奇。他称之为功利主义，这套理论可以很简单地表述为：善就是“为最大多数人创造最大幸福”。这句话说出来就觉得太浅显了，似乎没什么了不起，但其实它一点也不浅显。大多数道德体系都以宗教的教条为基础，或者建立在哲学家炮制出来的复杂概念上。但边沁的想法像块板砖那么明了、坚实；而其中的内涵却是非常丰富的。

首先，这种思想让边沁自己就曾替妇女的权益辩护（他从来没结婚）；为了动物权益辩护（他说，关键就在于动物是否会感到痛苦）；他支持废除奴隶制、死刑、肉刑和对同性恋的歧视（在边沁看来，同性恋并非不正常，只是“性需求有些不常规”而已）。要说边沁超越时代，没人可以反对。边沁本人举止笨拙，缺乏常识，一些人甚至怀疑他得了阿斯伯格综合征[1]。当然，他的理论可以说是有些过于简化了。定义“善”的时候除了计算“幸福”，难道不该也考虑一点点“公正”吗？比方说，如果为了拯救生命，酷刑逼供真的没有问题吗（假如拷问的对象知道某个炸弹的位置）？

伊万·屠格涅夫

Ivan Turgenev, 1818—1883

作家

用法：要是有人似乎太自我中心，或者太慷慨，你可以让他们去读一读屠格涅夫的一篇文章《哈姆雷特与堂吉诃德》，里面提醒了以上两种性格过了头都有危险。

---

① 阿斯伯格综合征（AS）：不善交际，兴趣偏狭的内向症状。在分类上不同于孤独症，区别在于这个病没有明显的语言和智能障碍。

十九世纪末期，科学家经常在聪明人死了之后把他们的脑子从头骨里割出来，看他们的智商和大脑尺寸有没有关系。就伊万·屠格涅夫来说，似乎这位小说家的才华跟他脑子的大小是有关的——自有记录以来，他的脑子尺寸最大，重达两公斤。

除了这个硕大的器官，老天还给了屠格涅夫另一样对作家来说很重要的资源——一个悲惨的童年：他的父亲玩弄女性几乎成了一种病态，母亲把气都撒在了小伊万的身上，经常动手打他。但话说回来，生活也给了他一些慰藉。因为家里有钱，他可以在住处周围五百英亩的森林里打猎散心。

屠格涅夫的第一部重要作品是1852年的短篇故事集《猎人笔记》，正是取材于之前提到的那些经历。除了是后来所谓“俄国现实主义”文学思潮的里程碑之作，《猎人笔记》中对农奴所受困苦的同情——他们是地主的财产——对1861年农奴制度的覆灭起到了一些作用。在作者看来，这是他的最大成就。但很多他在文学上的崇拜者或许更看重小说《父与子》(1862)，这本书描绘了传统的旧俄国和新俄国之间的冲突。

作为一个现代的小说家，他似乎就代表着这个新俄国，但沙皇尼古拉二世治下的保守气氛让人窒息，屠格涅夫不得不远离故土。（他流连于巴黎和巴登-巴登，爱上了一位叫做宝琳娜的歌剧演唱者。）但屠格涅夫自己其实是个温和的人。他写过一篇文章，提出人一般纠结于两种冲动，既想当哈姆雷特（痛苦的思考者），又想当堂吉诃德（慷慨的像孩童般的人物）。照他的说法，中庸之道是最好的。他质疑那些说教之意太明显或宗教情绪太强烈的小说，自然就和托尔斯泰闹翻，后者还曾发出挑战，要跟他决斗（虽然屠格涅夫后来道歉了）；另外，屠格涅夫还跟同时代的另一个了不起的人发生过口角……

公开的口角

有些作家天生敏感，再小的冒犯也会生气。而另一些则天生好斗，喜欢在围观者最多的讲台上发表看法。

费奥多尔·陀思妥耶夫斯基

Fyodor Dostoyevsky，1821—1881

小说家

用法：要是你这一周过得很艰辛：担心钱不够用了，道德上不知如何抉择，而且慢慢觉得自己要失去理智，那你可以说你有种陀思妥耶夫斯基式的心境。

要跟费奥多尔·陀思妥耶夫斯基生活在一起肯定不容易。他对妻子不忠，还喜欢跟朋友吵架。（在《群魔》中讽刺屠格涅夫之后，两人恩断义绝。）很少有人像陀思妥耶夫斯基那样命运急转直下的。第一本小说成功之后，第二本回响惨淡，没过多久，他因为加入了一个反政府的政治集团被判死刑，要被行刑队枪毙。在最后一刻，沙皇赦免了他，但换来的是在西伯利亚荒原中的八年囚禁和苦役。等他终于回到社会，不得不又从头开始建设自己的文学声望。但虽然屡次经历挫败，他不仅做到了这一点，而且成就辉煌。

他极致的苦难滋养了他的小说。他的人物和贫穷搏斗，跟陀思妥耶夫斯基一样；《白痴》的主角患了羊癫疯，跟陀思妥耶夫斯基一样；《赌徒》的主角沉溺于赌博，跟陀思妥耶夫斯基一样。很难说清他是否考虑过要杀死自己的当铺老板——就跟《罪与罚》里那个痛苦的知识分子一样——不过他很像是那种人。陀思妥耶夫斯基对于边缘人、有缺陷的人有深刻的洞见，加上死去活来的情节，让他被誉为俄国灵魂的诗人。在圣彼得堡的大街上，陌生人会朝他脱帽致敬。

如果在更大的范围内考量他的文学声望，时常会有人问他和托尔斯泰谁更好。或许你应该说陀思妥耶夫斯基：这个回答更冷门，也就更有意思。为了替自己的选择辩护，你可以指出是陀思妥耶夫斯基发明了有缺陷且内心煎熬的反英雄。或者引用弗洛伊德*，因为他说陀氏最后的一部大作《卡拉马佐夫兄弟》是“有史以来最重要的一部小说”。

泰奥多尔·W. 阿多诺

Theodor W. Adorno，1903—1969

哲学家

用法：下回有谁从餐桌边溜走去看电视，你可以朝他们的背影喊一句："阿多诺警告我们的就是这个！"

泰奥多尔·W. 阿多诺终其一生，都在努力告诉人家逆耳的忠言。每一回都会引发极端的回应。比如，有一次阿多诺正在演讲，三个女人破门而入，露出胸部，把花瓣抛洒在他的头顶上——据说这样做都是为了让他能闭嘴。

或许阿多诺最有名的论争发生在他和德国同胞卡尔·波普尔*（即刻奉上）之间，关于一个很麻烦的题目：如何更好地引发政治变革。阿多诺认为，只有通过革命才能实现真正的改变，那是一个会彻底改变所有人思维模式的大事件。波普尔的反驳是革命无一例外会带来暴力。他更支持循序渐进的办法，一点点改革统辖社会的律法。似乎不用想就知道波普尔是对的，但阿多诺的立场自然也有很多支持者：最近的就是哲学家中的最受爱戴的小丑——英国人罗素·布兰德。

阿多诺的另外一些理论还是有些说服力的。比如，在他的《启蒙辩证法》中，他说人类越来越开明这个流行的看法已经被纳粹的崛起证明是错误的。在二十世纪三十年代的欧洲，不但理性（还有合理性）远远没有占据统治地位，反而被原始的迷信吞没——最恶名昭彰的就是在他的祖国和其他地方，对他的犹太同胞所施加的迫害。阿多诺还更进一步提出资本主义也是罪魁祸首之一。在资本主义社会，所谓的文化不过就像一个炮制标准产品的工厂，用那些产品分散我们的注意力，让我们不再关注社会真正的问题。阿多诺最喜欢举的例子之一是悬疑电视剧。它们本质上都完全一样：有人被谋杀了，一个头发花白的或者有些古怪的侦探得找出谁犯了案。只是我们都会去看，而且沉醉其中——政客们当然乐得我们这样做，这样他们就可以毫无妨碍地为所欲为了。

卡尔·波普尔

Karl Popper，1902—1994

哲学家

用法：要是有谁说了句什么话，不可能证明是错的，那你就可以评论道："这就是卡尔·波普尔所谓的不可证伪表述；也就是说，你刚刚的话没有意义。"

要是我们接受这种说法：科学家告诉我们知道什么，哲学家告诉我们不知道什么，那维也纳思想家卡尔·波普尔一定是有史以来最伟大的哲学家之一。因为他论证了为什么我们以为自己知道的事情，其实我们不知道。“科学，”他说，“并不建在坚固的基石上——它大胆的理论结构可以说是在沼泽之上崛起的。”他之所以得出这样一个非同小可的结论，是因为我们称之为科学的工作都是依照归纳法来运转的，也就是说，某个东西我们见了几次（比如我们留意到了几只绿色青蛙），然后就归纳出一般规律来（所有青蛙都是绿的）。波普尔指出这种结论只能算是推测，只要找到一个例外就能把它炸个粉碎（比如巴拿马侧身粉红的树蛙）。

这听起来好像只不过是种负面哲学，但波普尔称他的“证伪派”（后来他们就这样称呼波普尔的哲学）方法是一种进步。因为如果我们能知道一样东西不是真的，那我们的知识就比知道前多了一点。他还很轻巧地驳斥了西格蒙德·弗洛伊德*的大部分理论，因为他指出，如果一种论述没有被证伪的可能，那么它从本质上就是没有意义的。比如弗洛伊德声称我们都想杀死自己的父亲，可以说就是胡扯。

纳粹侵入奥地利之后，他很快就逃走了，余下的人生都在伦敦教书。大家都说他为人傲慢，很难相处，永远渴望着在学术上跟谁干一仗；他公开跟阿多诺*争执过，私下里跟路德维希·维特根斯坦*吵。在1946年的剑桥，波普尔发表了一篇论文叫《有没有哲学问题?》，当时维特根斯坦也在场，而波普尔的说法让他如此愤怒，据说维特根斯坦举着一根烧红的拨火棒要揍他。

雅克·德里达

Jacques Derrida，1930—2004

哲学家

用法：要是有人建议你千万不能忘了一部小说的创作背景，你可以引用——或许是误引——德里达的一句话："一切都在文本之内。"

雅克·德里达是位难以捉摸的大陆派哲学家，他是如此的令人讨厌，以至于他吵架不只是跟某个特定的人吵，而是跟一大群人。诺姆·乔姆斯基*称他的学术"糟得可怕"；而且这还是他说得很客气的时候。1992年，剑桥大学宣布准备授予这个法国人荣誉博士学位的时候，不同国家的十八位知名学者联名写信抗议，他们指出德里达的理论"达不到清晰和严谨的普遍标准"，"是用一种半通不通的方式对理性、真实、学术标准等重要价值的肆意攻击"。

这最后半句话是他引发众怒的关键。因为德里达被大家知晓是因为"解构主义"（他一贯狡猾，拒绝定义这种处理文化的态度），它似乎是对像克洛德·列维-斯特劳斯*这样的结构主义者的反抗。列维-斯特劳斯是一个证实主义者，想要归纳出人类存在的意义；而德里达所做的，是"归纳"的反面，是去除普遍性，是解除结构。他论述中最核心的部分就是你说不准到底文学作品想说什么。每个读者都会在解读的时候带进去自己的偏见。德里达常被引用的一句话是“一切皆在文本之内”，但这个老狐狸号称自己从来没有说过，或者，要是他真说了，那也不是你们以为的意思。

德里达的一个重要思想是语言不可理解，并且用自己的文章演示给我们看——德里达十分不好读，这还是说得轻的。那么到底为什么他在某些圈子里是如此受到推崇呢？首先他有一头与年龄不符的茂密的银发，而且皮肤晒得很健康，形象很有气度；再者，他让文学教授有种难得的快感：觉得自己了不起。因为德里达关注的是文学理论，但会就此蔓延扩散，形成一种囊括整个西方思想体系的态度，而且带着一种要将之损毁的危险。

约翰·梅纳德·凯恩斯

John Maynard Keynes，1883—1946

经济学家

用法：“凯恩斯经济学”指的是在二十世纪中期占主导地位的一种经济学理论：适度的政府干预是必要的，可以延缓经济过热和经济萧条之间的交替频率。

有些对凯恩斯的经济理论深恶痛绝的批评者会阴阳怪气地说，凯恩斯根本不在意经济会变好变坏，因为他自己没有孩子，根本无所谓死了之后世界会怎样。这是他们在影射凯恩斯是个私生活混乱的同性恋：他跟很多人有过恋情，其中包括艺术家邓肯·格兰特和作家里顿·斯特拉奇（后者抱怨凯恩斯喜欢给他们的感情生活记笔记，就像记录一些经济数据一样）。但让所有人意外的是1925年他娶了一位叫做莉迪亚·洛波柯娃的俄罗斯女芭蕾舞者；格兰特是男傧相。

那么凯恩斯的理论到底有什么引发争议的地方呢？简单地说，他把当时的经济学界完全颠覆了。凯恩斯出现之前，大家相信要是经济出了问题，失业率飙升的时候，会有一个自然的过程让事情自己解决的。那些失业的人太急切了，一定什么样的工资都会接受。凯恩斯说这种假设完全不对，现实中工人经常拒绝降薪——自尊心可能就是原因之一。凯恩斯说，重新提振经济不是懒洋洋地坐着，两指交叉求好运，而是要说服政府花钱造路，开展其他公共事业，就能创造更多的岗位——关键是这些工作要都能提供可接受的薪资。他的理论在名作《就业、利息与货币通论》（1936）中都有阐述。

凯恩斯的策略在二十世纪五六十年代被政府投入实际应用之后，似乎是有效的。有些人甚至提出，要不是有凯恩斯，那几十年间因为经济崩溃，很可能出现全球性的革命。这也是为什么他被称为资本主义的救星。凯恩斯的学说直到今天依然影响力极大——虽然到底有多大还要看世界经济的状况。2007—2008 年的金融危机之后，也就是“萧条”之时，所有人又开始把凯恩斯挂在嘴边了。反观经济“过热”的二十世纪八十年代，经济学家聊天的时候你更容易听到另一个人的名字，他的观点和凯恩斯是截然相对的……

弗里德里希·哈耶克

Friedrich Hayek，1899—1992)

经济学家、社会理论家

用法：谈论经济的时候声称自己是个“哈耶克派”，指的是你相信政客们只会坏事——所以政府越少插手对经济越好。

二十世纪三十年代，在伦敦进行过一系列辩论：J. M. 凯恩斯*和奥地利经济学家弗里德里希·哈耶克各自有一套发展经济的最佳方案。凯恩斯支持的是适度的国家干预，而哈耶克断言，因为官员从来都所知有限，所以起的一定是负面作用。哈耶克还认为，政府插手经济往往会触发更多、更极端的干涉，而这些官员往往就是之前把经济搞得一团糟的那帮人。他还在 1944 年的著作《通往奴役之路》里警示，这样有危害性的组合效应，有可能最终导致独裁。

当时，哈耶克输了辩论。大家接受的是凯恩斯的学说，而经济学界的同行都觉得这个奥地利人在胡说八道。哈耶克患上了忧郁症，一直被病症折磨到1974年，他自己也完全没想到这时他们把诺贝尔经济学奖颁给了他。自此，不仅哈耶克的精神状况大为改观，他的经济学观点——以及他范围更广的关于社会自由的思想——也获得重生。这些社会学理论关注的也是不干涉主义，给他所谓的“自发秩序”留出呼吸的空间。拿到诺贝尔奖的第二年，英国保守党领袖玛格丽特·撒切尔在开会的时候从手提包里掏出一本哈耶克的《自由秩序原理》，“砰”地拍在桌上，宣称：“这就是我们的理念!”撒切尔的手提包一定不小，因为听当时的报道，你会觉得她随身带着各种各样的大部头作品。

玛吉[1]所爱

众所周知，英国保守党的首相玛格丽特·撒切尔有一个非常大的手提包。她也是没有办法，因为要带着当时在读的鸿篇巨著必须得用这么一个包。

亚当·斯密

Adam Smith，1723—1790

经济学家

用法：要是一个保守派抛出了亚当·斯密这个名字，他们大概要说的是：就算我们所有人都表现得像个自私的混蛋，到最后一切问题都会自己解决的。

亚当·斯密——有时候被誉为经济学之父——从来没有结婚。这也难怪。他脸上所有东西都是鼓起来的：眼睛、鼻子和嘴巴；他不仅口吃，而且与人相处时，只允许自己谈他完全不懂的事情——理由是如果他把自己的学说披露出来，大家可能就不会去买他的书了。直接结果就是听他聊天说不上有多么妙趣横生。

尽管如此，这个苏格兰人似乎还挺讨喜（有次他心不在焉地塞了个三明治在茶壶里，喝了泡出来的东西之后，声称从来没喝过这么难喝的茶）。他的经济学理论乍看之下也很吸引人。在《道德情操论》（1759）中，他提出我们绝大多数人做绝大多数事情都不是因为觉得它道德上正确，而是出于私心。这本书大受欢迎：读者听说大家内里其实都是自我中心的人，而且不用为此愧疚，都欢欣鼓舞。这一点结论又在亚当·斯密的经典作品《国富论》（1776）中得到进一步论证。他阐释道，如果所有人都追求自己的利益，那么他们在一个经济体中会受到“看不见的手”指引，从而造福社会，因为社会稳定最终是替个人谋利。这又引出一个思想，即自由市场经济会造就最健康、最稳定的社会。

玛格丽特·撒切尔据说有一度包里一直放着一本《国富论》。这也难怪左派都痛恨亚当·斯密了。他的这些论述听上去都不错，但他究竟说得对不对依旧存疑。

① Maggie，撒切尔教名玛格丽特（Margaret）的昵称。

埃德蒙·伯克

Edmund Burke，1729—1797

哲学家、政治家

用法：碰巧自己心情偏保守派的时候，你可以评论一句："我们不该忘记埃德蒙·伯克的警告，想想抛弃传统体制时会发生什么。"

十八世纪的启蒙运动中，聪明人全相信新的时代即将到来，过去的不公正都会被摒除。但至少还有一个质疑的声音：爱尔兰作家埃德蒙·伯克认定没有传统的束缚，人类会听命于最低级的欲望，为所欲为，到时结果就是混乱和杀戮（参见托马斯·霍布斯*）。这就是伯克1790年出版的《反思法国大革命》所要表达的意思，而他的预测被可怕地证实了。

伯克很看不上人类。他曾经宣称人"纵然会蹦跳，纵然吵闹不休，终究只是存活一时的虫子"。但伯克的文字又是如此优雅，今天还有人在读他的作品；而他本人的气度又是如此高贵，比"存活一时的虫子"似乎是强得多了。约翰逊博士曾经说："只要是理智尚存之人，就算只是躲雨时在屋檐下偶遇伯克先生，也会立刻认定：'这可是个不凡的人。'"他的人格魅力实在太强，所以左右两派都对他青睐有加，左派为他批评帝国主义的隐患而欢呼，右派赞赏他面对考虑不周的理想主义所表现出的审慎。

跟所有才思不凡、思想深刻的人一样，伯克不能被简单地放到一个政治类别中去，但他一直被当成是“现代保守主义之父”，特别是对于像玛格丽特·撒切尔这样的保守派，能把这样的重量级人物强行征召去给他们效力，真是高兴坏了。不管你对伯克怎样评判，但至少有一点就让他的话比别的政治评论家更有分量了：他成年之后基本都是议会成员，有第一手的政治经历。这至少体现了他不故作清高，在思考的同时愿意实践：这也是他和“调查性报道”某位鼻祖的共同点……

仕途坎坷

在场边冷言冷语比真的到政坛中做成事情要容易得多。接下去的这位作家至少都试过不只在纸上谈兵。

厄普顿·辛克莱

Upton Sinclair，1878—1968

作家

用法：任何一篇调查性的新闻报道，只要真的内容深入广泛，而且记者是暗中调查的，都可以说要感谢厄普顿·辛克莱做的榜样。

美国记者、小说家厄普顿·辛克莱不止一次参加竞选，但都没有成功。他一生都献给了社会主义事业，尤其关心极度穷困阶层的苦难，以及他们和穷奢极欲的腐败财阀之间的强烈对比。辛克莱对于自己的写作主题是真正了解的。一方面，他亲身经历过父母之间的巨大财富差距（他的父亲一贫如洗，而母亲则钱多得不行）。但辛克莱明白自己在写什么，更关键的原因是他做了大量调查。他是“调查性报道”的先驱者之一。

在这个话题上，他最重要的作品是《屠场》(1906)，一本专门用来揭露黑心的美国肉类产业的小说：动物的生存环境骇人听闻，工人们被剥削成了所谓的“工资奴隶”。辛克莱隐藏身份，深入行业内部，调查了七年才写出了这部作品。小说出版当年，政府就因为它通过了《肉检法》以改善动物生存状况。甚至温斯顿·丘吉尔也说自己是辛克莱的忠实读者，但他不认同“辛克莱所得出的结论——虽然他把问题描述得如此令人信服，但社会主义不是解决问题的答案”。

辛克莱著书无数，包括 1919 年的非虚构作品《铜牌》：揭露新闻界的腐败，和 1927 年的小说《石油!》：抨击石油业的贪婪（启发了 2007 年的电影《血色将至》，主演是丹尼尔·戴-刘易斯）。辛克莱作为一个写作者，他的道德感和号召反抗腐败时的不遗余力，都堪称楷模。他说过一句很高明的话：“当一个人只有不明白某些事才能拿到工资的时候，你是很难让他明白这件事的。”但辛克莱本人大概就没有这么能引发好感了。他很喜欢禁食，一禁就是很久，还觉得如果不繁衍后代就不必做爱。他私下还对通灵、神秘学很感兴趣，而这种事总是有些可疑的。

拳斗

有些作家上了床，有些作家结了婚，有些作家则更愿意拔拳相向。

诺曼·梅勒

Norman Mailer，1923—2007

小说家

用法：提到诺曼·梅勒这个名字，一般指的是某种带一点传奇色彩的作家/名人，尤其是那一类希望把自己当成战士的男性作家。

美国小说家诺曼·梅勒是史上最好斗的作家之一。所以，考虑到戈尔·维达尔那副高度欠揍的样子，也难怪梅勒在一个派对上见到他的时候，怒气冲冲地一拳把戈尔撂倒了。不过，最后那句决定胜负的话却是戈尔说的，他在地板上拖长了语调评论了一句："果不其然，诺曼·梅勒还是不会使用语言。”

“这个男人的最后六十年，每天喝高，结了六次婚，抽大麻，用刀捅了他的第二任妻子——他的书我一本也没看过，但我一定得告诉你们，我太喜欢这个作家了！”脱口秀演员罗恩·怀特这样总结梅勒的成就。有一点他的确说得很对：说实在的，如果有人想到梅勒，更可能记起的是一个爱吵架、爱喝酒、爱欺负女人的美国文坛坏小子，而不是他的文字。

他对文学的主要贡献是和杜鲁门·卡波特以及其他几个人一起创造了一种体裁，叫做“创意非虚构”。基本上，它就是用一种富有想象力的方式写一个真实的故事，有点写小说的意思——如果“真事”需要修饰一下，那也没关系（这时可以抛出梅勒1968年的作品《夜幕下的大军》）。他的小说处女作《裸者与死者》（1948）取材于他自己在二战中的经历，写的是美军一个排在太平洋的一个岛上跟日军对战。这本小说是在梅勒二十五岁的时候出版的，还是部青涩的作品，但有种揪心的力量，获得广泛的赞誉——或许在梅勒的创作史上，这也是唯一的一次。在那之后，他的创作每况愈下；因为要付离婚抚养费，只能越发勤快地大量炮制粗制滥造的作品。毕竟，他跟六个妻子一共生了八个孩子。

马里奥·巴尔加斯·略萨

Mario Vargas Llosa, 1936—

小说家

用法：如果和人聊天话题转向了拉丁美洲的“文学爆炸”，提略萨的名字总比加西亚·马尔克斯要好，因为略萨的名气更小一点。

不算戈尔·维达尔和诺曼·梅勒*，作家之间最出名的一次大打出手，应该是发生在1976年的一个电影首映礼上。秘鲁小说家马里奥·巴尔加斯·略萨照着哥伦比亚小说家加夫列尔·加西亚·马尔克斯的脸孔就是一记老拳。为什么呢？据说，是马尔克斯给略萨的妻子帕特立夏出主意，教她怎么对付丈夫一次又一次的出轨。“你得假装跟他妒忌的人来一场婚外情，”马尔克斯这样劝告她，然后还加了一句，“这世界上他只妒忌一个人。那就是我。”

他们两个曾经是朋友，也一直是文学上的对手，都属于二十世纪六七十年代拉丁美洲国家席卷全球的那批作家，这股浪潮后来就被称作“文学爆炸”。这批人里还包括巴勃罗·聂鲁达*和豪尔赫·路易斯·博尔赫斯*。除了他们都出生在同一块大陆，其实他们的作品之间并没有太多共通之处。但他们（宽泛地说）风格上都具有实验性，而且深入地参与了当时的政治。

略萨的第一部小说《城市与狗》（1963）中的讽刺意味让某些将军大发雷霆，下令要把这本书烧光。略萨起初是个社会主义者，慢慢体会到资本主义的优越性。1990年竞选总统的时候，他那些左翼的对手愤慨不已，选了他小说中一些露骨的情色描写当众朗读，想要说服选民这个人不配管理国家。在那次投票中，略萨一败涂地。回到书桌边，他发表了或许是他自己最好的作品《公羊的节日》，关于拉斐尔·特鲁希略在多米尼加共和国的独裁统治。（一个书评人甚至宣称这本书会掩盖马尔克斯的《百年孤独》的光芒，成为二十世纪拉丁美洲最伟大的小说。这件事还不好说，但目前看起来《公羊的节日》好像胜算不大。）略萨还成功惹恼了天主教会，因为他一生都在公开宣扬自己的无神论。艺术和宗教之间的敌意源远流长，略萨只是这个传统中又一位显赫的人物罢了，直到今天，这种对抗还是后继有人的，比如有一位被称为“文化思想界的猫王”……

战斗型无神论者

苏格拉底被判死刑是因为他是个无神论者——其实他可能不是……但以下几位的无神论立场似乎没有什么疑问。

斯拉沃热·齐泽克

Slavoj Žižek，1949—

哲学家

用法：Slavoj 应该念成 Slavoy，而 Žižek 里面的两个 Z 更接近气声的 J，就像单词 beige 里的那个 ge 的发声一样（也就是说，全名应该读作 SLA-voy JHEE-jhek）。记住，名字越难读，念对的时候越让人刮目相看。

斯洛文尼亚哲学家斯拉沃热·齐泽克对基督教很不待见——但话说回来，他对一切意识形态都持反对态度。你可能觉得他又是那一套很偏激的无神论，想置之不理，但可以想一想在艾滋病猖獗的时候，天主教廷是如何严格根据教条在非洲禁止避孕措施的。

齐泽克被称为“文化思想界的猫王”，是最典型的学术明星。但因为不洗头和那身黑T恤，他看上去却像罗素·布兰德某位坏脾气的叔叔；跟这位英国笑星一样，齐泽克也似乎什么话题都能聊（但一般听不到他介绍自己的观点是从哪里引来的），而且他的观点也通常都是左派立场。他曾经说社会对阴谋论这么热衷是因为过去有童话（特别是基督教的童话）支撑，现在没了，大家分外想念。他也认为政客们通过的法令不都像他们说的那样是为了造福百姓，更多的是为了中饱私囊。

虽然照传统眼光说不上英俊，但齐泽克才气横溢（就是有时候好像太爱出汗了），结过三次婚，而且每次对方都是比他年轻不少的辣妹。对齐泽克的批评基本都是说他在学术上不严谨，而且虽然评论起几乎任何事都很有天赋，但提供解决办法时往往很难让人信服。或许他是有意为之——因为齐泽克说过：“我鄙视那些教你怎么生活，教你怎么开心起来的书。我相信哲学的第一要务是让你明白这个世界有多么糟心！”

托马斯·霍布斯

Thomas Hobbes，1588—1679

哲学家

用法：“霍布斯”用作形容词的时候，一般是在说“霍布斯式的自然状态”，或者“霍布斯式的社会契约”，这两个概念下面都会解释。

我们为什么需要政府？我们就自己过自己的日子，不要别人对我们指手画脚，岂不是更开心吗？托马斯·霍布斯说我们不会更开心的。他提出，如果没有法律，人类很快会回到一种“自然状态”，我们会活得就跟动物一样，而霍布斯描述这种生活会“孤独、穷苦、污秽、野蛮和短暂”。

霍布斯的父亲是个牧师，据说，母亲怀孕时听闻西班牙舰队即将来袭，霍布斯就成了早产儿。后来，他还见证了英国内战的种种惨状，认定君主专制的必要性。他最有名的一本书是《利维坦》(1651)，书名取自《圣经》中的海怪，但霍布斯用它来指代政府这头“巨兽”——读者可能会被书名误导，因为霍布斯说的都是支持政府的好话。他没有借助宗教支持作为论据，而是扎根于世俗的论证之中，这是英国思想中最优良的传统，成为后世政治哲学的重要基石。或许他最重要的思想是“社会契约”，也就是你在社会中生活就是一种

quid pro quo[1]，你享受了警察和法制体系的保护，作为回报你也要让渡一些自由，比如你就不能为所欲为。

霍布斯几乎惹恼了所有人。有些人说他是个无神论者，因为他虽然号称相信上帝，但一直批评教堂的某些教义。虽然支持君主制，但他拒绝承认君主的统治权是“神圣”的（换句话说，也就是上帝指派的）。他有一度曾教授年轻的查理二世；这位前学生后来给老师发了一份养老金，但没有批准《利维坦》续集出版，理由是怕这书太有煽动性。

大卫·休谟

David Hume，1711—1776

哲学家

用法：一个比较放松的不可知论者可以声称自己在上帝是否存在这个问题上，持一种“开开心心的休谟式的怀疑态度”。

法国人叫他“好大卫”：指的是他那种温和、高尚的人格。而且大卫·休谟似乎真的是个很好相处的人。

关于休谟，一个麻烦的地方是他的重要作品的名字都不

① 拉丁文：抵偿、交换、一物换一物。

好记，像《人性论》《人类理解研究》之类，而且也容易跟他几乎同时代人的某些相似的书名弄混（比如，约翰·洛克的《人类理解论》）。另一个麻烦的地方是他写作的范围太宽，不太好总结；而且雪上加霜的是，他的很多创见都出现在一些外行人会觉得太冷门的思想领域：比如人出生的时候是否天生带一些思想（休谟觉得是带的），还有，在一个决定论的宇宙中，人是否可能拥有自由意志（休谟觉得是可能的）。我们只需要知道休谟这个人很重要就是了。

休谟是个经验主义者（相信道理的推演只能建立在实验观测之上），他没说上帝不存在，只是说那些想要证明存在的论据都是垃圾。他曾经宣称自己听过要他信上帝最有说服力的一段话是某个生气的老太太说的，他当时陷在沼泽里，老太太说你要承认上帝存在我才救你。休谟作为一个持怀疑论的苏格兰人，说自己死了之后准备向卡戎（渡亡魂过冥河去阴间的神）再多要几年阳寿，好让他看看人类是如何抛弃迷信的。“你这个游手好闲的无赖，”（休谟估计）卡戎会这样说，“再给你几百年都没用，现在就给我上船!”休谟有种冷冷的幽默感，他曾经指出有些人同时抱怨人生太悲惨又太短，实在很讽刺。这个评论伍迪·艾伦在电影《安妮·霍尔》的开场白里借用了：“人生满是煎熬、寂寞和痛苦——而且这一切都结束得太快了。”

伍迪喜欢的

导演伍迪·艾伦是我们这个时代最会抛文化名字的人之一。差不多这本书里的每个人都在他电影的某个地方出现过。以下是几个最显眼的例子。

沃尔特·惠特曼

Walt Whitman，1819—1892

诗人

用法：对着一个留大胡子的人问他是不是特别喜欢沃尔特·惠特曼，然后看他不知如何作答的样子。

在伍迪·艾伦一部很出色的浪漫喜剧《曼哈顿》里面，两个装腔作势的角色很轻蔑地一口气说出了一串他们认为被高估了的文化人物，包括卡尔·荣格*、诺曼·梅勒*和沃尔特·惠特曼。为此感到震惊的艾伦立刻为这些人辩护道："我觉得你们刚提的几个人都好极了，每个都是。"

沃尔特·惠特曼好极了吗？他似乎是挺不错的。这家伙写了一部支持禁酒令的小说（1842年的《富兰克林·埃文斯》），后来却承认这本书是自己喝得烂醉如泥的三天里写出来的。他留了一个很壮观、很有男子气概的大胡子，但几乎可以肯定，惠特曼是同性恋。声称亲过他的人之中有一位年轻的奥斯卡·王尔德*。惠特曼否认自己有这方面的倾向，但是他最有名的作品——诗集《草叶集》——有不少慷慨激昂对男人表达爱慕的篇章。

不过这本书又被认为构成了美国自我认知的核心：批评家哈罗德·布鲁姆说过，《草叶集》跟马克·吐温的《哈克贝里·芬历险记》这两本书最准确地体现了美国精神。《草叶集》的第一首诗《自我之歌》几乎占了半本书的篇幅。它把一种个人主义的哲学覆盖天地万物，开头几句是这样的："我为自己庆祝，为自己歌唱，/我担负的你也一起担负，/因为每个属于我的原子也属于你……"这首诗和大部分诗歌不同，是给普罗大众读的，这也让诗人成了大明星。惠特曼留在大众文化里的足迹还可以举两个：布拉姆·斯托克写《德拉库拉》（1897）的时候，他说那个吸血鬼的外貌是根据惠特曼描绘的（斯托克认识惠特曼，也很崇拜他）；还有1989年的电影《死亡诗社》，那些学生一起站起来高喊的那句："哦，船长！我的船长！"就引自惠特曼的一首诗。

英格玛·伯格曼

Ingmar Bergman，1918—2007

电影导演

用法："伯格曼"作为形容词的时候，一般指电影有斯堪的纳维亚半岛那种凄凉、严肃和深沉的气质。

在所有这些伟大的作者导演中（也就是有知识分子派头的、一般剧本都是自己写的那些导演），英格玛·伯格曼的影响是很深远的。他的主题都很沉重：出轨、死亡、宗教信仰、精神失常，等等。在他的六十多部作品中（包括《野草莓》和《第七封印》，不少都被视作影史上的杰作，总之，成功率比他的头号粉丝——那位奇思怪想太多的伍迪·艾伦——要高一些。

这位瑞典导演的父亲是个路德教的牧师，小时候对他家教特别严厉，比如尿床之后要把小伯格曼关进壁橱里作为惩罚。这种惨痛的经历或许可以解释伯格曼如日中天之时，为什么会因为被指控逃税而精神完全崩溃。当时伯格曼正在排练奥古斯特·斯特林堡的《死亡之舞》，两个便衣警察逮捕了他。这位伟大的导演是不是觉得他们要把自己塞回到壁橱里去了？实际情况是他的罪名被洗清，但伯格曼却还是很像在自己的电影里那样陷入了抑郁之中，而且宣布此后不会在瑞典拍电影了，还赌气去慕尼黑待了八年。

但伯格曼一直在拍出好的电影，直到晚年（比如，2003年的《萨拉邦德》），而且经常会使用同样的演员，比如马克斯·冯·叙多夫和毕比·安德松。他说自己拍电影从来不缺资金，首先是他的电影拍起来都很省钱，第二是他不在美国拍电影，因为那里的电影产业太沉迷于发财。伯格曼在生命的最后几年很神秘地去了波罗的海中间一个名叫法罗的小岛上，避世而居。

居斯塔夫·福楼拜

Gustave Flaubert，1821—1880

小说家

用法：形容词“福楼拜式的”一般指两件事，要么是一种不张扬但字斟句酌的写作风格，要么指对文学无保留地付出。

如果要评选一位“小说家推崇的小说家”，居斯塔夫·福楼拜是最有力的竞争者之一。这个头衔指的是他打磨文字无比的认真，每本书都呕心沥血好几年，仔细地剔除陈词滥调，每句话都力求营造一种和谐之感。写出《包法利夫人》(1856)，福楼拜实际上就是创造了现实主义小说（讲一个尽量贴近现实生活的故事），而后世每一个“风格不张扬”的写作者——也就是不随便胡思乱想、温柔积累情感冲击的那一派——都要感谢这位法国人。

《包法利夫人》写的是一个感到烦闷的小镇妻子如何出轨，因为写得太真实，而作家也太沉浸于这个故事，所以在描绘包法利夫人服毒自杀的时候，福楼拜真的自己也呕吐了一回。沃尔特·佩特称福楼拜是“为文风献身的人”。后者有句劝诫很有名，他说：“生活要规律和有序，这样你就可以在写作中狂野和创新了。”《包法利夫人》用了他五年时间；《萨朗宝》（发生在公元前三世纪的一个异域故事）用了四年；自传体的《情感教育》用了七年。这些书都写得非常不错。伍迪·艾伦在《曼哈顿》里就提到了上面所说的最后一本，说正是因为有这样的东西存在，生命才值得一过。

闲暇时福楼拜抽了不少烟，并且喜欢大声朗诵自己的文字，检验它们听起来是什么样的。要是朋友都不在身边，他还会读给花花草草听。福楼拜年轻时四处游历，后来就安定下来，专心写作。他从来没有结婚。每当想要跟异性卿卿我我的时候，他一般会逛到当地的妓院里去：这在作家中是不足为怪的，德国文学最伟大的人物之一也有此好……

嗜好青楼女子

多莉·帕顿有首歌的歌名叫做“爱情可不免费”。说到下面四个作家，她那句话的确很有道理。

约翰·沃尔夫冈·冯·歌德

Johann Wolfgang von Goethe, 1749—1832

作家、科学家、政治家

用法：当你想说“浮士德式的交易”时——也就是出卖灵魂换取金钱、权力或成功——不妨暗示你对德国文学的经典之作了然于胸，说成是“歌德的浮士德所做的那种交易”。

一个人自杀，就很容易引得其他人效仿，这种所谓的“涂尔干*效应”有时候也被称为“维特效应”，指的就是小说《少年维特的烦恼》。1774年，这本书的大获成功让二十六岁的作者约翰·沃尔夫冈·冯·歌德成了明星，而另一个更不幸的后果是全欧洲至情至性的青年男子都以小说主人公为榜样，一旦情路不顺，就往自己脑袋上开枪。

作为一名科学家、诗人、剧作家、政治家和贵族，饱含激情的歌德把自己的处男之身献给了一个妓女，而且在七十二岁的时候爱上了一个十九岁的少女（被他的朋友好言劝服，没有去追求人家）。要说到文化上的重要地位，他在德国可以说就相当于莎士比亚在英国一样。而且歌德跟莎士比亚的同时代人克里斯托弗·马洛也有一个共同点：他们最有名的作品应该都是关于浮士德博士的剧作，主人公把灵魂卖给魔鬼，换取知识和权力。实际上，歌德的浮士德剧作还要加个复数。因为他作为一名德国人，想说的话只用一个剧是说不完的，只能拆成两部：《浮士德第一部分》和《浮士德第二部分》。一般认为“第一部分”要好一些。

歌德的重要性如何吹嘘都不过分……但我们可以试一试。几乎所有讲德语的伟大作曲家，包括路德维希·凡·贝多芬和古斯塔夫·马勒，都给他的诗作谱过曲。他曾在卡尔·奥古斯特公爵的萨克森-魏玛宫廷里指点国事，而就是这个公爵给了他“冯”这个贵族头衔。歌德还是个科学家，他关于颜色的理论让哲学家路德维希·维特根斯坦*大受启发。拉尔夫·瓦尔多·爱默生*在他那本《代表人物》的书里赞颂有史以来最伟大的七个人物，除了柏拉图*和拿破仑等人，他也把歌德排在其中。

夏尔·波德莱尔

Charles Baudelaire，1821—1867

诗人

用法：公开朗诵法国浪漫派诗歌自然足以证明你有一颗饱含激情的灵魂。你可以效仿的一个对象是电影《我与长指甲》里面的蒙蒂大叔，他喜欢波德莱尔，会高声念出：“让我长久地、长久地呼吸你头发的芬芳！”

要怪就怪他去妓院去得太勤，爱招惹是非的法国诗人夏尔·波德莱尔还在读大学的时候就染上了淋病和梅毒，到二十五岁左右已经把一大笔继承来的财产挥霍殆尽，之后的人生里，他基本都在一个个寄宿舍间闪转腾挪，躲避追债的人，年仅四十二岁就抵挡不住过量的酒精和鸦片的侵蚀，离开了人世。

诗集《恶之花》是他的经典作品。那些诗歌对巴黎新的整洁面貌感到非常痛心（在波德莱尔的时代，这个城市刚刚被工业化）。让妓女和乞丐回来吧，波德莱尔呼吁道，追逐红酒和颓废吧。而且书里一上来他就辱骂读者，说他们都是假正经，是“伪君子”。而所有这些刺耳的情绪波德莱尔都用古典的、押韵的诗行表达出来。不过其中的一些（比如一首简简单单叫做《莱斯波斯》的诗）还是让法国政府给禁了。

名义上波德莱尔是个浪漫派——不是平常喜欢送送花的那些情种，而是一群通过对激情的描绘反抗工业革命和机器时代的人。只不过当时的浪漫派诗人一般都写自然，而波德莱尔喜欢写性和鸦片。但波德莱尔的最后几年突然就心平气和下来，回到家乡跟母亲一起住在一个海边小镇上。去世之后，母亲说儿子要是一个律师该多好："这样文学史上自然不会有他的名字了，这必须得承认，但我们会过得更开心一些。"

米尔顿·弗里德曼

Milton Friedman，1912—2006

经济学家

用法：如果和别人聊起了经济，以及政府要如何帮助我们摆脱最近的金融危机，那么你可以转述弗里德曼的话，他大概会说："容易得很，我们只要从直升机往下扔钱就可以了。"

作为一个经济学家，米尔顿·弗里德曼有让人出乎意料的“情趣”。首先，虽然没有听说他自己经常光顾妓院，但米尔顿支持将这个世界上最古老的职业合法化。他的出发点也很简单，就是讨厌政府掺和任何事情，甚至包括性工作者。出于同样的理由，他也建议将大麻合法化。他的基本立场就是传统道德统统不用去管。你必须选择那个对经济有利的决定，因为这个决定会给更多的人带去更多的福利。他贯彻这个方针颇为极端，曾经给统治智利的皮诺切特将军提供金融咨询，实际上就是在帮助一个杀人犯。弗里德曼解释，他的目的是为了帮助智利人民，而不是皮诺切特。

概括地说，二十世纪前五十年的经济学理论是英国经济学家约翰·梅纳德·凯恩斯*的天下，后五十年就要看美国人弗里德曼了。现在提的最多的是他的货币主义理论：政府刺激经济的最佳手段是印钱。在他之前，有人就揣测可能就是这样，但没人能证明它。弗里德曼则拿出大量的数据支撑自己的主张。1998年，他出版了回忆录《两个幸运的人》，书名里那两个人指的就是他和妻子罗丝，他在这本书里提出“大萧条”就是联邦储备决定减少货币供应量引发的，否则他们面对的可能只是稀松平常的经济小回落罢了。美国总统罗纳德·里根听取他的建议，英国首相玛格丽特·撒切尔也受到弗里德曼的启发。另外，他至少有一点是凯恩斯赶不上的：他拿过诺贝尔经济学奖。

埃米尔·左拉

Émile Zola, 1840—1902

小说家

用法：要是有人非要说你的每一个行为都能用你的基因编码和童年家教解释，你可以让他们别装得这么像一个左拉式的自然主义者。

法国小说家埃米尔·左拉是个能把自己宣扬的东西付诸实践的人——或许他只是宣扬了自己已经实践的事情：他的小说处女作《克洛德的忏悔》（1865）带着同情写了一个男人爱上了一个妓女的故事。所以，左拉认识自己的妻子加布里埃尔时后者是个妓女，这件事听来似乎并不让人意外。

左拉创作的那个时候，有批评者说他制造的是“腐烂文学”，意思就是他的小说常关注生活不堪的方面。或许左拉会反驳：他是“自然主义”文学流派的一员。对于外行人来说，听上去左拉像是某个保护环境计划的带头人，但实际上“自然主义”说的是他会写一些充满现实细节的小说，旨在表明我们的生活是由基因遗传和身边的社会因素共同决定的。但不管怎样，他小说里的“不堪入目的内容”的确不是一星半点。比如《泰蕾兹·拉甘》（1867）里，一个女子和她的情人谋划怎么杀了她的丈夫；《兽人》这个书名就很吓人了，里面是一个男人整天在与自己难以压抑的杀女人的冲动斗争。

除了那些很关切政治又调查十分详尽的小说之外，左拉被人记住还因为一篇文章。这篇叫做《我控诉》的文章写在1898年，占据了《震旦报》的头版，用意是为一个名叫阿尔弗雷德·德雷福斯的犹太士兵辩护。这位士兵因为间谍罪入狱，但其实是被冤枉的，对他的判决没有撤销主要因为对犹太人的偏见，但左拉加入之后，局势就被扭转了。“真理正在前行，没有什么能阻挡它”——左拉这样宣称。德雷福斯最终被赦免。左拉是1902年一氧化碳中毒死的，刚开始被认为是场意外，但后来一个扫烟囱的工人宣称自己因为跟左拉政见不合，故意把烟囱堵住了。

托马斯·马尔萨斯

Thomas Malthus，1766—1834

人口学家

用法：如果你看到“马尔萨斯灾难”，要知道它是由资源短缺引起的。

托马斯·马尔萨斯首先决不能跟艺术家巴尔蒂斯*搞混了，再者，光看这个名字像是个头脑发热的大陆人，但实际上马尔萨斯是个英国人，而且是个想问题特别不感情用事的英国人。比方说，他提出男人应该跟妓女上床——不是因为更享受，而是这样就比跟妻子做爱更不容易生孩子。因为马尔萨斯的伟大创见是——世界人口不可避免地会飙升，直到地球难以负担。到时候会怎么样？饥荒。疾病。大规模的战争。

这三种结局由于都能起到限制人口的作用，可以被称为“马尔萨斯灾难”。在他1798年一篇引发争议的文章《人口论》中，马尔萨斯自己把上述事件称为“积极抑制”，而把类似于计划生育之类的措施称为“预防性抑制”。他这种末日预测和让人齿冷的建议（比如他提出工人阶级生孩子的补贴应该取消，以压制人口增长）与当时的启蒙思想相悖，因为后者强调人类的智慧，以及不可逆转的进步势头。他的结论也很难不和一个全能全善的上帝相抵触，而照理说马尔萨斯是信上帝的，因为他毕竟是英国教会的牧师。

但马尔萨斯的这些矛盾却让他变得十分讨人喜欢了。他是家里的第七个孩子，如果他的父母实施了他所主张的计划生育，那他应该就不会来到世上。虽然马尔萨斯又高又帅，但因为患有腭裂，讲话听不清。他就职的大学里学生给他起了个绰号叫“Pop马尔萨斯”［他们把“人口”（Population）这个词简写了］。他生了三个孩子，他们都没有子女，所以马尔萨斯这条血脉就此断了。他的妻子还跟他有隔代表亲的关系。

表亲之爱

当今想到表亲结为夫妻总觉得不光彩（虽然它给后代带来的危险其实比大众以为的要小得多）。过去这是很平常的事。查尔斯·达尔文*和阿尔伯特·爱因斯坦*娶的都是他们的表姐。接下来这两位也干了类似的事情。

西奥多·德莱塞

Theodore Dreiser，1871—1945

小说家

用法：在两个旅行方案中你要是选择了比较便宜的那一种，可以宣称自己遵循的是“西奥多·德莱塞之道”。

美国小说家西奥多·德莱塞笔下一些无视道德规范的人物，却不一定遭到惩罚，经常让资产阶级大惊失色。而看一看德莱塞的恋爱史，可能他也就是那样的一个人。他特别钟意那些比他小二十岁的女子，其中一位才十几岁，是他在某杂志工作时同事的女儿，另一位是艺术家，德莱塞第一段婚姻结束之后和这位女士在纽约同居。第三位是他的远房表妹海伦，后来成了他的第二任妻子。不过这些都没有妨碍德莱塞顺风顺水的人生。1912 年，他差点就要登上泰坦尼克号，但在最后一刻为了省钱，选了另一艘船上更便宜的铺位，也就因此躲过了那个水中的坟墓。

德莱塞出生在印第安纳州，父亲是德国移民。他留在大家记忆里的应该是两部小说，都拍成了好莱坞的大制作。一本叫《嘉莉妹妹》（1900；1952 年拍成电影），讲的是一个乡村姑娘去了大城市，做了一个商人的情妇；后来商人没钱了，她就离开了这个男人，成了电影明星。另一本叫《美国的悲剧》（1925；1951 年拍成电影《阳光照耀之地》），讲一个出身卑微的年轻人杀死了自己怀孕的女友，就为了摆脱束缚，能和一个性感的女继承人在一起。写出这样一个为了野心不择手段的角色，德莱塞似乎在用这本书勾勒美国梦某个黑暗却真实的内核。

今天读德莱塞的人不多了，而且主流意见是他笨拙的散文风格有些可笑。一个文学评论者抱怨他的书里是“无止境的交易，然后每一百页放一段色诱的戏调节气氛”。还有一位评论家 F. R. 利维斯*的论断就很伤人了，他说德莱塞文笔差到就像英文不是他母语一样。

安德烈·纪德

André Gide，1869—1951

小说家

用法：只要讨论同性恋，你都应该熟练运用纪德的理论——在艺术和哲学高度繁荣的时期，同性关系也更活跃。

如果说安德烈·纪德娶玛德莱娜不明智，不仅仅因为她是纪德的表妹，也因为纪德那时已经知道自己更喜欢的是年轻男子。他是在北非旅行时搞清楚这一点的。但他还是和玛德莱娜成了夫妻，而且两人虽然始终没有圆房，却还是共同生活了二十年。然后纪德跟十五岁的马克·阿雷格莱跑了，这个男孩的父亲还是纪德婚礼上的男傧相。玛德莱娜怒不可遏（必须得说，她生气也是有理由的），把纪德给她写的信全都烧了。纪德和马克待在一起十年，虽然纪德偶试双性恋生下一个女儿之后两人有过一段冷淡期。接下来马克有了一段正好跟纪德的北非经历相反的体验。1927 年，他旅行到刚果，因为对一位女士爱得是如此炽烈，他意识到自己其实是个异性恋。不过他和纪德一直还是朋友。

那纪德写过些什么呢？他的理念是：你要找出阻碍你实现最完整自我的那个东西，然后奋力降服它。在《背德者》（1902）中，一个严于律己的知识分子发现要让自己幸福，关键是去北非跟小男孩寻欢作乐。在《窄门》（1909）中，一个女人在教堂里听到一个声音，要她抛弃自己的情人，把自己献给上帝；不用说，这让所有人都很痛苦。纪德自己认为他最高的成就是1924年的《柯瑞东》，四段柏拉图风格的对话，讨论同性恋。他在其中要论证同性恋并没有什么不自然，实际上，在人类艺术取得最高成就的年代，比如古希腊、文艺复兴时期的意大利和伊丽莎白时期的英国，同性恋都格外活跃。他说，其实一个社会如果只有异性恋才更不自然。

纪德1947年拿到诺贝尔文学奖，但去世几年之后，梵蒂冈把他的全部作品都列入了禁书的清单——于是，纪德就加入到了一个光荣的传统之中，比他更早四百年，就有一个法国人也得到了同样的待遇……

梵蒂冈的黑名单

天主教会时不时地就会被气得非表达自己的反对不可。

弗朗索瓦·拉伯雷

François Rabelais, 1494—1553

作家

用法：一个“拉伯雷式的人物”往往指他带有传奇色彩又颇为讨喜，喜欢感官享受（尤其是食物、酒精和性爱），对善恶对错则不太关心。

小说（暂且定义为用非诗歌体写成的关于虚构角色的长故事）并不是一开始就有的。有人得发明它。最初的小说经常都不太光彩，往往是一个寡廉鲜耻的角色不断陷入麻烦中。当时比较典型的作品是一个小说系列，叫做《巨人传》，被认为太过伤风败俗，成了天主教会的禁书。作者也一定预见到了这本书会引起的轩然大波。刚出版的时候他用的是一个笔名，阿尔高弗里巴斯·纳西埃，这是他把自己真名的字母打乱之后重组的一个怪名字，这个作家本名叫弗朗索瓦·拉伯雷。

他是个多才多艺的人：博学者、医生和修道士；他的书也跟作者本人一样变化多端。前两本关注的是两个巨人的事，他们就叫卡冈都亚和庞大固埃，对于吃喝玩乐总不厌倦；而另外那几本则主要写其他一些角色寻找所谓“圣瓶”的历险。拉伯雷真的很好笑。据说他最后的遗嘱上只有一句话：“我什么都没有，欠了一大笔钱，剩下的我都留给穷人。”

拉伯雷的写作风格充斥着幻想、玩笑、双关和下流的影射。他的主要角色在那些书里反复强调的座右铭就是：“随心所欲”；这也是作者遵循的写作准则。或许你会觉得奇怪，因为拉伯雷是位神职人员。但拉伯雷的生活态度说到底非常诚实，带着股不知悔改的劲头，很有感染力。临终时躺在床上，这位牧师没有妄自假设。他最后的一句话是：“我去寻找一个大大的‘也许’……”

费德里科·费里尼

Federico Fellini，1920—1993

电影导演

用法：“费里尼式的”这个词可以用来形容放纵的派

对场面。如果其中还有同性恋元素，你可以说，“简直像是费里尼那部《爱情神话》里的东西。”

费德里科·费里尼遭到梵蒂冈的反对是因为他的经典电影《甜蜜的生活》（1960）里有裸体画面闪过。投诉声太刺耳了，引得大众蜂拥至电影院去看到底在闹些什么。结果，这部电影在导演的祖国意大利打破了票房纪录，而导演本人之前还有些入不敷出，一下子发现自己成了个有钱人。

可以称之为有费里尼风格的特质包括：浮夸、超现实和某种绝望的享乐主义。换句话说，他的电影就特别意大利。二战快结束的几年里他生活困顿，罗马到处可见美国大兵，费里尼开始给这些人画漫画肖像。他的画技传开之后，有几个电影导演会到他的店铺“有趣的脸”里转转。费里尼会跟他们聊起来，很快就试着写起了电影剧本。后来又进一步，他转成了导演：两部重要电影的名字要记着丢出来，一部是1954年的《大路》和另一部1957年的《卡比利亚之夜》。费里尼的风格在《甜蜜的生活》里表现得淋漓尽致，像是文艺界的一声嘹亮号角，广受好评：证明战后的阴霾终于散去了。

《甜蜜的生活》里文雅的马塞洛·马斯楚安尼演一个八卦杂志的记者，性格浪漫，但没有精神追求，电影就是讲他一周之中如何在罗马追着一个美国电影女明星（胸部丰满的安妮塔·艾克伯格）。整部电影最有名的就是艾克伯格在特莱维喷泉里戏水的一幕。关于电影还有两则小轶事。拍那场喷泉的戏时正好在隆冬，女演员一定要用伏特加暖身子之后才肯钻到那刺骨的冷水中。第二则是我们当代用的“狗仔队”（Paparazzi）这个词就来自于《甜蜜的生活》，其中有个小角色是追八卦的摄影师，就叫Paparazzo。

夏尔·莫里斯·德·塔列朗

Charles Maurice de Talleyrand，1754—1838

政治家

用法：塔列朗已经成为了无原则要弄手腕和外交上诡计多端的代名词。如果你要形容一个狡猾但卓有成效的政客，可以说：“他有点塔列朗的味道。”

法国政治家夏尔·莫里斯·德·塔列朗一开始的事业是在天主教会中，一直做到了欧坦的主教。不过，当法国革命推翻了君主制，宣告这是一个不信上帝的国家时，他马上在宗教意义上“出柜”，袒露自己其实从来都不是一个信徒。教皇把他逐出了教会。塔列朗处境一变，如鱼得水（他一辈子都是如此），马上娶了他的情妇，美貌的交际花凯瑟琳·葛兰德。投身于外交之后，他又一路做到了法国的外交大臣。

接下来，他在外交大臣的职位上一直都在为拿破仑效力——至少他确保别人看起来是这样，但私下里却自己赚了个盆满钵盈。后来拿破仑发现塔列朗在悄悄地议论谁会是皇帝继承人这个棘手问题，终于发起火来，很有才情地骂了一句："你不过就是丝绸袜子里的一坨屎"。塔列朗一直等到皇帝陛下离开，才评论了一句（这个人从来不会冒不必要的风险）："只可惜这么伟大的人物家教这么差！"

拿破仑败北之后，欧洲重新分配，塔列朗也参与其中，并且割让了太多的土地给普鲁士，也给后来有军事倾向的强大德国之崛起提供了契机。有些人甚至说就是塔列朗播下了二战的种子。在日常生活中，他是个言谈风趣的人，精力充沛地勾搭了很多女子，而且一辈子都热衷美食。据说他每天都要心无旁骛地跟自己的厨师卡汉姆聊一个钟头。而且塔列朗有一个诡异的心病，就是觉得自己晚上会从床上掉下来摔死。所以他有一个定制的床垫，中间是凹下去的，而且每次戴十四顶睡帽，就怕万一掉落可以把脑袋保护好。

尼古拉·哥白尼

Nicolaus Copernicus，1473—1543

天文学家

用法："哥白尼革命"用来形容某种理论一经问世，就将之前所有的想法都完全颠覆。

“哥白尼革命”听上去有点像某个湮没在历史中的起义。但“革命”这个词在这里不是指百姓的血腥暴动，而是天体的环形轨迹。波兰天文学家尼古拉·哥白尼最早提出比较具体的“日心说”：即宇宙的中心不是地球而是太阳；他所阐释的“旋转（革命）[①]”是地球绕着太阳转，而不是太阳绕着地球。

除了仰望星空，哥白尼还是一个医生、经济学家、诗人和欧洲北部寒冷省份瓦尔米亚的一个官员。很好理解他当时也害怕他的“日心说”会被天主教会视作异端，因为它颠覆了《圣经》把地球放在宇宙中心的“地心说”，所以一直没有出版《天体运行论》，直到1543年快要去世的时候。传说他中风之后昏迷，但醒了过来让人把这本书放在他手里，然后死时脸上还带着微笑。

当哥白尼的遗骨2005年在弗洛姆博尔克大教堂下被发现时，教会给他装了一块匾，不仅认可他是“日心说”的创立者，也指出他曾经是个教士（哥白尼在教会中担任过一个小职务）。对于一个曾经取缔他作品的机构来说（和哥白尼当时的担心一样），这算是某种致歉了。可即使是科学界也要过了好几十年才接受他的学说：很多人觉得哥白尼违背常理只是为

① “旋转”（revolve）和“革命”（revolution）有相同的词根。

了装聪明。最起码的，如果他说的没错，如果地球真的在宇宙中穿行，那你扔一个苹果出去它怎么不飞走呢？它为什么就简简单单掉在地上？这些问题还要再等一个世纪，英国科学家艾萨克·牛顿*会替哥白尼回答的。而且这两人还有一个共同爱好，就是醉心于研究神秘的炼金术——瑞典最有名的剧作家也是一样……

炼金术士

炼金术是要把廉价的金属变成金子，这很容易就能让人想到所有的艺术创造。但过去有好多个世纪，不少人都相信炼金术不只是一种比喻。

奥古斯特·斯特林堡

August Strindberg, 1849—1912

剧作家

用法：要在对话里用上“斯特林堡”这个名字，你总是可以借鉴伍迪·艾伦的一句笑话：“要说到男女关系，我是奥古斯特·斯特林堡大奖的获得者。”

伍迪·艾伦是在电影《曼哈顿》里说这句俏皮话的，指的是斯特林堡跟女人之间的关系众所周知的糟糕。不过伍迪指的有可能是斯特林堡那部《朱莉小姐》的情节：不断的争执之后同名女主角最后自杀了；也可能指的是斯特林堡个人生活中经历的那些惨不忍睹的虐恋和分离？但这不重要，要表达的意思还是一样的。

“半人半猿……疯子……本性邪恶的动物。”斯特林堡在一段很有他一贯风采的痛骂中这样描述女人。但他却被认为是一个女权主义作家。我们只能说，他也有不在状态的时候。斯特林堡跟亨里克·易卜生*（易卜生很讨厌他）和安东·契诃夫*一起，发明了现代戏剧：在这样的作品里，舞台上人物的对话跟现实生活中的差不多，而且剧作探讨的都是重大的当代议题，比如妇女解放。

斯特林堡本人更是怪异之极。首先，他沉迷炼金术。再者，有一次他被情人奚落了几句，开始疯狂怀疑自己，跑去了妓院。需要指出的是斯特林堡还有一个文学史上最愚蠢的发型，简直跟甜筒冰激凌一样。但不管如何，他在自己的祖国瑞典很受尊敬，既因为他的戏剧，也因为他的小说，虽然在英语国家里斯特林堡为人所知的主要还是他前一方面的成就。

艾萨克·牛顿

Isaac Newton，1642—1726

科学家

用法：“牛顿物理学”这个说法指的是牛顿提出的关

于客观世界的理论，以及它们是如何依照几条简单的普遍规律运动的。

艾萨克·牛顿爵士死的时候是个处男。至少，这是伏尔泰*的说法，他曾经跟一个牛顿临终时照料他的医生聊过。虽然牛顿被视作现代科学之父，但私下里有几个疯狂的执念，一个是炼金术，一个是弄清楚《圣经》中的时间线究竟是怎么样的（他算出世界将在2060年毁灭）。牛顿晚年担任皇家制币局局长，会乔装打扮，出没于小酒馆中，就为了能抓住几个造假币的人。有时候他也会成功，而罪犯会被处决。

当然，相较于牛顿在科学领域的宏伟贡献，上面这些只是闲聊时的谈资了。除了发现万有引力、发明微积分（莱布尼茨*同时也自主研发了这一学科），他建造了第一台可用的（换句话说就是很小的）反射望远镜，在光学领域里做出巨大贡献（解释了白光是如何由所有颜色的光组成的），另外，他的著作《自然哲学的数学原理》（1687）阐述了统辖宇宙的基本物理定律。这些定律被后来的科学家看做真理，要等到两个世纪之后的阿尔伯特·爱因斯坦*才会去纠正他。

“我不知道世界是怎么看我的，”牛顿曾经说道，“但在我看来，我大概只是一个在海滩上玩耍的男孩，时不时能高兴一下是因为找到了一颗特别圆的卵石或者更好看一些的贝壳，但真理的汪洋大海就在我眼前，还未被发现。”但世界并不这么认为。牛顿被很多人认为是古往今来最伟大的科学家。这也不是说他就是一个完人。1963年，他精神失常，对他几位朋友所做的控诉极为疯狂。比如，他号称那位无比善良的哲学家约翰·洛克“试图用女人困住我”。在各种幻觉之中，这也算很不可理喻了。但有一位苏格兰的小说家更厉害，她坚信T. S. 艾略特*的诗中暗藏着发送给她的秘密讯息……

我再也受不了了

要是你也精神失常（可能性总是有的），可以想一想过去有多少文化巨人——牛顿*、尼采*和伯格曼*——也遭受过相同的厄运，或许能好受一些。接下来再给你提供几个例子。

穆丽尔·斯帕克

Muriel Spark，1918—2006

作家

用法：要是你被人指责过于轻佻，不妨提出斯帕克的一个观点：大家不应该把希特勒和墨索里尼当真，嘲笑他们就可以了。

1954年，小说家穆丽尔·斯帕克正在写一本关于T. S. 艾略特的书，结果精神崩溃。她相信艾略特正通过那些诗句给她传送秘密讯息。斯帕克会有这样的幻觉一方面是她正在用右旋苯丙胺[①]减肥，没有好好吃饭，另一方面，也是那个阶段的生活让她太过焦虑，最后还改信了罗马天主教。有了新的精神支柱后，斯帕克恢复得很好，1961 年出版了她最让后世记住的小说《布罗迪小姐的青春》。

这部小说写一个在苏格兰某女子学校教书的老师，带着一些争议但学生很受她鼓舞（我们是不是都有这样一个老师?）；她有名的一句话是："把一个还在听话年纪的姑娘交给我，那她一辈子就属于我了。"这本书的讽刺就在于，布罗迪小姐已经青春不在了，虽然她总说自己还是青春的，而且故事中心的那个姑娘也没有"属于她"，至少没有完全"属于她"，因为最后这姑娘背叛了布罗迪小姐。（1969 年改编的电影非常精彩，主角是玛吉·史密斯演的。）斯帕克另外的那些作品——比如《死亡警告》（1959）和《驾驶席》（1971）——惹人注目的地方一方面是机智，另一方面是她鞭挞起失败的角色都十分尖刻。有些评论者认为这种写法欠缺共情能力，但斯帕克回复说共情不如讽刺："大众应该嘲笑希特勒和墨索里尼，而不是被他们打动。"另一些人则提出她的书都控制得太细了，感觉作者的性格里一定有强迫症。而斯帕克坚持她的小说译者都应该是男人，就很符合上述气质。

这一点特别让人意外也是考虑到斯帕克生命中的那些男

① Dexedrine，安非他命的一种，中枢神经刺激剂。

人。丈夫西德尼后来成了躁郁症的患者。情人德里克在她成名之后把她的书信都卖了，还写了一本关于她的跟事实有出入的书。斯帕克晚年是在托斯卡纳度过的，跟她住在一起的是一位叫做佩妮洛普·贾尔汀的女雕塑家。

卡尔·荣格

Carl Jung，1875—1961

心理学家

用法：“荣格式”的心理学强调潜意识的重要性，但并不试图依靠分析或其他办法将它驯服。

在苏黎世湖的岸边有一幢房子，叫伯林根塔楼，它是分析心理学创始人卡尔·古斯塔夫·荣格设计的，而且大部分也由荣格亲手建造。他退居至此，是为了躲避工作上的种种烦扰。从这个建筑的风格也看得出设计、建造者的某些特质。比如，它的简单（没有通水通电）和荣格对于人类潜意识的看法一致。他认为我们应该探索、歌颂潜意识的原始本质，而不是去破译、控制；这后一种态度正是他曾经的导师西格蒙德·弗洛伊德*所秉持的。

要界定荣格思想的时候，经常需要把它们和那位前辈的思想放在一起比照。例如，他认为弗洛伊德夸大了“性”在人类心理发展过程中所起到的作用。这也在两人间划开了一道裂痕，荣格受的伤害很大，一度精神失常。虽然当时十分痛苦，但后来荣格声称这段磨难让他对于潜意识的运转方式有了独特的见解。

心理学家一般都把宗教视作一种情感上的依靠。但在荣格看来，争论上帝是否存在就完全没讨论在点子上。重点是无所不能的创造者这个“原型”在人类的潜意识中是无可置辩地存在的。1959年，荣格在一次采访中被问到他是否相信上帝存在。“我不相信，”他回答道，“我知道他存在。”“原型”是荣格首创的几个概念之一，用来指某些特定的形象或想法——比如捣蛋的精灵①、洪水和上帝——在不同的时代和不同的文化都会出现在人类的心理活动之中。把这些“原型”放到一起，也就是荣格所谓的“集体潜意识”。还有，“内向”和“外向”这两个词也是他发明的……

① 民间故事、神话传说中以各种伪装出现的恶作剧精灵。

造词

除了一些别的成就，接下来的这几位都创造过——或激发别人创造过——一些后来被广泛使用的字词。

德尼·狄德罗

Denis Diderot，1713—1784

哲学家

用法：每次你使出“l'esprit d'escalier”这个词之后，还可以补充一句，“这个表达，想必你也知道，是德尼·狄德罗发明的”。

你有没有这种让人懊丧的体验，就是想到一句绝妙的话，但却错过了说这句话的时机？有一个专门的词形容它，叫做“l'esprit d'escalier”（直译作“楼梯上的妙语”），是法国哲学家德尼·狄德罗发明的。据说，在一个宴会上他被羞辱了，气呼呼地出了门，等到楼梯都走完了，才想出了一句完美的反驳。不过哲学家也意识到，如果他赶紧跑上楼，冲到宴会厅把这句话丢过去，有可能大家会觉得他很可笑。

狄德罗是启蒙运动的领军人物之一——在那个时代，有个危险的想法正在兴起，那就是大家应该独立思考，而不是盲目信赖天主教会这类传统意义上的权威。为了帮助大家更顺利地完成这个任务，狄德罗拿出了一部让他为后世所铭记的作品——《百科全书》。其中的关键，就在于这个作品不全是他写的，他请很多撰稿人提供条目，然后由他来编辑。正因为这部百科全书不仅仅限于单个作者的知识，所以它比以往的同类作品涵盖范围都要广。这种做法本身就具有革命性，而书里的某些内容也是如此。比如，它提出政府主要关心的问题应该是公民的福利，就让当时的掌权者震怒。

奇怪的是，虽然狄德罗一直和一个如此积极乐观的工程联系在一起，但他本人却是个悲观主义者。他相信人类没有自由意志，而我们的个性和行为都是完全由我们继承的基因决定的（参见巴鲁赫·斯宾诺莎*的想法）。说到底，他就是一个不相信人类能进步的进步思想家。不用说，他强烈地反宗教；而且他的妹妹是个修女，被女修道院院长逼迫操劳过度，非常年轻就去世了，也加剧了狄德罗对于教会的敌意。

伊迪丝·华顿

Edith Wharton, 1862—1937

小说家

用法：如果有人因为忌惮社会的冷言冷语而不去追求个人幸福，你可以把一本《纯真年代》塞到他们手里。

美国小说家伊迪丝·华顿之前叫伊迪丝·琼斯，年轻的时候大家对她还有个昵称，叫“小猫”琼斯。她父亲的家里太有钱了，以至于“攀比”[1] 这个词被认为就是受他们启发的，因为邻居们的确一直在很吃力地想要赶上他们的排场。不过那时候普通家庭的孩子是很难赶上伊迪丝的，因为四岁到十岁之间，父母一直在带她到处游历，整个欧洲都跑遍了。据大家说，她母亲是个很古板的人，禁止女儿在成年和嫁人前读小说，更不用说自己写一本。伊迪丝二十三岁的时候，嫁给了一个叫爱德华·华顿的人，比她大了十二岁。后来发现华顿先生长年患有抑郁症。虽然婚姻生活很痛苦，但伊迪丝还是跟他待了二十八年，才申请离婚。这是很勇敢的举动，

① Keeping up with the Jones，字面上可直译作“与琼斯家比肩”，“琼斯”在英文中有类似“某某某”的用法，整个短语可理解为和生活在附近的人比较生活物质水准。

因为离婚在当时可不是说着玩的事情。

这也就好理解为什么被困阻的爱成了她小说的主题。其中最有名的一本就是《纯真年代》，写的是一个纽约上层社会的男人纽兰·阿切尔，他正要和一位漂亮的女子结婚，但爱上了另一个人。他“做了体面的选择”，没有废弃婚约，但余生都在对另一个人的念想中度过。这部小说比刚刚的这段介绍更有意思，文笔优雅，对社会传统的批判很尖锐，而且到最后叫人心碎。这本书让伊迪丝·华顿在1921年拿下了普利策奖，也是赢得这项荣誉的第一位女性。华顿1905年出版的《欢乐之家》探讨的是类似的主题，但读来十分压抑。1911年的中篇《伊坦·弗洛美》又是一个爱情受阻的故事，也让人读着颇为郁闷。

司汤达

Stendhal，1783—1842

小说家

用法：如果你被逮到一部歌剧或者特别长的话剧没演完就要逃走，可以声称自己是“司汤达综合征”发作，受不了了。

十九世纪的法国小说家司汤达曾经忧伤地预测自己的书

要到1935年才会被人欣赏。结果证明，他的预测差不多是对的。虽然在世的时候并没有真正得享大名，但后来司汤达逐渐被认可是现实主义小说早期的大师之一。

他的经典作品《红与黑》（1830）讲一个出身贫寒又胆大妄为的青年，怎么慢慢出人头地，但却因为爱上了一个人而前功尽弃。这部小说对人物心理深刻、细致的剖析尤为出彩；实际上，这一点也被认为是司汤达写作上一个独到的地方。哲学家弗里德里希·尼采*曾把司汤达称作“法国最后一位伟大的心理学家”，还在另外一个地方宣称，小说家中只有费奥多尔·陀思妥耶夫斯基*在描写心理上比司汤达稍微强一点。

除了他的小说，这位笔名叫司汤达的作家（真名是马利-亨利·贝尔）现在被人记住的，还有他对两种心理症状的分析。第一种是“爱”。司汤达1822年写过一篇散文，题目是《论爱》，描述了在他看来爱情这种情绪“具体化”的过程。一共分四个阶段：一是欣赏（你发现并欣赏被爱之人的某些特质）；二是确认（被爱之人发现他被你发现了，而你又发现了他的发现）；三是希望（你开始希望你的爱慕能获得同样的回应）；四是喜悦（你从毫无节制地放大被爱之人的那些特质中感到愉悦）。

司汤达表述的另外一种心理症状（这回更具体一些了）现今被命名为“司汤达综合征”。它是指在面对无比动人的艺术作品时，心跳加速，以及虚弱或晕眩的感觉。司汤达最初注意到这种症状是在佛罗伦萨看到那些教堂的时候。其他人在画廊或歌剧院里——或者在看这本书的时候——也可能会有同样的感受。

J. K. 加尔布雷思

J. K. Galbraith，1908—2006

经济学家

用法：若是讨论起2008年的金融危机，你或许可以提到J. K. 加尔布雷思认为这样的金融泡沫是资本主义经济的必然结果。

“传统智慧”这个词现在被用出来基本都带着负面的暗示，让人觉得这种“智慧”是错误的，据说这个词的发明者就是经济学家J. K. 加尔布雷思，而且他认为美国的经济政策就是这类“智慧”。美国的经济学家对于市场力量都愿意采取一种听之任之的态度，但加尔布雷思在他1955年的经典之作《1929大崩盘》中提出，那次危机绝非孤立的一场灾祸，而是自由市场体系所不可剔除的弊端，是循环出现的众多萧条中的一次。

根据加尔布雷思的说法，这样的危机之所以避无可避，原因包括群众如羔羊般顺从的心态，还有在金融问题上普遍存在的失忆症。（他的理论似乎被他去世不久后发生的2007—2008年的金融危机印证了。）批评加尔布雷思的人说他有种高高在上的权贵气息。但至少“高”这个方面加尔布雷思也没有办法，他身高有203．2厘米。对于他学院里的同僚来说，加尔布雷思能随时向总统进言，而他们只能默默无闻地在书斋里耕耘，一定是很让人光火的事情。他担任过好几个政府职务，都卓有成效。比如，二战之后，因为打希特勒这件事太花钱，美国经济受到通货膨胀的困扰，加尔布雷思临危受命。当时政府负债太高，不能再加息，而一旦利息不高，平民百姓都忍不住借钱然后花掉。于是物价就更高了。加尔布雷思成功地终结了这个恶性循环，主要是说服政府冻结面包等生活必需品的价格。

他声称这连想都不用想。加尔布雷思经常喜欢说经济问题比大部分经济学家唬人的说法要简单得多；这也是为什么他的书——像1958年的《丰裕社会》——在大众市场如此受欢迎的原因。在这本书里，他论证重新富裕起来的美国需要想出新的经济政策来，避免比以往更大的金融泡沫。尊敬这位经济学家的白宫主人有好几位，JFK[①] 就是其中之一，他经常就政策问题咨询加尔布雷思，还指派他当上了驻印度大使……

① 指美国第三十五任总统约翰·菲茨杰拉德·肯尼迪（John Fitzgerald Kennedy）。

JFK

接下来的两个人，一个是约翰喜欢的；

另一个，则让杰奎琳着迷。

菲利普·罗斯

Philip Roth，1933—2018

小说家

用法：要是有谁聊起自己的性生活有点太露骨了，你可以说一句："嘿，悠着点，这又不是在菲利普·罗斯的小说里。"

约翰·F. 肯尼迪被刺杀的后一年，遗孀杰奎琳跟美国小说家菲利普·罗斯约会过。据他的描述，杰奎琳自信到让人讶异。她问罗斯："你想上楼来吗？"停了片刻之后马上加了一句："你一定想吧。"罗斯还提到，因为杰奎琳太有名，所以亲她就觉得"在亲公告牌上的一张脸"——这多少有点不够绅士了。

罗斯1969年出版小说《波特诺伊的怨诉》之后广受关注，是因为他写性写得坦然。主角整本书都在向自己的精神分析师“怨诉”他因为性欲太过旺盛，都遇到过什么麻烦。比方说，有一回他实在忍不住买了一块生的猪肝手淫（后来那块猪肝被他母亲煮完端上了餐桌）。有一位作家说过：“我挺愿意见到罗斯，只是不想跟他握手。”（或许我们还可以补充一句：一起吃饭也算了吧。）

他的前妻，演员克莱尔·布鲁姆说罗斯对女人有种“深层的、无法抑制的愤恨”。但不得不承认这位犹太裔的美国作家有时候是挺好笑的。他曾经指出：“那个想出‘应该忠于感情’的混蛋应该是疯了，怎么惩罚他都不过分。”罗斯最好的几本书都有难以置信的表达力，深刻的智慧，对时代也感触极为敏锐。大多数小说家都很早就开始走下坡路，但罗斯一直越写越好。他文学生涯的几个高峰还包括1995年的《萨巴斯剧院》，关于六十四岁的米基·萨巴斯在情欲场中的历险，还有书名就很有讽刺意味的《美国牧歌》（1997），描述了一对无可指摘的美国夫妇，结果他们抚养长大的女儿成了一个埋炸弹搞破坏的人。八十多岁的时候，罗斯对于未来还有多少人会读小说非常怀疑。“或许比今天读拉丁诗歌的人还是要多几个的，”他说道，“但也差不了多少。”

安德烈·马尔罗

André Malraux，1901—1976

小说家、政治家

用法：去巴黎的时候，妥善选择时机，留恋地念出这句话："啊，真的很美，对吧。当然了，全要感谢小说家安德烈·马尔罗。"

照 JFK 的说法，法国作家安德烈·马尔罗是他见过最具吸引力的人——而肯尼迪想必是见过不少俊杰的。大概是马尔罗的兴趣和经历实在范围太广，让这位美国总统印象深刻。三十二岁的时候，马尔罗就凭借 *La Condition humaine* 拿下了卓有声望的龚古尔奖。这本炽烈的小说在英文里书名就少了很多音乐性，叫《人的命运》(*Man's Fate*)，写的是中国共产党创立初期的种种磨难，有些成员是被扔进蒸汽火车的锅炉里活活烧死的（那时候寥寥无几的共产主义者会被当局迫害)。

马尔罗在写远东的时候，这个主题本身就很新鲜。但他不止于写作，还在西班牙内战的时候对抗过法西斯，在法国被纳粹侵占之后，为抵抗运动做过卓越的贡献——可他到底做没做过呢？英国历史学家安东尼·比弗提出马尔罗是个自吹自擂的"mythomaniac"（这个听上去很高级、很有文化的词指的就是一个有撒谎强迫症的人）。知道了这种说法之后，又想到战后法国总统戴高乐还让马尔罗担任信息部部长，就很有趣了。

之后，从 1959 年到 1969 年，他还担任了文化部部长。正是马尔罗拨了公共事业的款项清洁了巴黎市中心的建筑表面，恢复成你今天见到的光彩的样子。除了其他小说，他还写过艺术评论和艺术史，广受推崇。必须要提的是，马尔罗是在家庭悲剧的可怕阴影之下取得这些成就的。他的妻子三十多岁就在登火车的时候摔下来死了；他们的两个儿子二十多岁时并排坐在车里，一起死在交通事故中……

车祸

巴拉德发现车祸的性感之处。波洛克的晚年就是一场随时可能发生的交通事故。而加缪的那次意外正好作为一个荒诞主义哲学家的荒诞结尾。

J. G. 巴拉德

J. G. Ballard，1930—2009

小说家

用法：形容词“巴拉德式的”往往用来形容苍凉的后工业景象，听得见回声的仓库，废弃的技术；在这些貌似让人提不起什么兴趣的想法中，往往蕴藏着某种价值，甚至某种美感。

J. G. 巴拉德最有名的小说叫做《车祸》，主角在一次惨烈的车祸之后，发现了一个小组，成员都会被车祸挑动情欲。也是命运捉弄，这本书出版之后没多久，巴拉德就差点被一次车祸要了命，不过我们无从得知他是否因此欲火中烧。

安想狂和半遗弃的飞机场。百无聊赖和空的水泥游泳池。当然了，还有变态的性感和几乎致命的车祸。这些氛围和道具大部分文学都避而远之，而愿意关注生活中大家都认为是美的东西。但巴拉德跟他们不一样。评论家都把这位英国作家的小说礼貌地称作“反乌托邦文学”，它们是如此的扭曲和让人不适，以至于一个出版人说“对于巴拉德什么心理治疗都没用了”。他执迷于这些黑暗的东西——特别关注当代所谓的先进技术如何迅速被废弃——可能是跟巴拉德二战时在中国长大的可怕的经历有关：他在小说《太阳帝国》里面写过这段体验；这本书的写法对他来说已经比较传统了。后来小说还被史蒂文·斯皮尔伯格拍成了一部叫好又叫座的电影。巴拉德受过的创伤还包括妻子因为肺炎突然离世，留下的三个孩子当时都还很小。

巴拉德的科幻故事有种苍凉的幽默感，有种兴高采烈的悲观，影响了像威尔·塞尔夫和马丁·艾米斯这样的小说家，还给二十世纪七十年代的一首流行歌《影像杀死广播明星》提供了灵感。

杰克逊·波洛克

Jackson Pollock，1912—1956

艺术家

用法：如果你想夸奖一段不和谐的实验音乐，可以说，“我很喜欢！混乱之中有种美，就像杰克逊·波洛克的滴画一样。”

美国画家杰克逊·波洛克是艺术领域的欧内斯特·海明威*，他拼命生活，拼命爱，拼命喝酒；偶尔画幅画。后来，他似乎在自我崇拜和自我怀疑之间撕扯。他的情人露丝·克利格曼回忆道，一天吃早饭的时候，波洛克宣布了不起的当代艺术家只有巴勃罗·毕加索*、亨利·马蒂斯和他自己。不过，另外一些时候，他又怕自己是个“骗子”，被恐惧所折磨。

整个世界也差不多分成两种意见。有的说那些让他大红大紫的“滴画”其实谁都画得出来。波洛克作画有影像材料：他先把画布平摊在地板上，拿着颜料桶在上面走动，用棍子而不是画笔把颜料又滴又淋又甩，线条和点就这样落到画布上，直到画布上构成了像一个巨大的翻线游戏一样的复杂图案。但不管如何，这种画法的确是成功的。总体的视觉冲击中有种恰如其分的感觉，混乱之中有种和谐。可悲的是，这位艺术家在个人生活中找不到类似的平和。而且因为在美国艺术家总被认为是柔弱的，他为了证明自己的男子气概就疯狂饮酒，对外说一些稀奇古怪、引人关注的话。

有一个评论者指出他画作的缺陷是没有从自然取材时，波洛克回答："我就是自然。"今天，他和诸如马克·罗思科和威廉·德·库宁这些艺术家一起，被认为是抽象表现主义的领路人。波洛克的作品在拍卖会上动辄就以几百万美元的价格成交。他本人极端的生平故事跟很多时候一样，增添了他作品的吸引力。这位艺术家四十四岁的时候死在一场车祸中，当时他已经醉得什么都不知道了。

阿尔贝·加缪

Albert Camus, 1913—1960

小说家、哲学家

用法：要是有任何人说任何事"太荒诞了"，你可以问一句："你是指加缪所表达的那种荒诞吗？"

在阿尔贝·加缪那本短得让人佩服的小说《局外人》（1941）中，主角毫无来由地杀死了一个阿拉伯人（这一时刻因为"治疗乐队"的一首歌而不朽了，歌名就叫《杀死一个阿拉伯人》）。加缪很擅长找到这些意象来表达生命在他眼中的"荒诞"，指的是一方面生命没有意义，但另一方面人类又忍不住永远渴望意义、寻找意义。他在长文《西西弗神话》里详细地探讨了这个想法，借用了希腊神话中西西弗的形象——他被判决要无休止地推大石上山，然后眼睁睁看它滚下山去，并用这个故事比喻人类的处境。生命对于加缪来说，就是这样的无意义。那我们是不是应该全都自杀呢？加缪说不应该。至少西西弗还有他的事业，不是吗？

和大多数哲学家不一样，加缪的文字优雅、清晰，并在1957年获得了诺贝尔文学奖，成为吉卜林之后最年轻的获奖者。他四十六岁的时候在一场车祸中丧生。于是在人们的记忆里，加缪可以说就是哲学界的詹姆斯·迪恩，一个知识界永远风华正茂的摇滚明星。作为一个法国人，他有种与众不同的酷，非常英俊，极其善于表达，而且虽然在巴黎的咖啡馆里和像萨特*这类有点问题的人物一起抽烟，但加缪的品格就显得格外不凡。而且他还有一项别的荣誉，就是替大学足球队当过门将。像这样的体育水准另一个存在主义作家也不遑多让，他在都柏林大学的校队打过板球（是个投球手而不是击球手）……

运动员

书呆子能成运动家那是了不起的成就。接下来的两位就做到了。

萨缪尔·贝克特

Samuel Beckett，1906—1989

剧作家、小说家、诗人

用法：装腔到了极致，是提起贝克特最著名的那部戏的时候，永远用它最初的法文名字：*En attendant Godot*。

萨缪尔·贝克特是唯一一位能在《维斯登板球年鉴》上有自己条目的诺贝尔文学奖得主。他是一个左手中速投球手，代表都柏林大学队跟北安普顿郡打过两场比赛，但一次也没能将击球手杀出局。或许这样才合适。因为贝克特写剧如同写诗，而他的诗意正来自失败，来自悲凉的戏谑，来自那些只是没有发生的事。

1953年第一次登上舞台的《等待戈多》中，两个分别叫做弗拉基米尔和爱斯特拉冈的角色等待另一个叫做戈多的角色（剧名里已经说得很清楚了），但戈多从来就没有出现。够象征了吧？或许，该问的是它到底象征了什么？这是问题所在，答案取决于我们自己。都柏林出生但住在巴黎的贝克特，是极简主义的大师。说得少。句子短。就像。这样。他是故意要和自己的朋友詹姆斯·乔伊斯*特别的写作风格不同，贝克特觉得乔伊斯已经把语言的充沛和丰富用到了极致。与之相称的是贝克特用自己的非母语法语写作，就是为了不用在琢磨华丽文字上浪费时间。（不过他确实又把自己的大多数诗歌、小说和剧作亲手译成了英语。）

对于那些不喜欢贝克特的人，他的作品做作到让人受不了。而对他的支持者来说，他把现实主义作品中的庸碌扔掉了，而且有勇气关注生命的无意义和死亡的不容转圜。他的严厉（似乎也体现在他瘦骨嶙峋、像老鹰一般的面相中）又被他自己一种揶揄的、活泼的幽默感中和了。（在他的遗嘱里，要求他在巴黎的墓碑“什么颜色都可以，只要是灰色的就行”。）他的作品有时候也被归在“荒诞派戏剧”中，所指的应该不是他的对白风趣，而是指另一位在体育上很有天赋的作家——阿尔贝·加缪*——所提出的那套“荒诞主义”思想……

阿兰·图灵

Alan Turing, 1912—1954

数学家、计算机科学家

用法：如果你觉得有人完全在说胡话，可以告诉他："只有阿兰·图灵才能破译你刚刚到底在说什么。"

二战期间，阿兰·图灵在白金汉郡布莱切利公园帮助破译了纳粹的军事密码，让同盟国可以预知敌军的动向。而且只要看过本尼迪克特·康伯巴奇在《模仿游戏》中的表演，就知道他跟周围人的情感沟通有些问题。他在数学上的见地太复杂了，不是专业人员明白不了，我们只需要知道，他是一个特立独行的人，研究的是一些同事们都觉得不可能解答的问题；而且，因为后来在曼彻斯特大学为首台计算机的诞生所做的贡献，有时候他会被称为"计算机科学之父"。虽然没法说是哪个人单枪匹马发明了计算机，但是图灵这个名字大概会排在发明者名单的最上面。

此人的古怪不亚于他的聪明。他是个有天赋的长跑者，有时候伦敦要开高阶会议，他会从四十公里开外的布莱切利公园直接跑过去。在他活着的时候，几乎没有受到多少官方的认可和褒奖。一方面是因为战时的工作有其机密性，可另一方面，也因为他是同性恋。同性恋在那时的英国依然是非法的，而图灵也最终被判“严重猥亵罪”。他同意接受化学阉割，也就是注射雌激素，让他变得性无能。

两年之后，他用氰化物自杀，死时才四十一岁。照温斯顿·丘吉尔的说法，能最终在欧洲打败法西斯主义，这个人的贡献比任何一个政治家或军事统帅都要大。

法西斯主义者

成为一个法西斯主义者今天已经不流行了，但它也曾风靡一时。

菲利波·马里内蒂

Filippo Marinetti, 1876—1944

作家

用法：任何歌颂速度、机器和一切现代事物的艺术作品，但因此忽略了人道主义的考量，都可以说是受了马里内蒂思想的影响。

意大利那位手上沾满鲜血的领袖贝尼托·墨索里尼曾经称赞艺术理论家菲利波·马里内蒂是个“狂热的法西斯主义者”。说实话，墨索里尼称赞得没错。而且他还是个很在意外表的人，会把自己的一字须修得跟自己最常用的领结一模一样。据马里内蒂自己说，他当时是因为躲闪几个骑自行车的人，把车开到阴沟里去的时候获得了顿悟，决心建立一种新的意大利文化，叫做“未来主义”：充沛有力、男性化，此外，没错，还要足够法西斯。他的《未来主义宣言》是1909年在法国《费加罗报》上发表的，全是妄言：“我们要赞美战争——世上唯一的净化措施，赞美尚武精神，赞美爱国主义，赞美带来自由的人那些毁灭性的策略、所有值得为之一死的美好想法，和对女人的鄙夷。”显然这是个很讨人喜欢的家伙。

尽管这一切都显然有些疯癫，但在当时几乎没有人真正明白现代战争的恐怖，马里内蒂的宣言收获了不少支持者。和安德烈·布列东*一样，马里内蒂留下最知名的作品是他的宣言。他不算艺术家（虽然被他启发的一些未来主义绘画，比如像翁贝托·薄邱尼和图里奥·克拉里画的那些，还是很酷的）。他确实也写过舞台剧，但经常被人嘲讽是胡说八道，而马里内蒂宣称这些都是他有意为之。如果未来主义的艺术被喝了倒彩，他会说这说明他们做了些正确的事情。哦，你还需要知道他的戏剧《性的电流》除了名字绝佳，还被认为是第一次出现了人形机器人的概念。

马里内蒂一有机会就加入了法西斯政党，而且帮助他们起草政党宣言。后来“领袖”没有把未来主义定为新意大利的官方艺术风格，让马里内蒂有些失望——当纳粹在巡回展览时还把未来主义的作品纳入“堕落的艺术”，他就更难过了。

君特·格拉斯

Günter Grass, 1927—2015

小说家

用法：如果一件艺术作品想要正视一个国家的黑暗过去，那么你可以评论：它想要做的事情“跟君特·格拉斯有点像，所谓的‘vergangenheitsbewältigung’”。

Vergangenheitsbewältigung。的确不太好念，但这是战后德国文学的一个关键词；意思是：“正视过去吧”。它用来表示像君特·格拉斯这样的小说家关心的主题之一，他们想说的是二战之中所犯下的罪行一定不能被遮掩。同样，某些人想要遮掩它们的行为也同样需要被揭露。在他最有名的小说《铁皮鼓》中，苏联军队入侵，一个角色为了掩盖自己和纳粹的关系，把纳粹党徽吞进肚子里，结果死了。

《铁皮鼓》是一部魔幻现实主义的小说，意思就是说里面发生了很多莫名其妙的事情。比如，主角过了三岁生日之后就停止生长了。他最珍藏的物品是那一天收到的礼物，也就是题目中的铁皮鼓。这本书是“但泽三部曲”中的第一部，其他两本还包括《猫与鼠》和《狗年月》，让君特·格拉斯不但跻身德国最伟大的战后小说家之一，还成了整个民族的道德仲裁者。1999 年，他拿到了诺贝尔文学奖。

在那之后，格拉斯的声誉遭到了一点冲击。2006年，在出版回忆录的时候，他接受采访，袒露自己在战争中曾是党卫军的一员，引起了轩然大波。为什么他之前不把这件事说出来呢？格拉斯自己承认，是因为羞愧。有些人说他虚伪；另一些人认为我们不能非要让格拉斯为自己十七岁时做的决定负责。

埃兹拉·庞德

Ezra Pound，1885—1972

诗人、批评家

用法：如果一个作家的政治观点很极端，但并不疯狂，你评论他的时候可以说："的确，他的观点会引发一些争议，但不要误会，这还没有到埃兹拉·庞德的程度。"

埃兹拉·庞德的诗《在地铁站》只有一小节，两句话，把人群的面孔和树枝上的花朵并置；这首诗对我们认识这位作者很有帮助。首先，他是意象派的奠基人之一，这个流派追求清晰的意象，抛弃老派诗人那些过于诗化的炫技（丁尼生的那些含糊其辞统统不要）。他们还更青睐"当代"的主题：比如，在地铁站瞥见的人群。

要注意的是，这个地铁站在巴黎，而不是纽约。庞德虽然是个美国人，但他属于最典型的背井离乡者，先是在伦敦到处晃荡，之后又去了巴黎和意大利。在那些岁月里，庞德对现代诗歌的诞生起了很大作用，不仅仅是依靠自己的创作，更重要的是他帮助了一些比他更有才华的人。比如，是他最早出版了詹姆斯·乔伊斯*的《尤利西斯》，还编辑了T. S. 艾略特*的《荒原》：这是二十世纪最重要的两个文学作品。

但要尊重庞德不太容易是因为：他是一个百分之百的、根深蒂固的、满嘴胡言的、众目昭彰的仇犹分子。他提到意大利法西斯领袖贝尼托·墨索里尼的时候称对方为“头儿”，写信落款会加上“希特勒万岁”，而且在二战中做了一些支持法西斯的广播节目。但如果要替他辩护……实话说，真的是没法替他辩护。战争结束之后，他在疯人院里待了几年，但看起来他并不是真的疯了——庞德就是恨犹太人而已。或许，要喜欢这个人的确很难（他对女人也很不好），但他最好的作品并不为此而减色，比如那部散乱无边的《诗章》，虽然有缺憾，却也是独一无二的。考虑到庞德支持的都是什么，FBI对他密切关注就毫不让人意外了——另一位有争议的哲学家也遇到了相同的情况，后者的巨大争议来自于他控诉美国政府犯下了极大的罪行……

被FBI调查

被FBI立案调查几乎可以说是种荣耀，接下来的几位就是享有这项殊荣的人。

诺姆·乔姆斯基

Noam Chomsky，1928—

哲学家

用法：一个人如果相信世界被一帮邪恶的资本主义者暗中操纵，而且他们还控制了媒体（也就顺带控制了我们的思想），那或许你就可以评论这个人“乔姆斯基有点读太多了”。

FBI会立案侦查诺姆·乔姆斯基一点也不奇怪，因为这个哲学家一直是公开批判美国政府最严厉的人之一。他一开始成名是在一个显然不太会挑起公众话题的领域：语言学。具体来说，他提出了所有人类出生的时候，都内在携带了掌握语言的能力，头脑中已经准备好相应的结构，也就是说，习得的语言会符合一种“普遍语法”；这时你可以看出乔姆斯基的冷幽默，因为他喜欢把这个概念用首字母缩写来表达：ug。只要聊起语言学的理论，你只要不停地提“啊咯”（ug）就行了。

要不是越战爆发，让四十多岁的乔姆斯基教授忍不住开始攻击美国的对外政策，或许他在学院之外不会有多少名声。而作为公共知识分子，他最有名的是分析媒体为什么一般都会支持政府。在他 1988 年出版的《制造共识》中，乔姆斯基列出了阻碍记者写出真相的“扭曲过滤器”。比如，一旦记者惹政府不高兴了，他们就会被排挤出官方的信息渠道，于是报道质量就会变差，读者会流失，报纸会破产。相信乔姆斯基的这些说法有一个好处，就是你可以去嘲笑那些相信大部分新闻都基本属实的人。不过话说回来，这也不意味着他就想错了。

再往大了说，乔姆斯基攻击的是美国外交政策的虚伪性：一边宣扬着民主的美好，一边只要大家没注意，就私下给右翼的独裁政权提供援助，或者武装那些和反美政权对抗的军事力量。

卡洛斯·富恩特斯

Carlos Fuentes，1928—2012

小说家

用法：任何人只要开始抛弃年轻时理想主义的左派想

法，开始推崇更右派的观念，就可以说很像卡洛斯·富恩特斯小说里的一个人物。

对于卡洛斯·富恩特斯这位墨西哥最有名的小说家来说，被FBI调查是他为人立世的一个重要组成部分。他一辈子信仰共产主义，但造访纽约却让菲德尔·卡斯特罗大为光火。富恩特斯为自己惹恼了伟大的卡斯特罗而十分懊丧，但在接下来的痛苦岁月里，至少FBI一直在侦查他是极大的慰藉：证明至少美国人并没有质疑他对共产主义事业的忠心。

这种忠诚在富恩特斯的小说中也体现了出来。他的处女作《最明净的地区》（1958）里面有一个社会改革者背弃了马克思主义，相信起了资本主义。但后者并没有让他快乐起来。这本书是用西班牙语写的，这本身就是一种态度。用富恩特斯自己的话来说："英语文学已经不需要另一个作家了，但西语文学还需要。"他之后的小说探讨的主题也是相近的（1962年的《阿尔特米奥·克罗斯之死》是需要提到的重要作品），巩固了他在拉丁美洲"文学爆炸"中的大师地位（另外几个人包括豪尔赫·路易斯·博尔赫斯*、加夫列尔·加西亚·马尔克斯、巴勃罗·聂鲁达*和马里奥·巴尔加斯·略萨*）。

跟自己的某些角色很像，富恩特斯是个香槟社会主义者，过着奢华的生活，往来的都是名人富豪。他跟女演员雪莉·麦克雷恩是好朋友，和女演员珍·茜宝、娜·莫罗都有过恋情。他号称自己 2006 年的小说《鹰的王座》是好朋友、前美国总统比尔·克林顿给的灵感。富恩特斯的墨西哥同胞并不介意他的双重标准，十分热爱这位小说家。他去世的时候，前来吊唁的人实在太多，整个墨西哥城的交通都瘫痪了。

多萝西·帕克

Dorothy Parker，1893—1967

幽默作家

用法：如果有人胆敢又搬出那句老话（男人特别喜欢说）：女人没有几个是真正搞笑的；多萝西·帕克可以作为你的反例之一。

FBI 因为怀疑多萝西·帕克是个共产主义者，给她建了个长达一千页的档案。结果，她丢了给好莱坞写电影剧本的工作。在她的职业生涯中，这并不是唯一的坎坷。曾经，米高梅的老板山姆·戈德温把帕克解雇是因为她不肯写一个皆大欢喜的结局。她跟老板说："我知道这可能对你来说是闻所未闻的事情，戈德温先生，但在几十亿几百亿人生生死死的整个历史进程中，没有一个最后得到了皆大欢喜的结局。"

除了电影剧本，帕克还写诗、短篇小说，给《名利场》杂志写剧评。在她还是记者的岁月里，每天中午她都会跟同事去纽约的阿尔岗昆酒店吃午饭，其中包括罗伯特·本奇利和罗伯特·舍伍德。餐桌上因为妙句横飞，结果这个局出名到被称为“阿尔岗昆圆桌”（指的是亚瑟王传说里铠甲锃亮的圆桌骑士，而这些人显然是把语言当成了武器）。帕克现在被人想起，更多的是因为在这样或类似的场合说的妙语。

“男人很少跟戴眼镜的姑娘献殷勤。[1]”“这本小说不该被轻轻地丢在一边；应该用全力把它掷出去。”“跟他说我太瞎逼忙了；或者把词序颠倒一下也行。[2]”这些例子让你大约想见帕克的才华是怎样的：尖刻、愤世嫉俗，但又真的很妙。根据各种流传的说法，她的人生很悲惨。嫁过的两个男人结果都是双性恋，她最后成了个不可救药的酗酒者。她死前把所有财产都留给了马丁·路德·金。但想到阿尔岗昆酒店，以及他们那群人都如此地善于玩弄语言，就觉得帕克应该还是有一些快乐的时光吧。而且她也曾经如日中天过，凭借短篇小说拿过卓有声望的欧·亨利奖，还两次因为剧本获得奥斯卡奖的提名。

---

① 献殷勤（make passes）和戴眼镜（wear glasses）押韵。

② 此句原文为：“Tell him I'm too fucking busy; or vice versa.”

奥斯卡奖

安东尼·霍普金斯曾经在银幕上扮演过巴勃罗·毕加索*；本尼西奥·德尔·托罗演过切·格瓦拉*；约翰尼·德普演过亨特·S. 汤普森*。接下来的两个人也都在奥斯卡获奖电影中被人饰演。

巴勃罗·聂鲁达

Pablo Neruda，1904—1973

诗人

用法：如果要别人把你视作这个时代残存的浪漫种子，可以宣称你对巴勃罗·聂鲁达的情诗极为迷恋。

1994 年的奥斯卡获奖影片《邮差》情节是虚构的，在卡普里岛上有一个单纯的邮差，他为了追求一位当地的美人，寻求智利诗人巴勃罗·聂鲁达的帮助。那种坦率、性感、热烈的文字让聂鲁达成为一个被大众所理解和喜爱的严肃诗人，这是很罕见的。他出版《二十首情诗和一首绝望的歌》(1924)的时候才十几岁，风格已经完全成熟，而这本诗集也一直是他最有名的作品。

几十年过去之后，回头看那种血脉偾张的早熟，却感觉诗人之后有点止步不前了。二十世纪三十年代，他作为外交官到了西班牙，成为了费德里科·加西亚·洛尔迦*的朋友。后者被法西斯杀害让聂鲁达有了政治立场，余生都是一个坚定的共产主义者。他拒绝批判苏联政权，使他成了一个争议人物。比如，博尔赫斯*就形容他是个“非常好的诗人”，却又是个“非常坏的人”。

聂鲁达 1971 年获得诺贝尔文学奖。两年之后，在他临终前的最后一场病中，右翼独裁者皮诺切特派士兵搜查他在智利的家。据报道，聂鲁达对他们说：“随便看看吧，对你们来说，这里危险的东西只有一样，那就是诗歌。”加夫列尔·加西亚·马尔克斯曾经说过聂鲁达是二十世纪所有语言中最伟大的诗人，这种说法或许有些不实，但至少可以体现聂鲁达所受到的尊敬和爱慕，这不止来自于他的作家同行，也来自于一个个平凡的读者。

斯蒂芬·霍金

Stephen Hawking, 1942—2018

物理学家

用法：如果想表达一个很庞大的项目开端很不起眼，就可以说："不妨把这看做是霍金的'奇点'，一切都会从这里产生的。"

虽然人被困在了轮椅中，但著名的天体物理学家斯蒂芬·霍金却遨游在宇宙的最外沿。他在剑桥修博士学位的时候，研究的是黑洞（星球死亡并坍塌之后留下的特殊宇宙体）。他更深层的研究成果如果用一段话概括出来，对外行来说也不能真的明白多少（反而会让你脑中的"星球"死亡，产生脑黑洞）。我们只需了解，他的第一条结论是宇宙一定是从一个"奇点"开始的：这个点在黑洞之中，而空间和时间在这个点上都没有意义；另一条结论是黑洞会辐射热量（所谓的"霍金辐射"），之后被证实了——而且最为重要的是他把之前被认为必然矛盾的量子力学和爱因斯坦广义相对论成功结合在了一起。

考虑到霍金1963年被诊断出运动神经元疾病，这位英国科学家所取得的成绩就更显得不可思议了。当时，医生说他只有两年能活。只要看过埃迪·雷德梅恩在《万物理论》中拿下奥斯卡的精湛表演，就知道霍金一开始也陷入消沉之中，但爱情加工作拯救了他。

除了其他的才华，霍金还证明了自己是个无敌的推销员。他的书《时间简史》难以置信地卖出了一千万本。更何况关于物理学的书向来就不好卖。照常理来说，经济学的书也是一样——但另一位作者同样出人意料地写出了一本疯狂畅销的经济学著作，甚至赢得了百亿万富翁比尔·盖茨的称赞……

意外畅销书

“意外畅销书”这个词组本身就是多余的：出版业太难预料了，每本畅销书都很意外。可话虽如此，接下去几本可算是特别出人意料。

托马斯·皮凯蒂

Thomas Piketty，1971—

经济学家

用法：如果对话中出现了这样的想法：要是我们只是袖手旁观，财富差距就会越来越大，那就可以丢出皮凯蒂这个名字了。

谁又能解释呢？2014年，一个默默无闻的法国经济学家出了一本七百页的书，却成了当时人人必读的作品。政客们不管是左派、右派还是中间派，都号称自己将它研读了一遍。而且其中有几个可能真的去读了。不过，后来大家发现托马斯（法语中“斯”是不发音的）·皮凯蒂的《二十一世纪资本论》在大众市场一样受到追捧。

这本书的中心论点就是贫富差距越来越大，除非我们有所行动，不然这种情况还会继续下去。为什么呢？因为自由市场经济之中来钱最快的不是拼命干活，而是把你已经拥有的钱投资出去。换句话说，有钱人一定会越来越有钱，而穷人的命只会越来越苦。根据皮凯蒂的说法，要遏制这种恶性趋势，只有对富人抽重税。

当然，2007—2008年的全球金融危机是皮凯蒂大卖的一个原因，大家都对银行和资本主义义愤填膺，任何一本能给这种情绪以理论支撑的书总归已经棋高一着。自然也有人对他左派的宏观经济分析不屑一顾。（注意：永远用“宏观经济学”指代“经济学”；其实它们本质上一个意思，但前者听上去要复杂得多。）这些批评家一般都来自于政治图谱的另一头，他们说过去二百五十年——也就是皮凯蒂关注的区间——的数据根本就不支持他的理论。实际上，从十九世纪初开始，财富差距不但没有扩大，还缩小了。特别是在欧洲被两次世界大战摧残的1910至1970年之间，这种差距甚至大幅地缩减。皮凯蒂这位看上去很儒雅的“七零后”，说这段时间只是逆历史潮流而动罢了，不足为凭。他的批评者反驳说，其实那个时期之后资本主义蓬勃发展，反而只能当做例外，而不是规律。

哪一方会最终被证明是正确的呢？任何关于宏观经济学的讨论都有一个很方便的结束语，那就是说：这种东西跟出版业一样，是无法预测的。

亚历西斯·德·托克维尔

Alexis de Tocqueville, 1805—1859

哲学家

用法：表达了某个有争议的观点之后，在被骂之前，你可以让大家先想一想托克维尔关于“多数人暴政”的警告。

《论美国民主》或许听上去一点也不像是本要大卖的书，但亚历西斯·德·托克维尔广泛而深入的研究在1834年印成大部头出版之后，却着实畅销。书籍上市的三年之前，这个法国人受到委托要出一份报告，解释美国监狱系统是如何管理的。他和一个叫做居斯塔夫的朋友横穿大西洋，花了九个月的时间到处游历，始终注意观察、做好笔记。他最后提供的报告范围远不止美国的刑罚体制；那本书实际上就描绘了一个国家。

值得提醒的是，当时欧洲人已经对很多事都提不起兴致了，但美国社会依然是颇为激动人心的实验，充满机会的土地！德·托克维尔呈上的作品满足了这种好奇心，里面有不少热情和赞扬，所以在当时很受欢迎。但今天大家依然会引用这本书，更多地是因为作者的保留和批评。他自己更相信自由而非平等，因为追求后者是种“腐坏的趣味”，“会激励弱者想要把强者拉到同一个水平上去”。他说在美国，对任何人都不会有自然而然的尊重，对贵族不会（这没的说），对有学识、有才华的人也是如此（这就有些过分了）。最后这个国家产生了一种更青睐平庸的文化。

另外，德·托克维尔（他后来还担任过法国的外交大臣）还提出美国模式的民主有一个问题，那就是如果你反对大多数人的意见，可能会感受到一些排挤和敌意。这个问题他命名为“大多数人的暴政”。

伯特兰·罗素

Bertrand Russell, 1872—1970

哲学家

用法：如果一个哲学家把自己的论证建立在逻辑的数学表述之上，那他就可以算作是个分析哲学家，属于伯特兰·罗素的那个哲学传统中。

曾经在伦敦的一部出租车上，司机认出了英国首屈一指的哲学家伯特兰·罗素。所以他问罗素："生命有什么意义？"但是让他失望的是罗素答不出来。不过这则轶事让我们多少认识了一位不愿意粉饰真相的哲学家。对罗素来说，"生命有什么意义"这样的问题是没有意义的，他不会明知如此还去回答。

以数学家的标准看，罗素算是其中特别精彩的一位了。先是作为《数学原理》的联合作者，确立了声望（另一位作者是A. N. 怀特海德，罗素后来追过他的老婆）；之后罗素就在当时很多关键议题上发表争议言论，屡屡让公众为之侧目。比如，他是个无神论者，认同自由性爱，在战争期间宣扬反战主义。这些也有个意外的好处，就是让罗素成了个明星——他几乎可以说是第一位大众媒体上常见的学院中人——他在报纸上发表文章的稿费很是可观。1945年，他晓畅易懂的《西方哲学史》问世，成了意想不到的畅销书，也让他经济上有了保障。畅销的原因是罗素与大部分哲学家不一样，他的文字简洁而迷人。1950年，罗素被授予诺贝尔文学奖。

伯特兰·罗素对逻辑和语言哲学做出过重大贡献，在学术界被认为是分析哲学的奠基人之一。但在大多数人的印象里，可能还是记得他稀疏的白发，他广为人知的无神论思想（罗素是当时的理查德·道金斯），还有他游离不定的情欲（一次次让他陷入到跟已婚女子的纠葛中去）。虽然旁人很难说清的，但罗素应该在女人方面比接下来这位诗人要开心一些，后者真是太想得开的，竟然让老婆跟萨尔瓦多·达利跑了……

抵抗运动

二战结束之后，基本上每个法国人都说自己是抵抗运动的成员，一直在秘密地斗争。但只有几个人说的是实话。

保尔·艾吕雅

Paul Éluard, 1895—1952

诗人

用法：要是任何人怀着激动的心情告诉你，他正处于一段开放式关系之中，那么你就可以用保尔·艾吕雅的命运对他加以警示，因为这个诗人的妻子被萨尔瓦多·达利带走了。

二战期间，法国诗人保尔·艾吕雅冒着生命危险编辑了一册反纳粹的诗集，作者都是跟他理念相仿的诗人。他自己的那首颂歌《自由》激情澎湃、优美动人，而且是如此地鼓舞人心，英国皇家空军在被占领的法国丢下了几千本，希望能提振当地人的士气。这首诗确实写得不错，也确立了艾吕雅在法国抵抗运动中相当于桂冠诗人的地位。

和艾吕雅的其他作品相比，这首诗也相对更直白。他是超现实主义流派的创始人之一，相信要打破感官的藩篱，释放潜意识中一般只能在梦中体验的深层能量。这意味着大多数情况下他们写出来的东西基本都是胡扯，虽然偶尔有一两句话还能稍微看出一点意思。比如，你可以试着读一读他的情诗《你眼睛的弧线》。

艾吕雅放荡不羁的艺术气质的确不是装的，他和其他艺术家分享的也不只是思想。他在瑞士的一个疗养院里认识了俄罗斯妻子加拉，和艺术家马克斯·恩斯特*组建过一个非常著名的三角家庭。可惜的是这段婚姻承受不了随之而来的压力，离婚之后加拉嫁给了萨尔瓦多·达利。

西蒙娜·薇依

Simone Weil, 1909—1943

哲学家、社会活动家

用法：要是讨论到欧洲的左派知识分子过了那么久才看明白极端意识形态的危害，你可以提一句，西蒙娜·薇依二十世纪二十年代的时候就已经预见了。

西蒙娜·薇依在二战的时候会加入抵抗运动是顺理成章的事情，因为她一生都践行着自己的主张——而且到了十分极端的程度。六岁的时候，为了和战壕中的法国士兵同患难，她拒绝吃糖。长大之后，她越发反对极端的意识形态——比如法西斯主义。她是少数最早看到极端意识形态可能会有一种危险，就是让这些革命者变得跟他们要推翻的人一样残忍。她把这个立场表达得如此有力，甚至列夫·托洛茨基都刮目相看。虽然两人的观点相去甚远，但托洛茨基被放逐到了巴黎之后，永远慷慨的薇依安排他住在自己父母的公寓里。

虽然她没有写什么大书，但通过那些才华横溢的文章，薇依的影响是很深远的。而且作为一个二十世纪的知识分子她还有一点不寻常，就是笃信宗教，这也让她发展出了不少疯狂的神学论断。关于“罪恶问题”——为什么一个全能全善的上帝会让邪恶存在于这个世间——她的解释十分扭曲，其中包括上帝是“完全的满”，所以人类要存在的话，就要存在于上帝之外，在一个包含了邪恶的空间里（因为在上帝之中只有善，没有恶）。

“通往真理的路只有一条，就是自我毁灭。”薇依曾经这样说过，而且也是按照这条信念活着的——直到最后，也因此而死。纳粹占领法国之后，她逃到伦敦，但是为了和同胞共同承受苦难而绝食，直接造成她三十四岁就心脏病发去世了。勇于自我牺牲、永远激情澎湃、绝不置身事外、满怀着爱但又有些笨拙、才情过人却不切实际——这就是薇依。实际上，她在为抵抗运动效力的时候还有一个故事，是她没拿住旅行箱掉在人行道上，结果里面的秘密文件散了一地。不过，她至少没有把旅行箱落在地铁上，某位印度文学家会告诉你这是一个很容易犯的错误……

旅行箱事故

今天我们习惯把稿子在电脑上备份，但曾经有一种叫做“孤本”的东西。大家都知道欧内斯特·海明威*和第一任妻子离婚，多少也因为她把一个藏着他所有早期作品的旅行箱给弄丢了。接下来的两位也遭遇了和旅行箱有关的不幸事件。

罗宾德拉纳特·泰戈尔

Rabindranath Tagore，1861—1941

诗人、小说家

用法：泰戈尔的声望一度堪比莎士比亚，之后文名却一点点衰落下来；如果需要这方面的例子，就可以把他举出来。

罗宾德拉纳特——这个名字还是很值得记一记的，因为罗宾德拉纳特·泰戈尔很大牌，或者说，至少曾经非常大牌。

他是第一个拿到诺贝尔文学奖的非欧洲作家，让很多西方人开始接触印度文学（特别是他自己的那些），同时也是把欧洲文化的最新成果教授给自己祖国孟加拉国的印度人。

泰戈尔是婆罗门出身，在印度种姓制度中算是贵族，他相貌英俊，不过要到五十多岁才真的算名满天下。1912 年，他坐船到了英国，带着自己翻成英文的诗集《吉檀迦利》。已经走了那么远的路，结果泰戈尔把装着手稿的箱子掉在了伦敦的地铁上。还好有人把它还到了作家手中。他说服 W. B. 叶芝看一看他的诗，叶芝一读就惊为天人。第二年出版之后，反响是如此热烈，泰戈尔几乎可以说是当场就拿下了诺贝尔文学奖。之后，安德烈·纪德[*]和鲍里斯·帕斯捷尔纳克分别把这本诗集译成了法语和俄语。诗人威尔弗雷德·欧文战场殒命之前，抄了一句泰戈尔的诗在笔记本上："当我去时，让这些字词作我临别之语：我眼睛之所见，生命之所受，无与伦比。"有三个国家的国歌用了泰戈尔的诗句作为歌词：印度，孟加拉国和斯里兰卡。

泰戈尔在世时取得了那样无可比拟的地位，身后几乎不可避免地有所回落。甚至叶芝都修改了自己的立场，抱怨这位伟大诗人后期的作品有点太肉麻了（比如形容泰姬陵是"永恒面孔上的一滴泪"）。现在泰戈尔在印度的评价有点像阿尔弗雷德·丁尼生在英国：写得是很好，但有点老派了。

罗伯特·卡帕

Robert Capa，1913—1954

摄影师

用法：当你在用手机拍一张超级大特写的时候，你可以嘟囔一句："罗伯特·卡帕曾经说过：'要是你的照片拍得不够好，那是因为你凑得还不够近。'"

"卡帕"在匈牙利语中是鲨鱼的意思。二十世纪二十年代匈牙利学校里有一个叫做安德鲁·弗里德曼的犹太小孩，因为才思敏捷，赢得了"鲨鱼"的绰号。为了躲避纳粹的威胁，他逃到巴黎，把自己设定为一个美国摄影记者，名叫罗伯特·卡帕。这个策略大获成功，他成了那个时代最有名的战地摄影师。

卡帕一头黑发，脸如鹰隼，是个很潇洒的人物，而且追逐战争和女人都不遗余力。有一些人说他最有名的照片《倒下的士兵》（1936）号称是拍到了西班牙士兵脑袋中枪的时刻，但其实是假的。（那个人可能并没有受什么致命伤，只是踩空跌倒而已。）还有些人指出，卡帕再有魅力，一个总乐意睡朋友老婆的家伙（他经常干这种事）很难真正赢得尊重。不过，需要指出的是卡帕曾失去他的一生所爱——同为摄影师的格尔达·塔罗1937年被坦克碾死，之后他就变了一个人。

他对冒险上瘾，曾经说过："要是你的照片拍得不够好，那是因为你凑得还不够近。"1954 年，他被派去越南，在实践这套哲学的时候遭遇了毫不让人意外的结局：踩到地雷，一条腿被炸没了。他过了好久才死。

卡帕拍的大量西班牙内战的照片可以在曼哈顿的国际摄影中心看到。其中有不少是二十世纪九十年代在一个丢失了半个世纪的旅行箱里找到的。这个箱子是这位摄影师在 1939 年躲避纳粹时丢失的。

被纳粹骚扰

对于纳粹，不管你说什么——真的，不管你说什么，他们都是活该。除了那些更加让人作呕的罪行之外，他们还迫害作家，压制言论自由。

鲁道夫·斯坦纳

Rudolf Steiner，1861—1925

哲学家、唯灵论者、教育家

用法：一个朋友如果爱好有机食物，就问他是否赞同鲁道夫·斯坦纳更广义的唯灵论理念。

这个人肯定做对了一些事情，否则纳粹不会这么讨厌他，想要扰乱他在慕尼黑的一次演讲，不但关了他的灯，还扔臭弹到舞台上。鲁道夫·斯坦纳身上到底是哪一点让他们如此烦心呢？他有些关于种族的奇怪理论，但跟纳粹的奇怪理论说不到一起去。不过话说回来，斯坦纳的大部分理论都疯癫到家了。这个奥地利人最重要的创见是把某种科学方法运用到唯灵论——就是鬼啊，报应啊，转世啊。斯坦纳相信自己九岁的时候见过婶婶的鬼魂。还相信他碰到过耶稣。如果你感兴趣，他称自己这套哲学为“人智学”。这种疯还是疯得比较友善的，一直在强调爱的重要性和类似的东西。

他对补充医学[①]有兴趣，还建议农夫要根据月亮和其他天体的位置来插秧，不过除此之外，斯坦纳有几个并非完全胡闹的想法。(他至少有一个优点就是从来不缺想法——所以总有几个会中也不奇怪。)在管理国家这件事上，他呼吁要把政治、经济和文化机构分开。他是有机农场早期的支持者。但他狂野思维留下印记最多的领域是教育。现在仍有上千家斯坦纳学校在运营，学生在那里所接受的教育比普通学校更随性，分配在文科和理科的精力基本上是对等的。斯坦纳一个有争议的想法是孩子长出恒牙之前不必认字，所以他那些学校的学生往往在识字率上稍微要差一些。

① Complementary medicines，如针灸、接骨术等。

西格蒙德·弗洛伊德

Sigmund Freud，1856—1939

心理学家

用法：关于“弗洛伊德学说”大家知道最多的就是一切说到底都是“性”。几乎在任何谈话中，你都可以问：“要是弗洛伊德会如何评论？”然后挑挑眉毛。

从哪里说起呢？先讲俄狄浦斯情结吧。西格蒙德·弗洛伊德相信希腊神话里俄狄浦斯不小心杀死父亲、娶了母亲的故事代表了一种深刻的人性。那就是我们都暗恋自己的母亲，憎恨我们的父亲，可又假装不是这样，于是又引发了其他的心理问题。听到这里我们只想说：别把你自己的想法强加在别人身上，西格蒙德！

他很多理论的问题就在于它们不能被证伪（参见卡尔·波普尔*）。但他创立了心理分析却是事实，而且只要看他发明的概念有多少今天依然在用，就知道他的影响力有多么大了。婴儿性欲：小孩子也有性冲动。谈话治疗：聊一聊你在烦什么会好受一些。快乐原则：我们总渴望感官的享受。死亡冲动：自我毁灭的冲动。阴茎妒忌：女人内心里渴望拥有阴茎。本我、超我、自我：本能欲望、社会道德和协调这两者的意志。压抑：拒不承认难以接受的经历。移情：通过自我欺骗把憎恶或渴望转嫁到另一个人身上。弗洛伊德式口误：无意说了一句什么话却揭示了内心的真实想法。

我们要想到弗洛伊德是在十九世纪末的维也纳做的这些研究，当时那里几乎每个人都精神极不正常。而且，他还吸食了大量的可卡因（他以为是有益健康的）。后来纳粹出现在他维也纳的家中，要求他拿出一大笔钱，然后又把他的女儿安娜带去审讯了二十四小时；于是弗洛伊德就逃到了伦敦，度过余生。他死于颌骨癌，而引发这个病的就是他爱抽粗大的雪茄。他的遗体就葬在伦敦的一处犹太墓园：格德斯绿地。

安德烈·布列东

André Breton，1896—1966

作家

用法：没有什么比一个人滔滔不绝地讲自己做了个什么梦更无聊的了。为了中止这样的对话，可以让他们照布列东的建议把做的那个梦写成一首诗。

弗里达·卡罗*能成名全靠安德烈·布列东。是后者在访问墨西哥的时候“发现”了这位艺术家，邀请她去巴黎展览自己的作品。他对于弗里达本人倒没有什么特别的好感，所以没有去机场接她，而是派了自己的妻子雅克琳。但万万没有想到这两个女人开始了一段充满激情的爱恋。

卡罗要感谢布列东的不只这一件事——所有对超现实主义感兴趣的人都该感谢这个法国人，因为正是他在1924年用一篇《超现实主义者宣言》发起了这个破旧立新的文化运动。那篇文章（也是布列东最能让后人记得的成就了）宣称一个有创造力的艺术家最重要的就是要挣脱逻辑的暴政。提到超现实主义，大多数人想到的是像达利这样的画家和他们那些故作诡谲的作品，但需要留意的是，这个运动不只有画家参与，也有像布列东这样的作家。他推崇“自书写作”，也就是脑袋里想到什么就写下来，不用去管意思连不连贯。要想知道他的诗歌大概是什么风味，可以试一试他对妻子的描绘：“在老虎齿间的水獭的腰。”他刚说了句啥？看起来，超现实主义还是让视觉艺术家去实践比较好。

布列东追求无政府主义，支持共产主义，纳粹占领法国之后他自然赶紧逃离了欧洲。他余生的大部分时间都在周游世界，结交朋友和超现实主义的信徒；收集艺术品和文玩。巴黎的蓬皮杜中心收藏了布列东公寓的一面墙，上面还保留着他最喜欢的几幅画。

保尔·瓦雷里

Paul Valéry, 1871—1945

诗人

用法：遇上大风，你可以引用一句瓦雷里的诗："起风了！……我们必须试着活下去！"

法国诗人保尔·瓦雷里从来没有拿到过诺贝尔文学奖（尽管被一次次提名），不过，因为他在文坛的崇高地位，所以在文化界拥有不少尊贵的头衔（比如，法兰西学院院士）。但二战中因为拒绝跟支持纳粹的维希政府合作，他的这些头衔全被剥夺了。

他的写作生涯证明了一件事，就是等你自己准备好了再杀入文坛是多么明智。瓦雷里二十一岁的时候是个崭露头角的年轻诗人，但另一位诗人斯特芳·马拉美*的离世让他失去了一位朋友和导师，瓦雷里感到难以承受，开始怀疑人生，并最终停止了写作。1898年，他正看着窗外的狂风暴雨，突然意识到一切都是没有意义的，于是决定放下了手中的笔。要再等十九年，他的另一位导师（某广告公司的前领导，瓦雷里曾是他的秘书）去世，才让诗人转念结束了这段被誉为"伟大静默"的封笔状态。

他用四年写出了五百十二行的长诗《年轻的命运》，1920

年出版，立刻被誉为经典。诗的开头是这样："如果不是风，又是谁在那里哭泣……"这首诗是以一个女性的视角写的，她望向大海，思考人生是否值得一过。很多人认为瓦雷里是在评论一战的暴行，这首诗也被视作二十世纪最伟大的法国诗歌之一。

保罗·克利

Paul Klee，1879—1940

艺术家

用法：如果你想要举一个天才的例子，克利会是很好的人选，因为他的名气比阿尔伯特·爱因斯坦*和莱昂纳多·达·芬奇这样的人要小多了。

有一位瑞士老师曾带他的学生出去野餐。他提议大家都给附近的一个高架水渠画一幅写生，其中一个学生画了那个高架柱子之后在底下又画了一双鞋。一个有名的评论家这样说："自那一天起，所有的高架水渠都能走路了。"要说的就是，保罗·克利在十一岁的时候已经展露出了天才。

但一开始他还不清楚自己到底要干什么。和电影导演米开朗基罗·安东尼奥尼*一样，他幼年在小提琴上造诣很高。之后克利放弃了音乐，觉得这是个行将就木的传统，转而投身艺术。

我们形容一个人是天才的时候是什么意思呢？往往是指他在各种各样的事情上都取得了一定的成就。你随便看看克利的创作生涯，就知道他的风格多变到让人震惊，就好像他每开始一件新的作品都要重新发明一种画法，而几乎每次都大获成功。而另一个特点也与此相关，那就是他有种孩童般的调皮（毕加索*和爱因斯坦*身上也找得到这种特质），有时候在画作里会引入幽默和简笔画的小人。

克利性格很羞怯，二十世纪二十年代在魏玛的包豪斯学校当老师的时候，会倒退着进教室，然后讲课也不朝学生看。他的这些讲课内容出版之后，被认为是革命性的，成了二十世纪最重要的艺术理论之一。纳粹自然而然容不下他的那些先锋思想，虽然克利不是犹太人，但他很现代，这就足以让当权者把他定为“堕落”了。他本来在杜塞尔多夫教书，被开除了，作品也从画廊里撤了下来，任何买过他画作的人都遭到了迫害。克利晚年得了硬皮病，皮肤会一点点变硬，让行动变得困难，他也最终因此而去世。

·

马克·夏加尔

Marc Chagall, 1887—1985

艺术家

用法：如果你要表扬一个小孩的涂鸦，可以含含糊糊地说一句："看到这幅画让我想起某几幅夏加尔的中期作品。"

马克·夏加尔出名的是他孩童一般的情感和使用迷人的色彩——他最喜欢画拉大提琴的山羊，就很好地表现了他的这两种特质；但夏加尔远远不止这样，除了绘画，他还为教堂装饰彩色玻璃，给巴黎歌剧院创作天顶画，还给某个版本的《圣经·旧约》绘制了一系列广受赞誉的插画。

"失去"是这位艺术家永恒的主题，是他怀念成长过程中那种传统的犹太生活方式。他在俄国小城捷布克斯长大，父亲在一家鲱鱼加工厂上班。很多在他绘画里时常出现的意象，包括鲱鱼，就来自于他对故乡的记忆。夏加尔离开俄国，到了巴黎之后，依然感受着"失去"。纳粹针对他这个犹太艺术家，1933 年在焚书运动中烧了很多关于他作品的书，让夏加尔觉得只能离开欧洲，住到了纽约。他后期的作品不但表达他自己的苦难，也表达了整个犹太民族的苦难。虽然夏加尔对这个主题往往都采用侧面表达，但在 1938 年的《白色十字架》中他不再欲言又止，画了一个十字架上的耶稣，周围是纳粹因为仇恨犯下的罪行。

不过，我们不该把夏加尔想成是一个描绘阴暗或凶残画面的艺术家。更体现他风格的或许是《新娘》，上面有一个披着婚纱的女子，旁边是那头无所不在的拉大提琴的山羊。整个画面如梦似幻，浪漫得让人晕眩，而与此同时又颇为忧伤。（画中这位新娘可能是夏加尔的第一任妻子贝拉，在创作这幅画的几年前去世了。）在理查德·柯蒂斯的浪漫喜剧《诺丁山》里，《新娘》发挥了重要作用，又变得家喻户晓。电影里茱莉娅·罗伯茨演了一个超有钱的电影明星，为了表达对休·格兰特的爱意，把这幅画送给了他。知识问答：柯蒂斯那部《四个婚礼和一个葬礼》开场时，埃尔顿·约翰唱了一首《可惜不为我》，那么这首歌的词曲作者是谁呢？

四个婚礼

理查德·柯蒂斯的浪漫喜剧《四个婚礼和一个葬礼》开场时是一串F打头的脏话。后来，某个角色整首背诵了W. H. 奥登的一首诗。这是高雅和低俗文化相结合的经典例子，这也算是柯蒂斯的招牌菜了。

乔治·格什温

George Gershwin，1898—1937

作曲家

用法：如果有人总想着模仿别人，而不是展现自己的才华，你可以跟他说："为什么要当一个二流的拉威尔呢，你明明可以做一个一流的格什温。"

《曼哈顿》和《四个婚礼和一个葬礼》这两部电影有什么共同点？当然它们都可算是史上最成功的浪漫喜剧之一，但除此之外呢？答案是它们都用了美国作曲家乔治·格什温的音乐开场。前者用的是爆炸性的《蓝色狂想曲》，一首大胆的交响曲，让格什温得以跻身如斯特劳斯和柴可夫斯基这样的广受欢迎的作曲大家之列；而后者是百老汇歌曲《可惜不为我》，填词的是格什温的哥哥伊拉。“他们在写情歌，却不是为我而写……”

格什温的父亲是做女鞋的鞋匠，乔治二十世纪二十年代在纽约的锡盘巷最初能挣得一份生计就是靠写情歌。他的成名曲叫《斯旺尼》，由阿尔·乔尔森演唱（“千万里我一走就到，只为你的一个微笑……”）。他风靡一时的歌单很长，还包括《迷人的节奏》《女士，请好自为之》……但格什温的真正野心并不在这些轻盈的、信手拈来的名曲上，而是像《波吉与贝丝》（1935）这样的作品。它是一部演出阵容几乎全部用了黑人的歌剧，被公认为是经典之作，让人难忘的《夏日时光》《未必如此》就出自其中。

要是他活得更久些（格什温三十八岁时死于脑肿瘤）会取得怎样的成就，这个问题很引人遐想，但却无法解答。不管如何，他留下的作品已经足够伟大了。格什温曾经想要拜师法国作曲家莫里斯·拉威尔。拉威尔的回答是：“为什么要当一个二流的拉威尔呢，你明明可以做一个一流的格什温。”而当他向伊戈尔·斯特拉文斯基*请教的时候，得到的回复是：考虑到格什温的收入，应该让他来上课才对。

弗朗茨·卡夫卡

Franz Kafka，1883—1924

作家

用法：如果你想羞辱某人（同时炫耀你有文化），可以形容跟那个人相处是一种“卡夫卡式的体验”。

浪漫喜剧《安妮·霍尔》中，一个跟伍迪·艾伦躺在床上的姑娘说：“你知道吗，跟你做爱真的是一段卡夫卡式的体验。”艾伦听了有些不知所措——这也是可以理解的，因为提起弗朗茨·卡夫卡的作品，你想到的是情感淡漠——《城堡》，因为一件你没有犯下的罪行接受惩罚——《审判》，以及变成一只虫子——《变形记》。这也解释了为什么理查德·柯蒂斯给《BJ单身日记》写的剧本里，女主人公被迫推广的那本小说名字是魔幻、好笑的，因为它叫《卡夫卡的摩托车》。

卡夫卡敏锐的观察力，再加上他的主题浓缩了那个时代的残暴，让这位犹太裔捷克人成为二十世纪最被推崇的小说家之一。但这样的成就却让他自己付出了巨大的代价。卡夫卡完全就是一个被自己的细腻敏锐所戕害的写作者，一直被妄想、偏执的精神病症所折磨。很小的时候，他就患有肺结核，到最后他的喉咙实在太疼，无法进食，所以四十一岁就因饥饿而死。这个痛苦的死法在他的一个短篇里就曾预演过。那个让人不安的故事叫《饥饿艺术家》，讲的就是一个人为了娱乐周围越来越冷漠的观众，实实在在地就把自己饿死了。

卡夫卡本人可能有点太严肃、激烈，不过朋友们也说他有时候可以好笑得不得了。如果伍迪·艾伦让犹太人的妄想症显得那么滑稽，或许卡夫卡的短篇小说（也可能是他最有名的作品）《变形记》的第一句话也有它好笑的地方："一天早晨，格里高尔·萨姆沙从噩梦中醒来，发现自己在床上变成了一只可怕的甲虫"。我们曾经不都有过这样的感觉吗？卡夫卡对其他作家有很大的影响，其中包括纳博科夫*，也包括某位意大利的后现代作家，他曾经在某次采访中把卡夫卡称为"我的作家"……

情书

和作家谈恋爱没有多少好处；要是运气好，或许有一点，那就是他们可能会写一封漂亮的信给你。

伊塔洛·卡尔维诺

Italo Calvino，1923—1985

小说家

用法：在讨论克里斯托弗·诺兰的电影时，你可以评论，它们有一种“迷宫般的不现实感，就像博尔赫斯*或卡尔维诺写的某些故事”。

“我们被下了毒药，”伊塔洛·卡尔维诺给自己的情人写道，“我只能活在我们的爱构成的魔环中。”他的情人是演员艾尔莎·德·吉奥吉。他们相恋多年，卡尔维诺的情书经常就是如此亲密和深情。那句话最后把他们的爱称为“魔环”，其实也可以拿来形容一种平行的诡异现实，卡尔维诺的小说就运转在那种现实之中。那个世界诡异而独特，没有一样东西是它看起来那样。

他的小说《如果在冬夜，一个旅人》是1979年出版的，书中第一句话就可以感受到他的风格："你正要开始阅读伊塔洛·卡尔维诺的新小说《如果在冬夜，一个旅人》。放松吧。让你周围的世界退去。"这些话读着让人舒服，因为其中一些概念和词汇是传统小说语言中常见的（旅人、冬夜），但与此同时，你又觉得迷惑，因为作者始终在提醒你，这些都是虚构的。这就是所谓的后现代的自我指涉，可以让人沉醉，也可以让人极度厌烦，就看各人的趣味了。

卡尔维诺放弃了传统小说情感上的冲击，因为那需要读者悬置自己的怀疑；但卡尔维诺能给的是才气、创造力、冷幽默和流畅感。他在意大利北部长大，出道时是位现实主义者，二十世纪五十年代杀入了实验文学的领域。《分成两半的子爵》讲了一个被炸弹切成两半的子爵；而《树上的男爵》说的是一个住在树上的男爵。同样的，是熟悉的故事元素（贵族作为主角）融合了让人晕眩的奇幻情节。

太多他的作品，或许，都有点像空中楼阁般虚幻——1972年的小说《看不见的城市》确实就是空中楼阁。他想象探险者马可·波罗向蒙古皇帝忽必烈用一段段多彩的文字描绘虚构的城市，让人赞叹，又叫人疲惫，既精妙入微，又漫无边际。你会觉得他要是愿意，可以就这样写几千页——总体来说，这本书体现了作者超群的文采和智力，但也只体现了这两点罢了。

詹姆斯·乔伊斯

James Joyce，1882—1941

作家

用法：有一个形容词叫做“乔伊斯式的”，指的是在绵密、华丽的文字中，以及感官、欲望的世界里流连忘返的写作风格或性格特质。

有一次某位出版商去巴黎看詹姆斯·乔伊斯和他的妻子诺拉。聊着聊着，他低声对诺拉说：“你嫁给了一个伟大的人物。”听到这句话，诺拉回答：“要跟这个混账笨蛋生活的人又不是你！”其实，他们还是很恩爱的，夫妻一直做到作家去世，而只要分离就互相交换激情澎湃的书信（有些极度情色）。虽然诺拉有时候会辱骂乔伊斯，但她知道丈夫是二十世纪最伟大的作家之一，自豪感是极为强烈的。

乔伊斯最有名的小说叫《尤利西斯》，听上去是关于一个希腊神话英雄的故事，但事实上，这本书写的是一个被戴绿帽的都柏林广告人一天的生活；这个人的名字叫利奥波德·布卢姆。（故事的结构大致参照荷马的《奥德赛》，那里面主人公的拉丁名字就叫尤利西斯)。这是有用意的。这本书要把寻常事写得不寻常——书名暗示即使在最平凡的一天，也藏着奇遇和历险。同时歌颂普通人——主人公的内心活动写得流畅到有时候像音乐，甚至在描绘布卢姆和妻子摩莉在床上淘气时，也是这样：“he kissed the plump mellow yellow smellow melons of rump”①，后面还有其他的。至于“smellow”是什么意思？说不好，但大致能猜出个仿佛。乔伊斯运用起语言来十分放肆，特别喜欢压头韵，玩文字游戏，用隐晦的典故。他接下来的那一本《芬尼根守灵夜》就玩脱了。大部分人都同意，这本书完全在说胡话，能从头读到尾的人寥寥无几。

虽然在都柏林出生、长大，但乔伊斯成年后的大部分时间都在意大利和法国度过。他经常要旅行到瑞士，治疗各种眼疾。也是在那个国家，他把自己的女儿露西亚带去让卡尔·荣格*诊治她的精神分裂。但这位伟大的心理学家在读了《尤利西斯》之后，对分析乔伊斯本人更有兴趣；他认定这个小说家是精神分裂症患者。

---

① 此句萧乾译本：“他吻着她臀部那一对丰满熟软、淡黄馨香的瓜”；金隄译本：“他吻了她那圆墩墩、胖冬冬、香喷喷、黄兮兮的熟瓜似的臀部”。原文的特别之处在于“内部押韵”的“ump”音两次、“llow”音三次、“me”音三次，造成一种放纵的热闹感。后文提到的 smellow 是“气味”（smell）和“黄色”（yellow）压缩而成，含义读者也的确可以想见。

阿娜伊丝·宁

Anaïs Nin，1903—1977

作家

用法：名字不能乱念。这位作家的名字念作“阿-娜-伊-丝”，重音在“伊丝”上。在讨论情色文学的时候，你可以指出不只有男性才会写情色文化，“去看看宁的《日记》就知道了。”

阿娜伊丝·宁死后，从她的遗物中找出了一摞活色生香的情书，作者居然是戈尔·维达尔（他最有名的是几本十分露骨的同性恋小说）。在宁的日记里，不但表扬了戈尔的“优雅”，还写到了他的“男子气概”（提到维达尔，一般会觉得有些仙气，很少人会想到“男子气概”这四个字）。在维达尔的回忆录中，他否认了曾和宁发生肉体关系，虽然女方持另一种看法。在性这方面，她从来不怯于开诚布公。

阿娜伊丝·宁生于巴黎，在纽约长大，不管是在生活还是在写作中，她所达到的自由境界对人的激励和惊骇几乎是相当的。别的不说，她可以同时让两个丈夫没有觉得自己受到冷落。一个是在美国东岸的银行家，另一个是在西岸的演员。她的双重人生实在太复杂，只好带着一个“谎言箱”来维持，里面有很多生活必需品，比如两本支票簿之类的（她同时开展的两段婚姻自然就意味着她有两个姓氏）。

宁也写小说和诗歌，但大家记得最多的是她卷帙浩繁的《日记》。里面充斥了露骨的性经历——她是第一个写情色文学的严肃女作家，同时也从女性视角提供了不少二十世纪男作家、男艺术家的珍贵材料。她对于某几位男士的评断特别高明当然也得益于曾和他们同床共枕。宁的朋友、情人圈包括了约翰·斯坦贝克、劳伦斯·达雷尔和亨利·米勒*等。

亨利·米勒

Henry Miller，1891—1980

小说家

用法：和阿娜伊丝·宁*一样，亨利·米勒这个名字可以用来指代色情文学与高雅艺术的相逢之处。如果你特别喜欢双关语，可以说《五十度灰》都只能算“淡米勒”①。

在两人感情最浓烈的时候，这个秃顶的、长得有点像近视寻血犬的亨利·米勒，写信给阿娜伊丝·宁*说：“我离开

① Miller Lite，既是一种淡味啤酒的牌子，也可以说是“比较清淡的米勒”。

时带走了一些你；现在我四处走着，像遨游在一片血海中，那是你安达卢西亚的血海……”这男人的确口味有些重。他在性生活和写作上一样高产，八十多岁依然勤奋耕耘（两方面的意思都有）；生命的最后四年，写了一千五百封信给《花花公子》的一个三围很受上苍眷顾的年轻女郎，虽然她的名字像是杜撰的——叫“布兰达·维纳斯”。

我们也可以说，这个男人的真正成就可能并不是露骨地描写性爱，而是开拓了今天那么受欢迎的自传体小说。阅读这类作品时，读者一直有种冲动要去猜里面描述的事情是否真的发生在作者身上。如果是米勒，我们总感觉大部分事情真的发生过。他有过大量的人生经历供他挖掘——至少婚就结了五次，这个在婚姻上的记录后来被诺曼·梅勒*超越了，还有一个追平他的人是《雨王亨德森》的作者。

婚史丰富

冠军属于诺曼·梅勒*，他结过六次婚，但这两位跟他的差距也不大。

索尔·贝娄

Saul Bellow, 1915—2005

小说家

用法：形容词“贝娄式的”指的是一种雄浑饱满却又随心所欲的文风，有种智识上的贪婪，贝娄自己的小说文字就是这样。

《圣经》里说国王所罗门有七百个妻子，和他同名的所罗门·贝娄（之后誉满文坛用的是笔名“索尔·贝娄”）才娶到五个。

但也不用太过可怜他。这是唯一一位拿过三次国家图书奖的作家，是二十世纪最伟大美国小说家的有力竞争者。《奥吉·马奇历险记》（1953）的开场就可以感受他的行文是怎样的风味："我是个美国人，出生在芝加哥——芝加哥，那个不苟言笑的城市，我做事方法全是自学的，随心所欲，而且一定会用我自己的方式让人记住……"这本书写的是一个男人到处晃荡，从一个没有出路的工作换到另一份没有出路的工作（一度在一个驯狗中心干活）——从一个女人换到另一个女人。这本书不同寻常的地方是它有一种不动声色的好读易懂，但同时又在智识上深刻讨论了那个时代的各种重大主题。

他的写法是很美国化的，不仅在于那种带有音乐感的振振有辞和那种思辨性，或许还在于那种喋喋不休的感觉。在英国作家马丁·艾米斯（贝娄的著名粉丝）看来，贝娄的句子就是"好像比其他人的都更有分量"。但对于另一些人来说，这可能就是个问题。就像读罗斯*，或者读德里罗*（只是随便举两个例子），在遭遇贝娄的博学时（掉书袋的话，另外两部重要的作品是1964年的《赫索格》和1975年的《洪堡的礼物》），你很难不尴尬地意识到自己怎么什么都不知道。1976年接受诺贝尔文学奖的时候，贝娄号召作家们"要把（大家）从心智的浑浑噩噩中摇醒"。质疑他的人说在文学上，贝娄写的东西太旧了，那些夸张的人物让人想起十九世纪查尔斯·狄更斯*那一辈作家写的小说。当然了，能让人想起狄更斯也不算太糟吧。

马克斯·恩斯特

Max Ernst，1891—1976

艺术家、诗人

用法：碰到有魅力的艺术爱好者，如果想引起他们的注意，不妨问一句："你喜欢恩斯特那种擦印画吗？"

没有马克斯·恩斯特不认识的人，也没有人不认识马克斯·恩斯特。他和阿尔贝托·贾科梅蒂是朋友，跟安德烈·布列东*以及其他超现实主义者合作过，1946年，他在加州跟英国艺术家多萝西娅·坦宁结为夫妻，他们办的是联合婚礼，另一对是摄影师曼·雷*和他的新娘。

对于恩斯特的拥趸来说，他是一个艺术上的巨人，他不甘寂寞的头脑让他不断尝试新的形式和风格，而最后的作品总是很有意思。但也有批评者说这个德国人只是爱卖弄，对真正的艺术并没有那么感兴趣，更关心的是他自己。毫无疑问恩斯特的一些作品似乎是精心设计要惊吓观赏者的。《新娘的衣裳》（1940）上各种色彩闹翻天：一个裸体女人几乎被一件橘红色的毛皮或羽毛做的斗篷吞没了，脸都遮住了，但胸部却露了出来。旁边有只半人半鸟的怪物，拿了一支箭很情色地指着那位女子的阴部。画家承认，这个怪物象征着他自己（他把这个鸟人称作"洛普洛普"，在好几幅画中都让它登过场)；其实，恩斯特自己古怪的外形也的确有些像鸟，他的眼睛很明亮，还似乎有些鹰钩鼻；而恩斯特那种好奇、易分心的性情，也有点像鸟类。他定不下自己的艺术风格，就像他决定不了要跟谁结婚——他总共结了四次。

恩斯特试验着被他称作“擦印画”（跟黄铜拓印法有点像）和“刷除法”（用调色刀把颜料刮来刮去）的技法。同时他还在女人间不停穿梭，先是跟一个大牌英国超现实主义艺术家利奥诺拉·卡琳顿谈恋爱，之后娶了另一个超现实主义艺术家——不过娶人家之前先要跟某位大牌的艺术收藏家离婚。这位收藏家就是佩吉·古根海姆*，当别人问她拥有过几个丈夫时，她回答：“别人的丈夫要算进去吗?”实际上，性似乎一直是这位美国女富二代生活中主要关心的事（欲知详情，请翻到第一条）……

主要人名索引

V

W

图书在版编目（CIP）数据

装腔指南：如何显得有文化/（英）托马斯·W. 霍奇金森（Thomas W. Hodgkinson），（英）休伯特·范登伯格（Hubert van den Bergh）著；陈以侃译. —上海：上海译文出版社，2020. 1
书名原文：How to Sound Cultured
ISBN 978 - 7 - 5327 - 8262 - 8

Ⅰ. ①装… Ⅱ. ①托…②休…③陈… Ⅲ. ①俗文化—世界—通俗读物
Ⅳ. ①G11 - 49

中国版本图书馆 CIP 数据核字（2019）第 144081 号

HOW TO SOUND CULTURED: MASTER THE 250 NAMES THAT INTELLECTUALS LOVE TO DROP INTO CONVERSATION By THOMAS W. HODGKINSON; HUBERT VAN DEN BERGH

装腔指南：如何显得有文化
[英] 托马斯·W. 霍奇金森 休伯特·范登伯格 著 陈以侃 译
责任编辑/陆晨辰 装帧设计/郭懿慧

上海译文出版社有限公司出版、发行
网址：www. yiwen. com. cn
200001 上海福建中路 193 号
启东市人民印刷有限公司印刷

开本 787×1092 1/32 印张 13. 75 插页 2 字数 174,000
2020 年 1 月第 1 版 2020 年 1 月第 1 次印刷
印数：0,001 - 8,000 册

ISBN 978 - 7 - 5327 - 8262 - 8/G · 220
定价：55. 00 元